公認心理師の基礎と実践 18

野島一彦・繁桝算男 監修

第3版

教育・学校心理学

石隈利紀 編

遠見書房

巻頭言

心理学・臨床心理学を学ぶすべての方へ

　公認心理師法が2015年9月に公布され，2017年9月に施行されました。そして，本年度より経過措置による国家資格試験が始まります。同時に，公認心理師の養成カリキュラムが新大学1年生から始まります。

　現代日本には，3万人を割ったとは言えまだまだ高止まりの自殺，過労死，うつ病の増加，メンタルヘルス不調，ひきこもり，虐待，家庭内暴力，犯罪被害者・加害者への対応，認知症，学校における不登校，いじめ，発達障害，学級崩壊などの諸問題の複雑化，被災者への対応，人間関係の希薄化など，さまざまな問題が存在しております。それらの問題の解決のために，私たち心理学・臨床心理学に携わる者に対する社会的な期待と要請はますます強まっています。また，心理学・臨床心理学はそのような負の状況を改善するだけではなく，より健康な心と体を作るため，よりよい家庭や職場を作るため，あるいは，より公正な社会を作るため，ますます必要とされる時代になっています。

　こうした社会状況に鑑み，心理学・臨床心理学に関する専門的知識および技術をもって，国民の心の健康の保持増進に寄与する心理専門職の国家資格化がスタートします。この公認心理師の養成は喫緊の非常に大きな課題です。

　そこで，私たち監修者は，ここに『公認心理師の基礎と実践』という名を冠したテキストのシリーズを刊行し，公認心理師を育てる一助にしたいと念願しました。

　このシリーズは，大学（学部）における公認心理師養成に必要な25科目のうち，「心理演習」，「心理実習」を除く23科目に対応した23巻からなります。私たち心理学者・心理臨床家たちが長年にわたり蓄えた知識と経験を，新しい時代を作るであろう人々に伝えることは使命であると考えます。そのエッセンスがこのシリーズに凝縮しています。

　このシリーズを通して，読者の皆さんが，公認心理師に必要な知識と技術を学び，国民の心の健康の保持増進に貢献していかれるよう強く願っています。

2018年3月吉日

監修者　野島一彦・繁桝算男

はじめに

　子どもや若者が発達する課程で，心や人間関係の問題，健康の問題，そして学習・進路の問題で苦戦する時，友だちや家族や教師に援助を求める。そして公認心理師もスクールカウンセラーなどとして子どもたちの援助の重要な担い手になる。子どもが苦戦する状態としては，不登校，いじめ，非行，学力低下などがあり，それらの苦戦に発達障害（個人要因），学校の荒れや児童虐待（環境要因）などが関係する。文部科学省が示した「チーム学校」では，スクールカウンセラーらを専門スタッフとして位置付け，教職員のチーム強化をめざすとともに，学校・家庭・地域の連携の強化をめざしている。したがって子どもや若者の援助にあたっては，教育分野の公認心理師に加えて，保健医療分野，福祉分野，司法・犯罪分野，産業・労働分野の公認心理師も関わる。もちろん教育分野に強い公認心理師や教育分野と福祉分野に強い公認心理師，教育分野と保健医療分野に強い公認心理師などが，子どもたちの援助のキーパーソンとなるだろう。

　さて公認心理師の養成課程では，学部カリキュラムを構成する実践科目として「教育・学校心理学」が誕生した。教育実践の理論や実践を支える「教育心理学」と心理教育的援助サービスの理論と実践を支える「学校心理学」は，互いに独立した学問体系をもつ。同時に教育心理学と学校心理学は多くの領域を共有する。公認心理師のカリキュラムがきっかけとなり，教育・学校心理学という新しいユニットが誕生したのである。日本では，「教育・学校心理学」と冠する書物がこれから刊行されていくと思われるが，本書はその先駆けの一冊となる。

　第1部では基礎編として，教育・学校心理学の理論的枠組みを紹介している。ステップ1として教育・学校心理学の意義，ステップ2として子どもの発達課題，教育上の課題，そしてステップ3として，スクールカウンセリングの枠組み，4種類のヘルパー，3段階の心理教育的援助サービスを取り上げる。

　第2部では実践編として，子どもと学校を援助する実践の最前線を紹介する。ステップ1として，学級づくり，学校づくり，コミュニティづくりが，子どもや学校の援助の基盤になる。子どもが発達する環境の整備であり，援助者のチーム・ネットワークづくりである。そしてステップ2として，発達障害，不登校，いじめ，非行，学校危機という具体的な問題の理解と対応を取り上げる。

　公認心理師のみなさん，公認心理師をめざすみなさんは，「チーム学校」の担い手として，子どもや若者（当事者），また教師や保護者（援助者）と理解し合い，

はじめに

支え合いながら，スクールカウンセリングを実践されると思う。本書「教育・学校心理学」が，公認心理師の実践の基盤づくりにお役に立てることを祈っている。

本書「教育・学校心理学」科目の誕生に呼応した第1版（2019年），そしてコロナ禍への対応を盛り込んだ第2版（2022年）は大変好評で多くの方に読んでいただくとともに，全国の大学で教科書として使っていただいてきた。今回は2022年の『生徒指導提要』の刊行や公認心理師のさらなる実践を反映するとともに，不登校やいじめ等の最新の状況に応じて，第3版を刊行した。引き続き，本書が公認心理師の実践の基盤づくりにお役に立てることを祈っている。そしてみなさんが，誕生して一歩ずつ確実に成長している「教育・学校心理学」をともに育てながら，子どもと学校を支援する仲間になってくださることを願っている。

2024年7月

石隈利紀

目　　次

はじめに　4

第1部　基礎編：教育・学校心理学の理論を学ぶ

第1章　教育・学校心理学の意義……………………………………　11

石隈利紀

Ⅰ　子どもと学校教育の今　11／Ⅱ　教育・学校心理学　14／Ⅲ　教育分野の公認心理師の業務　22

第2章　子どもの発達課題への取り組みの理解と援助……………　27

松本真理子

Ⅰ　発達とは　27／Ⅱ　知っておきたい発達の基礎理論　29／Ⅲ　各年齢段階における発達的特徴と課題　36／Ⅳ　コロナ禍と発達　40

第3章　子どもの教育課題への取り組みの援助……………………　43

増田健太郎

Ⅰ　教育課題の現状と対応　43／Ⅱ　教師のメンタルヘルスと不祥事の問題　53／Ⅲ　おわりに　56

第4章　スクールカウンセリングの枠組み──何を援助するか……　59

大河原美以

Ⅰ　学校における子どもの「こころの問題」の構造　59／Ⅱ　スクールカウンセラー（SC）による援助の構造　61／Ⅲ　典型的な事例を通して　62

第5章　子どもの多様な援助者によるチーム援助……………………　70

田村節子

Ⅰ　はじめに　70／Ⅱ　子どもの多様な援助者　70／Ⅲ　チーム学校を支えるチーム援助　72／Ⅳ　子ども参加型チーム援助　79／Ⅴ　専門スタッフとしてスクールカウンセラー（公認心理師等）に期待されること　80／Ⅵ　おわりに　81

第6章　3段階の心理教育的援助サービス──すべての子ども，苦戦している子ども，特別な援助ニーズを要する子ども……………………　84

水野治久

Ⅰ　はじめに　84／Ⅱ　学校心理学の3段階の心理教育的援助サービス　85／Ⅲ　公認

目　次

　　心理師による学校における3段階の援助サービスの実際　91／Ⅳ　おわりに　92

第2部　実践編：子どもと学校を援助する

第7章　発達障害の理解と援助……………………………………………97
小野純平

　　Ⅰ　発達障害とは　97／Ⅱ　学校場面における発達障害の支援　101／Ⅲ　発達障害のインテーク面接の留意点と心理検査の活用　103

第8章　不登校の理解と援助………………………………………………112
本間友巳

　　Ⅰ　はじめに　112／Ⅱ　不登校の理解　112／Ⅲ　不登校への援助　117

第9章　いじめの理解と援助………………………………………………123
濱口佳和

　　Ⅰ　いじめとは何か　123／Ⅱ　日本の学校でのいじめの実態　126／Ⅲ　いじめ役割の関連要因　128／Ⅳ　いじめ被害の影響　131／Ⅴ　いじめ防止対策推進法　132／Ⅵ　いじめの予防教育　133／Ⅶ　いじめへの事後的対応　135

第10章　非行の理解と非行をする子どもの援助…………………………139
押切久遠

　　Ⅰ　はじめに　139／Ⅱ　非行と学校心理学　141／Ⅲ　チーム学校と非行をする子どもへの対応　146／Ⅳ　事例検討　149

第11章　学校における危機対応……………………………………………154
窪田由紀

　　Ⅰ　はじめに　154／Ⅱ　学校の危機とは　154／Ⅲ　学校における危機対応　162／Ⅳ　これからの学校危機対応　169

第12章　学級づくりの援助
　　　　　　――スクールカウンセラーの役割を中心に………………173
伊藤亜矢子

　　Ⅰ　安全・安心の学級風土　173／Ⅱ　学級の荒れへの対応　178／Ⅲ　心理学からの教育改革　182

第13章　学校づくりの援助…………………………………………………186
家近早苗

　　Ⅰ　学校づくりと公認心理師　186／Ⅱ　学校のアセスメント　190／Ⅲ　学校の協力・

　　連携の促進　192

第14章　地域ネットワークづくりの援助 …………………………198
　　　　　　　　　　　　　　　　　　　　　　　　　　　　石川悦子
　　Ⅰ　コミュニティワーカーとしての公認心理師の役目　198／Ⅱ　連携事例から学ぶ　200／Ⅲ　子どもたちの援助ニーズに応じる関係機関とその機能　203

第15章　教育・学校心理学と公認心理師の実践 ………………………210
　　　　　　　　　　　　　　　　　　　　　　　　　　　　石隈利紀
　　Ⅰ　教育・学校心理学の理論と公認心理師の実践：学びの構造　210／Ⅱ　理論と実践の組み合わせ　220／Ⅲ　これからの教育・学校心理学　220

　　索　　引　226
　　執筆者一覧・編者略歴　巻末

第1部
基礎編:教育・学校心理学の理論を学ぶ

第1章 教育・学校心理学の意義

石隈利紀

Keywords 学校教育，教育心理学，学校心理学，教育・学校心理学，心理教育的援助サービス，公認心理師，アセスメント，カウンセリング，コンサルテーション，心の健康教育，スクールカウンセラー

　子どもと学校教育をめぐる状況は変化を続けている。子どもと学校教育を支える心理学はさまざまあるがその代表的なものに，教育心理学と学校心理学がある。どちらの心理学も互いに多くの領域を共有する。2018年から始まった公認心理師の養成課程では，学部カリキュラムを構成する実践科目の一つ（教育に関する科目）として，「教育・学校心理学」が誕生した。「公認心理師カリキュラム等検討会報告書」（pp.2 3）では，教育分野の公認心理師に求められる役割，知識，技術について以下のように示されている。

　　○スクールカウンセラー等として，幼児児童生徒，保護者及び教職員に対する相談・援助等を行うことにより，不登校，いじめ，暴力行為などの問題行動等の未然防止，早期発見，事後対応，発達障害を含む障害のある児童生徒等に対する心理検査や支援，学校への助言等の必要な対応等を行うことが求められる。また，幼児児童生徒，保護者及び教職員に対して，心の健康に関する教育及び情報提供を行う。大学等に在籍する学生，保護者及び教職員についても，同様に必要な対応を行う。さらに，組織全体への助言も行う。

　本章では，「子どもと学校教育の今」を概観し，「教育・学校心理学」の意義と心理教育的援助サービス，教育分野における公認心理師の業務について述べる。

I　子どもと学校教育の今

　子どもと学校教育をめぐる変化は第1に，子どもも大人も苦痛をさけ，苦痛とつき合うのが苦手になっていることである。この現象は，無痛文明論（森岡，

2003）で説明できる。無痛文明の時代では，「苦しみを遠ざける仕組みが張りめぐらされ，快に満ちあふれた社会のなかで，人々はかえってよろこびを見失い，生きる意味を忘却してしまう」(p.3) のである。快にあふれた社会で痛みと付き合うことができなくなり，苦しみながらも変わっていく喜びを感じる機会が少なくなっている。人の変容や成長には，苦しみや悩みが伴う。教師やスクールカウンセラー（以下，SC）は，子どもの苦しみや悩みをなくすのではなく，子どもが苦しみや悩みとつきあいながら成長するのを援助する役割をもつ。

第2に，学校だけでは子どもの発達や学校生活に関する理解も援助もできないようになったことである。授業中ぼんやりしている子どもを見て，どのような仮説を立てるだろうか。「授業が分からない」「教師が好きでない」「他に気になっていることがある」などが浮かぶ。それだけではないだろう。「家庭でうまくいっていない」「仮設住宅がうるさくて眠れなかった」などもある。学校の様子だけでは，子どもの苦戦が理解できなくなった。

子どもの苦戦の背景に，地域や学校外で子どもがおかれている状況がある。例えば2011年の東日本大震災など自然災害が続いて起こり，地域コミュニティはダメージを受けている。また2020年からの世界の新型コロナウイルス感染拡大はまさに地球規模であり，「パンデミック」（感染症の世界的流行）となった。日本では新型コロナウイルス感染の拡大に伴い，2020年3月初旬より6月ころまで全国の小・中・高等学校，特別支援学校が「臨時休校」になった。新型コロナウイルス感染拡大は第一波，第二波から第六派と続き，まさに「学校教育の危機」と言える。

さらに児童虐待の増加は止まらず，家庭が安全な基地とならない子どももいる。またコミュニケーションの方法としてSNSが普及したことで，子どもの人間関係が大人から見えにくくなった。子どもや学校をめぐる環境は大きく変わったのである。その結果，子どもや学校の援助はより複雑な課題になった。それをふまえ，学校・家庭・地域の連携，教師・SC・スクールソーシャルワーカー（以下SSW）等の連携の必要性が再認識され，「チーム学校」が教育の柱になった（文部科学省，2015）（第13章参照）。

第3に，家族・学校・社会（会社）の関係が変わったことである。社会学者の本田（2014）による「戦後日本型循環モデル」が，家族・学校・社会の関係を理解するのに役立つ。このモデルによれば，1973年から1993年（バブルの崩壊）まで続いた日本経済の安定成長期では，「家族」「学校（教育）」「会社（仕事）」の関係が循環していた。つまり，①正社員の父親が長期安定雇用で賃金を家族に運

第1章 教育・学校心理学の意義

ぶ，②家族は安定した生活のもと，教育熱心な母親が学校教育に協力しながら，子どもを習い事に通わせる，③学校は子どもに知識・技術，社会規範を教え，新規労働力を会社（社会）に提供する。しかし 1993 年以降は，この循環モデルが崩壊した（本田，2014）。その結果，①会社は中核社員の過重労働と非正社員の増加でなりたち，父母共働きが増えるなか賃金は劣悪化する，②家族の経済力の格差が教育意欲の格差につながる，③学校は社会の求める新規労働力を提供しようとするが仕事の状況の格差は広がるのである。

　この家族・学校・社会の循環が崩壊した今，子どもが一人の人間として発達し，自立的に社会に参加する人材として育つために，学校は何ができるだろうか。子どもと社会の今のニーズに学校教育が応じるには，一人ひとりの子どものレジリエンス（厳しい状況でも生き抜く力または回復力）とキャリア発達（社会と関わり自分らしく生きる基盤づくり）を援助することが求められる。また子どもの教育において学校が家族に一方的に協力を求めることはもはや現実的ではなく，家族と学校の教職員による相互支援が求められる。子どもの発達に関する家族と教職員の共通理解と支援は，子どもに「理解されている」という安心感を与え，家族の孤立や教職員の燃え尽きを防ぐ。そして子どものレジリエンスやキャリアの発達を学校・家族・地域の連携で促進するには，教師・SC・SSW のチームが必須となる（水野ら，2018）。

　そして，社会の変化，子どもや家族の変化に応じた生徒指導をめざして，2022年文部科学省より『生徒指導提要』の改訂版が発表された。主な特徴として，3点をあげたい。まず①生徒指導はすべての子どもの発達の支援をめざす。生徒指導は，「児童生徒が，社会の中で自分らしく生きることができる存在へと，自主的・主体的に成長や発達する過程を支える教育活動のことである」と定義されている。そして生徒指導の目的は「児童生徒一人一人の個性の発見とよさや可能性の伸長」にあるとされた。そこで特定の課題を想定しない場合の生徒指導の活動は，「支える」，「支持する」として，不登校やいじめなど特定の課題を想定する場合は「指導する」，「援助する」とする。そしてこれらを統合した生徒指導の活動は，「支援する」と表現される。まさに生徒指導は児童生徒の成長や発達を支援する教育（生徒支援）として充実される（石隈・八並，2024；八並・石隈，2023；八並・石隈・家近・田村，2023）。また②生徒指導は，学校教育すべての場面で行う。生徒指導は児童生徒の発達をささえる昨日であり，教科教育のように学習指導要領で内容や時間が決まっているわけではない。したがって，教職員が意識的に，授業，行事，学級活動等で行う必要がある。そして③生徒指導はチーム学

第1部　基礎編：教育・学校心理学の理論を学ぶ

校を通して行うがあげられる。生徒指導は教員だけではなくSCやSSWとの連携，家庭・地域の関係機関との連携で行うことが強調された。つまり生徒指導は，チーム学校による学校教育のすべての場面での生徒支援とする方向に舵がきられた。これからの生徒指導は教育・学校心理学の知識と方法が必要であり，SCの貢献が必須となる。

　子どもの教育における問題が複雑化し，『生徒指導提要』改訂で新しい生徒指導がめざされる中，教育分野の公認心理師は，SC，教育センターや発達障害者支援センターの相談員，特別支援教育の巡回相談員，学生相談室のカウンセラーなどとして，子どもの心理社会面および学校生活の援助を行っている。対象となる「学校（教育施設）」には，保育所・幼稚園・認定こども園，小・中・高等学校，特別支援学校，大学などがある。公認心理師は，心理学・心理支援の専門職として，一人ひとりの子どもの心の健康と学校生活の質（quality of school life: QOSL）の維持向上に貢献する。

II　教育・学校心理学

　「教育・学校心理学」は公認心理師の学部カリキュラムを構成する実践科目として，「教育現場において生じる問題及びその背景」と「教育現場における心理社会的課題及び必要な支援」が学習内容となっている。ここではまず教育心理学と学校心理学を紹介し，それらの異同と接近から教育・学校心理学への発展を概説する。次に公認心理師による心理教育的援助サービス，スクールカウンセリング，学校臨床・教育臨床について論じる。

1．教育心理学と学校心理学

①教育心理学

　教育心理学と学校心理学は近接の独立した科目である。教育心理学は「教育という事象を理論的・実証的に明らかにし，教育の改善に資するための学問」である（日本教育心理学会編，2003）。教育心理学は事象の分析・理解という学問的な目的と教育の向上という実用的な目的をもつ。

　子安ら（2015）の『教育心理学』は10章から構成されており，教育心理学の内容が概観できる（表1）。この教育心理学の内容は，日本教育心理学会が刊行している『教育心理学年報』における「研究動向と展望」の領域（発達，社会，人格，臨床，特別支援，測定・評価・研究法，学校心理学）とも共通するところが多い。

第1章 教育・学校心理学の意義

つまり教育心理学は、子どもの「発達、適応と障害、学習・認知」に関わる心理学を基盤として、「教育データの分析」により教育に関する実証的研究を進め、「学級集団、授業、教育評価」という教育実践に活かそうとするものであると言えよう。教育実践の主たる担当者は教師であり、教育心理学は教師の実践に大きく寄

表1　教育心理学の内容（子安ら，2015）

第1章	教育心理学の課題
第2章	発達過程の理解
第3章	適応と障害の理解
第4章	学習の基礎の理解
第5章	認知心理学の観点から見た学習
第6章	学級集団の理解
第7章	授業の方法と教師の役割
第8章	教室でのICT活用
第9章	教育評価の方法
第10章	教育データと分析結果の見方

与してきたが、1995年の「スクールカウンセラー導入」後はSCも教育実践に参加しており、教育心理学が活動基盤のひとつになっている。

② 学校心理学

　一方、学校心理学は、学校教育の一環として子どもの学校生活を援助する心理教育的援助サービスの理論と実践を支える学問体系である（石隈，1999；日本学校心理学会編，2016）。心理教育的援助サービスとは、「一人ひとりの子どもが発達する上で出合う学習面、心理・社会面、進路・キャリア面、健康面など学校生活の問題状況や危機状況を援助し、すべての子どもの成長を促進する活動」と定義されている（石隈，1999；石隈・家近，2021）。そして心理教育的援助サービスの担い手は、教師・SC・保護者らのチームであり、学校心理学はチームの実践を支えてきた。学校心理学の学問体系は、子どもの学習や発達および行動や人格に関する心理学的基盤、学校教育に関する理論と方法、子ども、教師、保護者、学校組織に対する心理教育的援助サービスの理論と技法から構成される。日本学校心理学会（2016）編集の『学校心理学ハンドブック』は、PartⅠ「学校心理学とは何か」、PartⅡ「学校心理学を支える理論と方法」、PartⅢ「学校心理学の実践：心理教育的援助サービス」の3つからなるが、PartⅡ「学校心理学を支える理論と方法」は学校心理学を構成する3つの基盤を提示している（表2）。

　学校心理学は、学校教育と心理学を基盤として、学校教育の一環としての心理教育的援助サービスの方法や技法を発展させることにより、子どもと学校の援助を支えようとするものだと言えよう。学校心理学がめざす学校教育と心理学の統合を進めるためには、子どもを援助するチーム学校において教師とSCが子どもの成長という共通の目的に向かって協働しながら、互いの文化の違いを理解し互いに変わる勇気をもつことが必要である（第12章参照）。学校心理学は教師とSC

第1部　基礎編：教育・学校心理学の理論を学ぶ

表2　学校心理学を支える理論と方法　（日本学校心理学会編，2016）

■A　学校心理学を支える学校教育学的基盤：
1　教育学（教育哲学／教育方法／教育課程／教育社会学／幼児教育）
2　学校組織と教育制度（学校経営／学級経営／学校組織／教育制度）
3　特別支援教育の基盤（幼児期における特別支援／小学校の通常学級における援助／中・高等学校の通常学級における援助／通級指導等における援助／特別支援学校による地域の援助）
4　生徒指導・教育相談・キャリア教育（生徒指導とは／学校教育相談／教育相談コーディネーター／キャリア教育／進路指導とキャリアカウンセリング）

■B　学校心理学を支える心理学的基盤
1　育つこと　＊発達心理学的基盤（乳幼児期／児童期／思春期／青年期／成人期）
2　学ぶこと・教えること　＊教育心理学的基盤（認知心理学／教授・学習心理学／教科心理学／言語心理学／教育評価）
3　個として生きること　＊臨床心理学的基盤（教育現場に活かす臨床心理学／子どもの心をめぐる臨床心理学的問題／人格理論／心理療法）
4　他者の中で生きること　＊社会心理学的基盤（集団心理学／援助行動／ソーシャルサポート／被援助志向性）

■C　学校心理学を支える心理教育的援助サービスの方法と技法
1　心理教育的アセスメント　＊子どもと子どもを取り巻く環境の理解（心理教育的アセスメントのとらえ方／心理教育的アセスメントの方法／心理検査の活用と限界—知能検査を中心に—／心理教育的アセスメントの領域／学級集団のアセスメント／学級風土のアセスメント／子どもと環境の折り合いのアセスメント／援助サービスシステムのアセスメント）
2　カウンセリング　＊直接的な援助サービス（学校心理学におけるカウンセリングとは／カウンセリングと一般意味論／教師によるカウンセリング／スクールカウンセラーによるカウンセリング／カウンセリングの方法／個別の学習支援／コーチング／ソーシャルスキル・トレーニング／ソーシャルエモーショナルラーニング）
3　コンサルテーション　＊間接的な援助サービス（コンサルテーションとは／教師へのコンサルテーション／保護者・家族へのコンサルテーション／管理職へのコンサルテーション／研修型コンサルテーション／カリキュラム開発と評価のコンサルテーション）
4　コーディネーションとチーム援助の方法（援助サービスにおけるコーディネーションとは／マネジメント委員会／コーディネーション委員会／個別の援助チーム／コーディネーション行動／危機対応チームにおけるコーディネーション／コーディネーションの強みと課題）

が協働の際に共有できる共通言語を提供しようとしている。

③教育心理学・学校心理学の異同と接近

　教育心理学と学校心理学は，どちらも心理学を基盤として学校教育の実践を支えることをめざし，多くの共通領域をもっている（図1）。より詳しく見ると，教育心理学は心理学の研究を重視している。一方，学校心理学は，教育学もひとつ

第1章 教育・学校心理学の意義

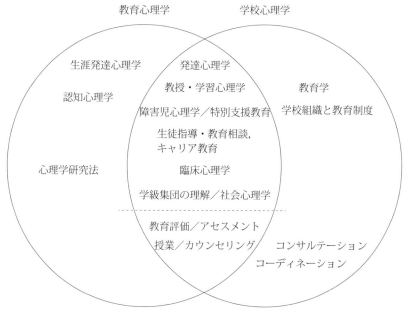

図1 教育心理学と学校心理学

の基盤として心理学と学校教育の統合をめざすとともに，教育実践の軸として心理教育的援助サービスの方法と技法を組織的にもっていると言える。ただし学校心理学は子どもの学習面，心理・社会面，進路・キャリア面，健康面の苦戦における援助に活かす方法を提供するが，教科の指導（授業）に活かす方法に関しては十分ではなく，認知心理学等に基づく教育心理学の専門性が際立つ。また教育心理学と学校心理学の違いは，教育心理学は子どもに限らず成人も対象とすること，学校教育に限らず社会教育など教育活動全般を扱うことに対し，学校心理学は学校教育の実践に焦点を当てていることである。

1990年のはじめ，教育心理学は研究的な側面が強く学校教育の実践には役立っていないとする「教育心理学の不毛性」の議論が日本教育心理学会で盛んであった（小野瀬，1996；サトウ，2002）。そこで教育心理学会は学校心理学に注目して，実践的な方向を取り入れようとし，心理教育的援助サービスの専門家である「学校心理士」の認定を始めた（日本教育心理学会編，2003）。『教育心理学年報』では年間の研究発表をまとめているが，「学校心理学」は「発達（心理学）」「臨床（心理学）」などと並び一領域として扱われている。学校心理士は心理教育的援助サービスの専門家として認定され，今日では一般社団法人学校心理士認定

運営機構で認定されている。学校心理士の受験条件として，大学院における学校心理学に関する所定の科目の履修がある。それらの科目は「学校心理学」「教授・学習心理学」「発達心理学」「臨床心理学」「心理教育的アセスメント」「学校カウンセリング・コンサルテーション」「特別支援教育」「生徒指導・教育相談，キャリア教育」および実習1「心理教育的アセスメント基礎実習」，実習2「学校カウンセリング・コンサルテーション基礎実習」である。学校心理士に求められる科目として，「教授・学習心理学」「発達心理学」「特別支援教育」「臨床心理学」は教育心理学を構成する学問であり，「心理教育的アセスメント」は「教育評価」と重なる（図1参照）。また，「生徒指導・教育相談・キャリア教育」は教師が主たる担い手であり，教育心理学とも関連する。したがって学校心理学の専門家養成の科目においては，教育心理学の占める割合が大きい。

2．教育・学校心理学の意義

教育・学校心理学は教育心理学と学校心理学の双方を活かした科目として発展することが期待される。ここでは「広義の教育・学校心理学」，公認心理師の学部科目としての「教育・学校心理学」，そして公認心理師の実践について述べる。

①広義の教育・学校心理学

教育心理学と学校心理学を統合した教育・学校心理学を活かして学校教育を担当するのは，教師・SCなど援助者のチームである。図1で説明すると，広義の教育・学校心理学は，教育心理学と学校心理学の領域の二つの円を足した広い円（最小公倍数）としてとらえることができる。あらためて教育心理学と学校心理学の重なる領域が多いことがわかる。学校心理学を構成する「心理学的基盤」「学校教育の基盤」「心理教育的援助サービスの方法と技法」の枠組みを参照すれば，教育・学校心理学は「心理学的基盤」「学校教育の基盤」「教育実践の理論と方法」から構成される。それぞれの内容は以下のようになる。

A　心理学的基盤：発達心理学，教授・学習心理学，認知心理学，臨床心理学，障害児心理学，社会心理学，心理学の研究法
B　学校教育の基盤：教育学，教育組織・制度，特別支援教育，生徒指導・教育相談・キャリア教育
C　教育実践の理論と方法：心理教育的アセスメント，授業・カウンセリング，学級づくり・学校づくり，コンサルテーション・コーディネーション

第1章 教育・学校心理学の意義

　学校教育に役立つ知見を提供する「心理学の研究法」は，教育・学校心理学でも重要である。そして教育実践の理論と方法には，アセスメント，カウンセリング，コンサルテーションに加えて，授業，学級づくり，学校づくりが含まれる。今後教育・学校心理学がチーム学校の実践を支える学問体系として発展していくために，図1の内容がさらに学問的にも実践的にも向上していくことが望まれる。また教育・学校心理学が教育職と心理職の共通言語となるために，心理学用語と教育用語の相互の確認が必要となるだろう。学校心理学は子どもの問題状況における援助に関して学校教育と心理学の統合をめざしている。また教育心理学は授業実践の向上の過程で教育職と心理職の協働を積み重ねている。「教育・学校心理学」という新しい枠組みが，学校心理学と教育心理学の経験と知見を統合する機会となることに期待したい。

②公認心理師の科目としての教育・学校心理学
　さて公認心理師の実践を支える「教育・学校心理学」の学習内容は，「教育現場において生じる問題及びその背景」と「教育現場における心理社会的課題及び必要な支援」となっている。広義の「教育・学校心理学」が教師やSCらの活動の基盤となるのに対して，公認心理師科目としての「教育・学校心理学」は主にSCらの心理職の活動の基盤となる。同時に教育相談のコーディネーターや養護教諭など心理職と学校教育の架け橋となる専門家の活動の基盤としても有用である。
　公認心理師科目「教育・学校心理学」の構造と内容としては，日本心理学会標準シラバス（日本心理学会，2018）が参考になる（表3）。このシラバス作成には筆者も協力したが，広義の「教育・学校心理学」の枠組みを活用しながら，公認心理師に求められる行為（アセスメント，心理支援，関係者への支援，心の健康教育）を念頭においている。具体的には，①の「教育現場において生じる問題及びその背景」は，学校教育の理論と方法を基盤として学校教育の実際問題が含まれている。②の「教育現場における心理社会的課題及び必要な支援」では，子どもの発達や教授・学習に関する心理学，そして公認心理師の行う心理教育的援助サービスが含まれている。
　本書は，日本心理学会の教育・学校心理学の標準シラバスに呼応しており，ほとんどの内容をカバーしている。

3．公認心理師による教育分野での支援
　教育分野の公認心理師の行う支援は，臨床心理学，カウンセリング心理学，学

第1部 基礎編:教育・学校心理学の理論を学ぶ

表3 「教育・学校心理学」シラバス（日本心理学会，2018）

① 教育現場において生じる問題及びその背景
A 教育の制度・法律・倫理：
  教育に関する権利と義務　学校教育制度　社会教育制度　学習指導要領
  幼児教育・保育の動向　特別支援教育の動向　生徒指導・教育相談の動向　チーム学校
  教員の研修・生涯発達
B 教育・学校の環境：
  学級・学校の力と課題，家庭の力と課題，地域の力と課題
  教師の指導援助，教師－生徒関係，教師－保護者関係，生徒同士の関係
C 学校における問題の理解：
  学習面・心理社会面・健康面・進路面の問題，
  不登校，いじめ，非行・暴力行為，発達障害による困難
  個人的要因と環境要因の相互作用

② 教育現場における心理社会的課題及び必要な支援
A 発達と教育：
  認知・言語の発達と教育，感情・社会行動の発達と教育
B 教授・学習：
  学習・認知のメカニズム　学習意欲　集団と学習
  教授法　個人差と適性処遇交互作用　授業のユニバーサルデザイン
C 教育分野における心理学的援助：
  3段階の心理教育的援助サービス（開発的・予防的・問題解決的）　チーム援助
  スクールカウンセリング　授業づくり・学級づくり・チーム学校づくり
D 教育分野における心理学的アセスメント：
  教育評価（学習の達成度等）
  学力・知能のアセスメント（学習スタイル，発達障害の傾向含む）
  心理社会面のアセスメント（自尊感情，対人関係など）
  環境のアセスメント
E 児童生徒に対する心理学的援助：
  スクールカウンセリング　心の健康教育　学習・発達支援
  個別の指導計画・個別の教育支援計画　危機管理・介入
F 援助者・関係者への心理学的援助：
  保護者・教職員・地域社会の連携
  コンサルテーション　コーディネーション　マネジメント

校心理学などが理論的基盤となる。第1に臨床心理学は,「心や行動が病的な状態に陥っている人々の心理を対象とする，専門的な援助学」と定義される（村瀬，1990）。そして臨床心理学の中核概念である「心理臨床」については「自己の人生の物語を生きることの援助」とされている（下山，2000）。臨床心理学は，一人ひとりの子どもが心理面での援助を受けながら学校生活を送っていくことを公認心理師が援助する基盤となる。そして「学校臨床」や「教育臨床」は，臨床心理士などの心理職が教育センターや大学の付設の心理教育相談室の相談員，また

第1章 教育・学校心理学の意義

はSCとして，子どもの心理社会面や学校生活の援助を行うときに使われる，臨床心理学に関連する概念である。1995年に導入されたSCによる学校臨床・教育臨床は，問題が生じた後だけでなく学校の問題やニーズに応じて，成長モデルで予防・開発的な地域援助をすることも含まれる（國分，1997）。さらにSCには問題解決的援助だけでなく予防的援助も，組織的に（チームとして）行うことが国レベルの教育相談の指針としても明確化された（文部科学省，2017）。したがって，学校臨床・教育臨床も内容的には心理教育的援助サービスときわめて近い。これまでのSCとしての実践から学びながら，公認心理師による心理教育的援助サービスの実践理論を発展させていくことができる。

　第2にカウンセリング心理学は，「個人が遭遇する困難を克服してその人なりの特徴をフルにいかして生きていけるようになるのを助ける」専門的援助過程である「カウンセリング」を支える（渡辺，2002）。カウンセリング心理学は，子どもの自助資源を発見し育てながら子どもの問題解決と成長を援助する。そして「スクールカウンセリング」は，カウンセリング心理学に基づき，「学校生活を送るうえで生徒が遭遇する問題の『解決』と問題の『予防』および『パーソナリティの成長』の3目標をめざす援助活動」と定義されている（國分，1997）。スクールカウンセリングの定義は，心理教育的援助サービスときわめて近い。スクールカウンセリングの特徴としては，教師が担い手になることが多いこと，したがって援助や予防・開発的な援助を強調するところにある。

　第3に学校心理学は，心理教育的援助サービスの理論と実践の体系であり，一人ひとりの子どもの心理・社会面や学校生活の問題状況を解決し成長していくことを援助する。そして心理教育的援助サービスは，SCらによるカウンセリング，教師による生徒指導・教育相談，学校保健，特別支援教育を通した子どもの援助を包括的に含むものである。SCが心理学の専門性を活かして教師等の心理教育的援助サービスに参加することにより，チーム援助が促進され，チーム学校の機能が向上するのである。学校心理学は，3段階の心理教育的援助サービス，4種類のヘルパー，3層のチーム援助，アセスメント・カウンセリング・コンサルテーションなど，心理教育的援助サービスのモデルをもっており（石隈，1999；日本学校心理学会編，2016），教育分野の公認心理師の活動を理解し発展するのに役立つ。

　以上のように，教育分野における心理支援は，臨床心理学，カウンセリング心理学，学校心理学を基盤に，学校臨床・教育臨床，スクールカウンセリング，心理教育的援助サービスとしてとらえられているが，内容は共通する面も多い（石隈，2012）。本書では，主に学校心理学の理論モデルを用いて教育分野の公認心

理師の活動を概説していく。その理由は3つある（日本学校心理学会編, 2016）。1つ目は，臨床心理学は主として「個人としての子ども」に焦点を当てるが，学校心理学は「環境の中にいる子ども」に焦点を当てる。2つ目は，カウンセリング心理学は子どもへの直接的援助であるカウンセリングを中核の活動とするが，学校心理学はカウンセリングのみならず子どもへの間接的援助であるコンサルテーションを重視する。3つ目は，学校教育と心理学の統合をめざす学校心理学は，教育分野における心理支援に適合する実践モデルを提供する。そして，公認心理師の教育分野における活動を支える「教育・学校心理学」は，「子どもの心理社会的課題への取り組みや学校生活における問題解決を支援する心理教育的援助サービスの理論と実践の体系」と定義する（石隈, 2018）。

III 教育分野の公認心理師の業務

　心理学・心理支援の専門職である公認心理師は，心理教育的援助サービスを通して，一人ひとりの子どもの心の健康と学校生活の質（QOSL）の維持向上に貢献する。公認心理師に求められる4つの行為（業務）について，心理教育的援助サービスの観点から説明する（石隈, 2019）。

1．アセスメント

　公認心理師は「支援を要する者の心理状態を観察し，その結果を分析する」（公認心理師法2条第1号）。アセスメントはすべての心理支援の基盤となり，教育分野でのアセスメントは心理教育的アセスメントと呼ばれる（石隈, 1999）。心理教育的アセスメントは，援助の対象となる子どもが発達課題や教育課題に取り組む上で出会う問題や危機の状況についての情報収集と分析を通して，心理教育的援助サービスの方針や計画を立てるための資料を提供するプロセスである（石隈, 1999）。学校教育においてはすべての子どもがなんらかの支援を要しており，また特に問題状況や危機状況にいる子どもは大きな援助ニーズをもっている。心理教育的アセスメントでは，公認心理師が教師・保護者らとのチームで，援助の対象となる子どもの心理社会面及びそれに密接に関係する学校生活（学習面，進路・キャリア面，健康面）について情報を収集する。子ども個人，学校・家庭・地域などの環境，子どもと環境の相互作用に焦点を当てる生態学的アセスメントが求められる（第4章参照）。アセスメントでは，子どもの援助ニーズの内容と程度，子どもの自助資源（自分の強みや長所で問題解決に活かす）や援助資源（友

第1章 教育・学校心理学の意義

人，保護者，教師，SC，地域の隣人など）の把握が重要である。子どもの行動や学習に関する情報の分析には，発達心理学（第2章参照），教授・学習心理学（第3章参照），臨床心理学（第4章参照）などの知識が必須であり，学校生活や環境に関する情報の分析には，社会心理学や学校教育の知識が役立つ。

アセスメントの方法としては，面接はもちろん，授業中・休み時間の子どもの行動観察，子どもの作品（絵，作文，テストの結果など）の観察，学校における子どもの資料（出席状況，成績など）の検討があり，必要に応じて心理検査を活用する。観察結果の分析は，子どもの年齢や障害等発達に影響を与える要因に応じて行うので発達心理学や障害児心理学（特別支援教育）が参考になる。また発達障害などに関してはWISC-Ⅳ，WISC-Ⅴ，KABC-Ⅱ，田中ビネーⅤなどの標準化された個別の知能検査を用いることが多いが（第7章参照），検査の実施には心理支援の技術が活かされ，結果の解釈には統計の基礎的知識も必要となる。

2．心理支援

公認心理師は「支援を要する者に対し，その心理に関する相談に応じ，助言，指導その他の援助を行う（公認心理師法2条2号）。教育分野における心理支援は，子どもに対する直接的援助である。子どもの支援のテーマは，自己理解（自分とのつきあい）や人間関係（他者とのつきあい），学業や進路における困り感や悩み・迷いなどであり，発達や学校生活に広く関わる。いじめは主として人間関係の問題であり（第9章参照），不登校は進路も含む複雑な問題である（第8章参照）。子どもの困りや悩みが問題状況と言える場合もあれば危機状況（第11章参照）と言える場合もある。SCらによる面接は，岐路に立つ子どもが自分を見つめ，振り返り，受け止め，明日に向かうための時間となる。SCら公認心理師は，子どもが発達や学校生活に関する苦悩とつきあいながら，課題に取り組むのを援助する。公認心理師の心理支援には高度な「カウンセリング」のスキルが求められるが，発達心理学や臨床心理学の知識も必要となる。

また発達障害のある子どもには，学習生活や友人とのコミュニケーションでの失敗という心理的危機への対応の援助を行う（第7章参照）。子どもの得意な行動様式やコミュニケーションの方法，学習様式の発見と気づきを通して，学習面や対人関係の援助を行う。子どもの被援助志向性（助けを求める態度）に関して助言し，助けられる力を育てることもある。ここでは障害児心理学（特別支援教育），教授・学習心理学，社会心理学などが役立つ。

援助の場は相談室だけではなく，「学級・学校の荒れ」への対応（第11，12章

第1部 基礎編：教育・学校心理学の理論を学ぶ

参照），不登校の子どもの家庭訪問など多様である。SCら公認心理師は「相談室のカウンセラー」という狭い役割にとらわれることなく，子どもや子どもを取り巻く環境に積極的に関わることが求められる。

3．関係者支援（コンサルテーション）

公認心理師は「支援を要する者の関係者に対し，その相談に応じ助言，指導その他の援助を行う」（公認心理師法2条3号）。教育分野において支援を要する者の関係者は，保護者（家族），教師，友人など子どもの主な相談相手（石隈，1999；水野ら，2006）（第5章参照），また福祉職（SSW），医療職（医師・看護師など）である。教育分野の関係者支援では，支援を要する者に直接関わる専門家（コンサルティ）に対して専門性の異なる専門家（コンサルタント）が協働で問題解決に関わるプロセス（コンサルテーション）が代表的である。SCなど公認心理師は心理学・心理支援の専門性に基づき，いじめ，不登校，非行，発達障害による困難など，子どもの心理的な課題や教育的な課題に関して，保護者や教師の子どもの理解や支援について助言などの援助を行う。学校内外の援助のコーディネーションを行う校内委員会などへの出席は，コンサルテーションの重要な場面となる（第13章参照）。そして公認心理師と教師，医療職，福祉職，司法職（第10章参照）の多職種連携（第14章参照）において，互いの専門性を活かして助言し合うプロセスは，相互コンサルテーションと言える（石隈・田村，2018）（第5章参照）。また保護者（家族）を「自分の子どもの生活や成長に関する専門家」としてとらえるならば，公認心理師と保護者とのパートナーシップも相互コンサルテーションと言える（石隈，1999）。チーム援助の会議に保護者が出席するとき，保護者は学校から援助を受ける立場でもあるが学校を援助する立場でもある。つまり，公認心理師による関係者支援は，相互支援として行うのが適切である。公認心理師には，コンサルテーションの課題（内容）を理解するために発達心理学，臨床心理学などの心理学的基盤や教育制度の知識など学校教育の基盤が必要であるとともに，コンサルテーションのプロセスを進めるためにコミュニケーションスキルや連携スキルが必須となる。

4．心の健康教育

公認心理師は「心の健康に関する知識の普及を図るための教育及び情報の提供を行う」（公認心理師法2条4号）。公認心理師は，心の健康教育の企画・実施・評価に関わることが求められる。公認心理師の行為として，支援を要する者に限

第1章 教育・学校心理学の意義

らず国民に対して予防・開発的な心理教育を行うことが明記されたことは，公認心理師の活動の幅を「問題解決的，治療的」な活動だけでなく啓発や研修活動まで広げることになり公認心理師の雇用可能性を高めることになる。「心の健康」の定義は，公認心理師を支える学問体系（心理学・心理支援及び関連領域の科目）の中で今後さらに議論される必要がある。無藤ら（2018）の『心理学［新版］』における説明を参考にすれば，心の健康は，①現実認識の的確さ，②自尊感情，③セルフコントロール，④親和関係の形成，⑤生産性（人生に関わるものをつくる）などの視点から定義できる。心の健康についての予防教育としては，心身の健康やストレスに関する健康心理学，予防開発的な活動のプログラムを提供するカウンセリング心理学，すべての子どもを対象とする教育活動の枠組みとしての学校心理学（第6章参照），予防理論をもつコミュニティ心理学などが参考になる。学校における心の健康教育は，すべての子どもの発達を促進し社会と関わる能力を育てる「生徒指導（ガイダンスカウンセリング）」（國分・國分，2013）と関連する。具体的な心の健康教育の内容としては，ストレス対処，ソーシャルスキル，キャリア支援などから，自殺予防まで幅広いトピックスが含まれる。公認心理師は，心理学の最新の知識を獲得するとともに，心の健康を回復する支援の経験から学び続けることが求められる。

SCなどの公認心理師は「チーム学校」の担い手として，子ども，教師，保護者と支え合いながら，また学校・家庭・地域連携のキーパーソンとして，子どもの心の健康やQOSLを維持向上させることが期待されている。そして「教育・学校心理学」は，教育分野における公認心理師の活動の基礎知識と方法を提供する。

◆　学習チェック表
☐　子どもと学校教育の今について理解した。
☐　教育心理学および学校心理学の概略について理解した。
☐　教育・学校心理学の概略について理解した。
☐　教育分野における公認心理師の業務について理解した。

より深めるための推薦図書

石隈利紀（1999）学校心理学―教師・スクールカウンセラー・保護者のチームによる心理教育的援助サービス．誠信書房．

日本学校心理学会編，石隈利紀・大野精一・小野瀬雅人・東原文子・松本真理子・山谷敬三郎・福沢周亮責任編集（2016）学校心理学ハンドブック［第2版］―「チーム」学校の充実をめざして．教育出版．

子安増生・田中俊也・南風原朝和・伊藤裕司（2015）教育心理学［第3版］．有斐閣．

水野治久・家近早苗・石隈利紀（2018）チーム学校での効果的な援助―学校心理学の最前線．ナカニシヤ出版．

石隈利紀・家近早苗（2021）スクールカウンセリングのこれから．創元社．

石隈利紀・八並光俊監修，山口豊一・家近早苗・田村節子・中井大介・水野治久編（2024）学校心理学が提案！ これからの生徒指導―『生徒指導提要』を学校心理学の視点から読み解く．ほんの森出版．

文　　献

本田由紀（2014）社会を結びなおす―教育・仕事・家族の連携へ［岩波ブックレット899］．岩波書店．

石隈利紀（1999）学校心理学―教師・スクールカウンセラー・保護者のチームによる心理教育的援助サービス．誠信書房．

石隈利紀（2012）学校心理学とその近辺領域の異同と学校心理士の活動の特色．In：学校心理士資格認定委員会編：学校心理学ガイドブック［第3版］．風間書房，pp.11-15．

石隈利紀（2019）教育・学校心理学，公認心理師の業務（教育）．In：子安増生・丹野義彦編：公認心理師エッセンシャルズ［第2版］．有斐閣，pp.36-37, 74-75．

石隈利紀・家近早苗（2021）スクールカウンセリングのこれから．創元社．

石隈利紀・田村節子（2018）石隈・田村式援助シートによるチーム援助入門―学校心理学実践編［新版］．図書文化社．

國分康孝監修（1997）スクールカウンセリング事典．東京書籍．

國分康孝・國分久子監修，片野智治（2013）ガイダンスカウンセリング．図書文化社．

水野治久・石隈利紀・田村修一（2006）中学生を取り巻くヘルパーに対する被援助志向性に関する研究―学校心理学の視点から．カウンセリング研究，39; 17-27．

水野治久・石隈利紀・田村節子・田村修一・飯田順子編著（2013）よくわかる学校心理学．ミネルヴァ書房．

文部科学省（2015）チームとしての学校の在り方と今後の改善方策について（答申）．中央教育審議会．

文部科学省（2017）児童生徒の教育相談の充実について―学校の教育力を高める組織的な教育相談体制づくり．教育相談等に関する調査研究協力者会議（報告）．

森岡正博（2003）無痛文明論．トランスビュー．

村瀬孝雄（1990）臨床心理学．In：國分康孝編：カウンセリング事典，p.578．

無藤隆・森敏昭・遠藤由美・玉瀬耕治（2018）心理学［新版］．有斐閣．

日本教育心理学会編（2003）教育心理学ハンドブック．有斐閣．

日本心理学会（2018）公認心理師大学カリキュラム　標準シラバス．https://psych.or.jp/wp-content/uploads/2018/04/standard_syllabus_2018-8-22.pdf

小野瀬雅人（1996）教授・学習研究の動向と課題．教育心理学年報，35; 88-99．

サトウタツヤ（2002）21世紀の教育心理学―「教育心理学の不毛性議論」に触発されつつ．教育心理学年報，41; 139-156．

下山晴彦（2000）心理臨床の基礎Ⅰ―心理臨床の発想と実践．岩波書店．

八並光俊・石隈利紀・田村節子・家近早苗編（2023）やさしくわかる生徒指導提要ガイドブック．明治図書．

八並光俊・石隈利紀編（2023）Q&A新生徒指導提要を読み解く．ぎょうせい．

渡辺三枝子（2002）［新版］カウンセリング心理学．ナカニシヤ出版．

第2章 子どもの発達課題への取り組みの理解と援助

松本真理子

Keywords ピアジェの認知発達理論，フロイトの人格発達理論，エリクソンの心理・社会的発達理論，マーラーの分離－個体化理論，コールバーグの道徳性の発達，心の理論，セルマンの視点取得の発達理論，環境との相互作用，発達障害

本章では，最初に「発達」とは何かということについて考え，次節では，子どもの発達を考える上で基礎となる発達理論を紹介したい。続く第3節では，各年齢段階における発達的特徴を概説した上で，発達上の課題とその援助について述べる。

1 発達とは

「発達」という言葉は，日常の中でもさまざまな場面で用いられる。例えば，「低気圧の発達」，「経済の発達」，「文明の発達」などである。改めて考えると「発達」の定義は何であろうか。ここでは，対象を「人間の発達」として見てみると，文部科学省の「子どもの発達段階ごとの特徴と重視すべき課題」（2018）が参考になる。すなわち「子どもが自らの経験を基にして，周囲の環境に働きかけ，環境との相互作用を通じ，豊かな心情，意欲，態度を身に付け，新たな能力を獲得する過程」というものである。この定義からは，発達を考える際のポイントとなるいくつかの視点が見えてくる。まず，第1には自らの経験が基礎にあること（ここでいう経験とは幅広く自らが本来有していたものも含めている），第2には，取り巻く環境との相互作用が必要であること，第3には，発達する側面はさまざまにあるということ，そして第4には，新しい能力の獲得ということである。この4つの発達の視点についてもう少し具体的に考えてみると，次のような「発達」をめぐる特徴がさらに見えてくるであろう。

①発達の個人間差と個人内差

自らの経験が基礎にある，ということはすなわち，その経験には，当然のことながら個人間の差があるものであり，また個人内においても，経験の内容によって，ある側面の発達は優れていても，ある側面は経験に乏しく発達がやや遅れているということ，すなわち個人内差も想定される。

②環境の要因

子どもの発達は取り巻く環境――家庭，学校，地域，そして時代，社会や文化――など多くの環境と相互に関連し作用しながら発達するものであることを忘れてはならない。したがって，支援の際に環境をアセスメントすることは重要なことである。

③発達の諸側面

発達には，身体的発達，情緒的発達，知的発達や社会性の発達などさまざまな側面があることを理解し，ある側面だけで発達をとらえることなく，全体的な様相について理解することが重要である。また人格発達というより大きな概念でくくられる発達理論も子どもの支援にとって重要な視点である。

④新たな能力を獲得する過程

発達とは上述したように自らの経験と環境との相互作用によって，何らかの新たな機能，知識，技能などを獲得し変容していく過程である。都築（2000）は人間の発達をとらえるとき，1）発達の一般性；子どもとしてもっている共通性からみた発達，2）発達の特殊性；子どもがおかれている社会の特殊性からみた発達，3）発達の個別性；子ども一人ひとりの個性，から見ることが重要であると述べ，子ども一人ひとりにおいて，この3つの力動的関係によって発達過程や発達の様相は異なるとしている。すなわち，発達において，時代や社会を超えて共通するもの，時代や社会の影響を色濃く受けているもの，そして個性として理解できるもの，というそれぞれを詳細に検討することは，子どもの発達促進を理解し援助する上でも大切なことである。

ところで，学校教育の現場ではこの「発達」に対してどのような姿勢で取り組むべきであろうか。2022（令和4）年の『生徒指導提要』の改訂では，発達の視点が一層重視されているといえる。すなわち，第1章の「生徒指導の基礎」では，児童生徒に向き合う際の基本的な立ち位置として「発達支持的生徒指導」の重要性が述べられている。すなわち，「発達支持的」とはあくまでも児童生徒が自発的・主体的に自らを発達させていくことを尊重し，その過程をいかに支えるかという視点であるとされている。また第2章の「生徒指導と教育課程」においても，全ての教育活動に「発達」の視点が必要であることが強調されている。学校とは，子どもの心身の発達を支える場であることが何よりも大切であることが強調された生徒指導提要の改訂といえよう。

また，発達には上記の特徴に加え「生涯発達の視点」も同時に重要であることを加えておきたい。子ども時代に限らず，人間は生涯にわたり発達し続ける存在

第2章 子どもの発達課題への取り組みの理解と援助

であることを念頭において，将来の発達を見越した教育現場での発達支援を意識することも重要であろう。

次節からは，発達を理解する上で重要な基礎理論を概観するが，読者自身の発達を振り返りながら読み進め，理解を深めてほしい。

II 知っておきたい発達の基礎理論

1．ピアジェの認知発達理論

スイスの心理学者であるピアジェ Piaget, J. は，子どもの認知発達を大きく次の4段階に分けている（1952）。（本シリーズ2巻『心理学概論』，12巻『発達心理学』も参照のこと）

①感覚運動期（誕生〜1歳半，2歳）

生後1カ月頃までの新生児の行動は，多くが反射的な感覚支配的行動に拠るが，一方で刺激や変化を求めて積極的に外界に働きかけを行っている。そうした周囲の環境との関わりの中で，外界の事物についての知識を獲得し，予測的行動がとれるようになり，感覚支配的な行動から新しい行動へと発達していくことになる。この時期に獲得される認知機能としては，循環反応，対象の永続性や象徴機能（symbolic function）があげられる。

1）循環反応：環境への働きかけを繰り返し行うこと。例えば音の出るおもちゃに関心を示し，振ってみると音が出てさらに関心が高まり，その結果その行動を繰り返すなどの反応。
2）対象の永続性：生後1カ月頃は，対象となるものが何かの陰に隠れると，そこには存在しないととらえるが，感覚運動期の終わり頃には，物に隠れても対象は陰に存在していることが理解できるようになる。
3）象徴機能：ある事物を他の事物で表現する能力のこと。この能力を獲得することで「ごっこ遊び」が可能になる。目の前に存在しないものを思い浮かべることができる能力を表象機能といい，この能力を基礎として象徴機能が成立する。

②前操作期（1歳半，2歳〜6,7歳）

2歳以降になると，言語発達が著しくなり，象徴機能も活発に働き，ごっこ遊びがさかんになってくる。子どもは，実際の行動なくしてもイメージを浮かべたり言語を用いたりして物事に対応しようとするようになる。しかし，正しく操作が行えるようになるにはかなり時間がかかり，それができるようになるまでの時

期を前操作期と呼び，次の2つに分けられる。

1）前概念的思考期：2～4歳頃で，泥団子を本物のお団子に見立てて食べるふりができたり，目の前にない事柄を心の中で思い浮かべる「表象」が出現する時期である。
2）直観的思考期：4～7歳頃で，ミカンとリンゴは同じ果物ということが理解できるようになるが，一方で，思考には理論的誤りもみられ，誤りの主なものとしてアニミズム，自己中心性・中心化がある。
　ⅰ）アニミズム：無生物も意思や感情をもっていると考える傾向。例えば，「葉っぱが，かさこそお話しているね」など。
　ⅱ）自己中心性・中心化：空間内で視点を移動すると，ものの見方が変わるということを十分理解できないために，自分自身の立場からの見方・感じ方・考え方にとらわれる傾向が強く，他人が自分とは異なる見方・感じ方・考え方をすることが理解できない（自己中心性）。また事物の1つの側面からしか見ることができず，自分自身が見ている側面以外は無視する傾向がある（中心化）。

③具体的操作期（6，7歳～11，12歳）

　7歳頃になると獲得された知識を相互に関連付け，統合された形で記憶するようになり，問題解決にはそれらの知識を利用しながら多面的・総合的にとらえ，組織的・理論的な思考を用いて対処できるようになる。これを脱中心化という。しかし，そうした理論的な思考ができるのは，この時期においては具体的な事物や状況に限られる（具体的操作）。この時期には保存の概念も獲得される。

・保存の概念：数・量・重さなどについて，見かけの形態が変化しても足したり取り去ったりしなければ数・量・重さは変わらないということがわかるようになる。保存の概念の成立は，可逆性（元に戻すと同じになる），相補性（ある側面が他のある側面を補う），同一性（その物体に何かを加えたり除いたりしないので同じ）を理解できるようになるからであるとされている。

④形式的操作期（11，12歳～）

　この時期になると，子どもは具体的な現実に縛られずに，抽象的・形式的に考えることができるようになる（形式的操作）。すなわち言語によって内容をあらわした命題について，内容が現実かどうかにかかわらず論理的・形式的に考えることができる。また，演繹的に仮説を立てて推論を行い，その結果を事実と照らし合わせて実証するというような思考もできようになる。

第2章 子どもの発達課題への取り組みの理解と援助

2．フロイトの精神分析理論による人格発達

　精神分析（psychoanalysis）とはオーストリアの医師ジクムント・フロイト（Freud, S., 1856-1939）により創始された人格理論およびその治療理論である。この理論の特徴としては，1）心の働きとして無意識過程を重視したこと，2）抑圧と抵抗の存在を仮定したこと，3）乳幼児期と性的要素を重視したこと，があげられる。またフロイトは，人格を構造論的見地，経済論的見地，力動論的見地，発達論的見地の4つの見地から考えた。すなわち，構造論的見地では，心を意識（conscious），前意識（preconscious），無意識（unconscious）の3つの領域に分け，この3つが関連し合いながら機能していると考えた。その後1923年に，「心的装置」を発表し，心はエス（イド id），自我（ego），超自我（superego）の3領域から成るとした。フロイトの理論はその後自我心理学や対象関係論へと発展していった。

　フロイトによる人格の発達理論は，心のエネルギー源であるリビドーを性衝動ととらえ，人格発達はこのリビドーの発達に関係すると考え次の5段階に分けている。すなわち，口唇期（oral phase），肛門期（anal phase），男根期（phallic phase），潜伏期（latency period）および性器期（genital phase）である。フロイトは，ある発達段階の欲求に対して過度の満足や不満状態に陥ると「固着」が生じると考え，その後の人生において何らかの精神的葛藤が生じるとその固着段階まで退行し，それが精神水準を決定するとしている。例えば，強迫神経症患者は肛門期固着があり，その結果「強迫」という症状を呈すると考えるなどである。

3．エリクソンの心理・社会的発達理論

　エリクソン（Erikson, E. H. 1902-1994）は精神分析家であると同時に自我心理学の影響を受け，自我と社会との関係を重視した発達理論を展開した。主な特徴として，次の4つがあげられる。

1）個体の発達は常に社会（取り巻く環境）との相互作用の中で起こるものとし，心理・社会的側面を重視した。
2）誕生から死まで人間は生涯にわたり発達すると考え，そのプロセスをライフサイクル（人生周期）と呼んだ。
3）漸成発達（epigenesis）とは，段階ごとに器官が次々と形作られるという生物学上の概念であるが，エリクソンは，人間の発達に漸成の概念を取り入れて前段階の発達課題を達成して，次の段階に進むと考えた。

第1部 基礎編：教育・学校心理学の理論を学ぶ

表1 エリクソンの心理社会的発達の8段階（Erikson, 1959より構成）

	段　階	心理的危機	有意義な対人関係（場）	好ましい結果
1	乳児期前期 （0〜1歳）	信頼 対 不信	母親またはその代わりとなる者	信頼と楽観性
	自分が生きていく外界は信頼できるのか，あるいは自分自身は信頼できるのか，という人間の心の発達においてもっとも重要かつ基本的な課題を獲得する時期。乳児期より虐待されて育った子どもは外界に対しても自己に対しても「生きること」の基本的信頼感を獲得することが困難になる。			
2	乳児期後期 （1〜3歳）	自律性 対 恥・疑惑	両親	自己統制の適切さの感じ
	この段階のテーマはトイレット・トレーニングを中心とした「しつけ」であり，親の命令や禁止を自分のものとして内在化する時期。			
3	幼児期 （3〜6歳）	積極性 対 罪悪感	基本的家庭	目的と方向：自分の活動を開始する能力
	この段階の子どもは外界への関心，興味や性器への関心が高まり，「どうして？なに？」と外界に対して自分から積極的に探索するようになる。			
4	児童期 （6〜12歳）	勤勉性 対 劣等感	近隣：学校	知的・社会的・身体的技能の有能さ
	学童期にあたる年代で，熱心に学業に取り組み，社会的・対人的技能を身に付け，困難な仕事を解決することで有能感，自己信頼感を獲得する。			
5	青年期	同一性 対 同一性の拡散	仲間集団と外集団：リーダーシップのモデル	自己を独自な人間として統合したイメージをもつこと
	社会人として働き始めるまでの年代で，「同一性」はエリクソンの中核的概念でもある。「同一性」とは自分とは何者か，といった問いに対する答えを中心とするもので，①過去，現在そして将来にわたり自己は一貫し，不変であるという確信がもてること，②自分の理解する自分は他者からも同じように認められ，自分はこの自分である，と思えること，③こういったことが感覚としてわかっていること，である。エリクソンは「青年期はそれまでのさまざまな経験の中から見つけだしてきた自分というものを統合する年代」として，そのために社会からの義務や責任を最小限にして同一性形成のための時期として社会から認められた期間という意味で心理・社会的モラトリアム〔猶予期間〕と呼んでいる。			
6	成人期初期	親密性 対 孤立	親友：性・競争・協同	親密で永続する関係を形成し，生涯を託するものを決める
	青年期に形成した同一性を他の誰かの同一性と融合できることが課題である。			
7	壮年期	生殖性 対 沈滞	労働をわけもつことと家事をわけもつこと	家族・社会・未来の世代への関心
	生殖性とは子どもを含め生産物，芸術，観念など次世代へと受け継がれるすべてに対して，責任をもって育て発展させるということである。			
8	老年期	統合性 対 絶望	人類：わが子	充足と自分の生への満足感
	人生の最後の段階で，次世代を育て信頼し，そして自分の生涯を統合することが課題である。			

4) 人間の一生は8つの漸成的発達段階に分かれ（表1），各段階には固有の発達課題があり，この課題の解決の成功と失敗が記述されているが，そこであらわされる葛藤をエリクソンは心理・社会的危機（crisis）と呼んだ。また課題の解決は成功か失敗かではなく，両極のバランスがとれていることが望ましいとした。

4．マーラーの分離－個体化理論

　マーラー（Mahler, M. S., 1897-1987）は精神分析家であり乳児が母親との一体感から徐々に分離していく過程を「分離・固化」と呼び，自我発達の理論として有名な「分離－個体化理論」を提唱した。この理論では，「正常な自閉期」「正常な共生期」「分離－個体化期」の大きく3段階として，さらに分離－個体化期を4つに分けている（Mahler, 1975）。

Ⅰ期：正常な自閉期（誕生～2カ月頃）　この時期の乳児は，内部と外部，自己と他者の区別がなく，生理的反応が優勢でマーラーは胎生期の延長として考えていた。
Ⅱ期：正常な共生期（～5カ月頃）　母子が一体となって過ごす時期。対人関係の土台となる重要な時期。身体内部と外部で起こっていることを区別し始めるが，自己と他者との区別は未分化であり，母子が一体感を経験する共生関係にある時期である。
Ⅲ期：分離－個体化期
　①分化期（～1歳頃）　それまでの共生的母子関係から自他の区別が可能になり，母親と他人，見慣れたものと見知らぬものが区別できるようになり人見知りが始まる。
　②練習期（～1歳半頃）　運動機能の発達によって，ハイハイや移動を始める時期から次第に実際に歩き始めて母親から離れていくようになる。外界への関心は高まり，母親はエネルギー補給基地の役割を担い，子どもは母親から離れては戻ることを繰り返して外界を探索するようになる。これは母親との分離の練習期でもある。
　③再接近期（～2歳頃）　楽しさと同時に不安が生じる時期であり，運動機能の発達はめざましいが，周囲の危険や事態の処理能力は伴わないために，母親からはしばしば制止や禁止の働きかけが行われる。背景には母親自身の子の分離に対する不安もあるが，子どもにとっては，母親が自分とは違う願望をもっていることに気づかされる体験にもなり，楽しさと不安を体験することになる。
　④対象恒常性の獲得（～3歳頃，それ以降）　分離不安に対して，一貫した肯定的な関わりをする母親のイメージを子どもが内的に取り込むことによって，子どもは統合された自己イメージの獲得とともに，分離不安の克服が可能となる。その結果，母親という一個の統合された母親表象が確立し，情緒的な対象恒常性が獲得される。すなわち，幼児は母親と離れていても，心の中に自分を支えてくれる

母親像をもっているため，安定して母親の元を離れることができるようになる。

このマーラーの分離－個体化理論に対して，ブロス（Blos, 1967）は「第二の分離－個体化過程」を提唱した。すなわち，第一の分離－個体化と同様の状況が思春期から青年期の年代で再燃することを指し，乳幼児期では，生理的存在から心理的存在への個としての自立がテーマであり，交流の対象は親であるが，思春期では社会的存在としての個の自立がテーマで対象は両親から同年代の親友へ移行する，と考えた。

5．道徳性の発達

ピアジェ（1932/1957）は，道徳性の発達について他律から自律への3つの段階を考えた。すなわち，第1段階は規則に対しての意識・関心の乏しい時期であり，第2段階は大人の権威に服従することが正義であり，ルールは絶対的で変更できないと考える時期，そして第3段階ではルールはみんなで決めるという自律的道徳性を獲得し，公平さ平等さを重視する時期で，およそ12歳頃までには獲得するという。

またコールバーグ（Kohlberg, 1971）は，ピアジェの道徳性の理論を発展させて，慣習以前・慣習的・慣習以降の3水準と以下に示す6段階を設定した。

第1段階：罰をさけることや力への絶対的服従に価値があると考える
第2段階：自分自身の欲求や他人の欲求を満たすことによって善悪を決める
第3段階：善い行動とは，人を喜ばせる行動であると考える
第4段階：正しい行動とは，権威や社会秩序を尊重することにあると考える
第5段階：社会全体によって吟味，同意された基準によって正しい行為が規定される
第6段階：論理的包括性，普遍性，一貫性に基づき，自ら選択した倫理的原理に一致する良心によって正しさが決まる

6．心の理論

「心の理論」とは「ある人が，自分や他者に心的状態を帰属する」こととされ，相手の心，信念や欲求，情動や意図などを，推測して理解する能力に関する理論である。厳密に言えば発達理論ではないものの，自閉症研究において有名な理論であり，子どもの理解には役に立つ理論のため簡単に紹介したい。子どもは誕生直後より，この能力をもっているわけではなく，一般的には4歳台には心の理論を通過する，と言われている。心の理論の有無を調べるための課題を誤信念課題

(Wimmer & Perner, 1983；Baron-Cohen et al., 1985) と呼ぶが，この課題を解くためには，他人が自分とは違う誤った信念（誤信念）をもつことを理解できなければならない。中でも有名なサリーとアンの課題を以下に紹介する。

　サリーとアンの課題
　1．サリーとアンが，部屋で一緒に遊んでいる。
　2．サリーはボールを，かごの中に入れて部屋を出て行く。
　3．サリーがいない間に，アンがボールを別の箱の中に移す。
　4．サリーが部屋に戻ってくる。

　上記の場面を幼児に示し，「サリーはボールを取り出そうと，最初にどこを探しますか？」と質問する。正解は「かごの中」だが，心の理論の通過が遅れている場合は，自己の理解にそって「箱」と答える。バロン＝コーエン Baron-Cohen ら (1995) は，誤信念課題を，自閉症児・ダウン症児・健常な4歳児を対象に行ったところ，たいていのダウン症児と健常な4歳児は誤信念課題ができるのに対して，自閉症児は困難であることが示された。これらの研究から，自閉症児理解の一つとして「心の理論」が有名になった。

7．視点取得の発達理論

　セルマン（Selman, 1976）はコールバーグの理論における役割取得の概念を明確化し，役割（視点）取得能力の発達は子どもの視点と他者の視点が分化し，視点間の調整がなされていく社会的視点の分化の過程である，ととらえ以下の5つの発達段階に分けて考えた。

　レベル0：自己中心的段階（3～5歳）　自分と他人という区別が未分化で，視点間の区別はできない。
　レベル1：主観的段階（6～7歳）　自分の視点と他者の視点を区別できるが，表面的な行動から感情を予測しがちである。人はそれぞれ感じ方，立場や考え方が違うということに気づいているが，権威者か自分の考えが正しいという一つの視点しかとれず，視点間の相互関係には気づかない。
　レベル2：二人称相応的段階（8～11歳）　他人の視点から自分の思考や行動について考えることができる。人は独自の価値観をもっているので，絶対的に正しいという唯一の視点の存在はありえないという，相対的な信念をもち始める。
　レベル3：三人称的段階（12～14歳）　第三者の視点をとることができ，自分を客観的に見ることができるようになる。人は相互に第三者の視点から状況をとらえ，他者の立場に立ち，自分が反応する前に，自分を内省することを理解する。さらに，

第1部　基礎編：教育・学校心理学の理論を学ぶ

第三者の視点から，複数の視点を同時に調整することができることに気づくようになる。
レベル4：一般化された段階（15～18歳）

視点取得は，二者の関係性のレベルから，集団もしくは社会の視点を含む一般的な社会システムのレベルへと高まり，各個人が，他者と正確な意思の疎通を促進するために，一般的他者（社会システム）の視点を共有していることを理解する。

III　各年齢段階における発達的特徴と課題

1．乳幼児期

①発達概観

　生まれた時から，子どもは外界との相互作用を通して，発達する。特にこの時期は養育者との相互作用が大きく影響する。9カ月頃には，養育者と同じものを見て，養育者の表情を見て判断するということができるようになる。1歳頃には養育者との安定したアタッチメントの下で，他者や自己への基本的信頼感を獲得する。

　また語彙の獲得については，3歳頃1,000語，5歳で2,000語，6歳で3,000語と増加し，それに伴って読み書きへの関心が生じてくる。

　運動機能においては，1歳から1歳半頃の始歩から，4～5歳頃には，片足立ち，けんけんなどもできるようになり，5～6歳では，縄跳び，ボールをついて走るなど複雑な動きもできるようになる。さらに手先の微細な能力も発達し，幼児期後期ではのりとハサミで工作を作ったり，折り紙などができるようになる。

　遊びや対人関係においては，2～3歳では一人遊びや同じような遊びを横でする並行遊びが中心であるが，次第におもちゃの貸し借りなどの相互交渉が増加し，「協同遊び」が増加，電車ごっこ，おままごとなどのごっこ遊びも盛んになってくる。それと同時に規範意識が芽生え，他者の意図や感情を理解できるようになり，自分を抑えてルールを守ったり，他者の主張を優先させたりすることができるようになる。

②乳幼児期の課題

　現代社会では，少子化，都市化やネットの発達などにより同年代他児や自然と

触れ合う機会が減少し，幼児期からゲームやスマホで遊ぶ子どもが増加していると言われている。また，情報の氾濫や孤立化などから不安や悩みを抱える養育者も増加している。

この年代に，課題となることとして発達の遅れや偏りがあげられ，また発達障害という用語が広く一般に周知されている現代では，わが子が発達障害ではないかと心配する親も増加している。岡田ら（2014）によると5歳児健診の結果，約30％の子どもに心配な点が認められたが，就学前までフォローアップした結果，最終的には20％の子どもに何らかの支援が必要であり，その中で，発達の遅れや偏りが約13％，養育の問題が3％，構音（発音）の問題が約3％であったと報告している。

何らかの気になる課題を抱える子どもの援助においては，まずは，心理的アセスメントを行うことが重要である。すなわち，子どもの育ってきた背景を理解し，課題の原因を探り，その上で適切な援助が可能になる。具体的には，生育歴，養育環境を聴取し，日常観察を行い，必要であれば発達検査や知能検査などを行い，それらの情報を統合して，子どもの課題を理解することから始まる。その上で，子ども自身への介入と環境すなわち，家族への介入や園への介入などの援助方針を立てることが重要である。

いずれの場合においても，乳幼児期において何よりも大切なことは，人生の早期に信頼できる他者（養育者）と安定した関係を築くこと（愛着の形成），自己と他者に対する基本的信頼感を獲得すること，子ども同士の遊びを通した体験を重ねること，そして基本的な生活習慣を獲得すること，であることを忘れずに援助したい。

2．児童期

①発達概観

小学校低学年では，集団や社会のルールを守る態度など，善悪の判断や規範意識の基礎が形成される。小学校高学年になると，対象との間に距離をおいた客観的な分析ができるようになり，知的活動もより分化したものとなってくる。自分のことも客観的にとらえられるようになる。また情緒的な特徴としては，幼児期のように直接的で衝動的になりやすい行動や感情表出は影を潜め，間接的で抑制的になってくる。全体として次第に自己統制力が高まり，情緒面においても比較的安定し，落ちついてくる年代と言える。

対人関係においては，一般的には，3，4年生の年代になると，いわゆるギャン

ググループと呼ばれる閉鎖性の強い徒党集団を組みたがる傾向が生じる。このグループは同性による仲間集団であり同一行動による一体感を体験し，ここから集団への協調性や制御を学ぶと言われているが，一方で，現代では，少子化や塾通いなど子どもが多忙になったことや，家庭内で一人ゲームに興じる子どもの増加などから徒党集団の形成が困難になってきたとも言われている。

②児童期の課題

　前述したように，現代社会では少子化，都市化や遊びの変化などが加速している。また養育者も子育てに自信が持てず不安を抱え，安定した母子関係が築きにくい状況も見られる。このような環境の中で，子どもが社会性を十分身に付けることができないまま小学校に入学した結果，他児との関わりができず，集団生活になじめないなどいわゆる「小1プロブレム」問題が顕在化することもある。また高学年になるにつれて，学校場面でなじめない体験や他児とのトラブルなどから否定的な自己イメージの基礎ができてしまう，という課題もある。

　児童期は家庭と学校という2つの環境が生活の全て，と言っても過言ではない生活である。何らかの問題が生じた際には，乳幼児期の課題でも述べたように，まずはアセスメントすることが重要である。本人のアセスメントに，家庭環境，学校環境のアセスメントを加え，問題の背景を理解する必要がある。子どもを取り巻くこの2つの環境のうち，いずれかが子どもにとって安心できる環境である場合には，問題は解決の方向に進むことが多いことを念頭において，環境調整という援助も忘れてはならない。例えば，家庭内での両親の関係が悪く，母親はしばしば子どもを連れて家出するなど，不安定な家庭環境で育った子どもの中には，安心して自己表出することができず，学校場面でも集団適応ができず，引っ込み思案で孤立傾向にある場合がある。このように家庭も学校も子どもにとって安心できる場ではなくなっている場合，家庭環境の調整は児童相談所や福祉関係の地域の専門家と連携しつつ，学校では担任やスクールカウンセラー（以下，SC）など一対一の大人との信頼関係を築き，そこから学校場面での安心感や居場所感を得て，安心できる学校環境を整えるよう援助することが大切である。

3．青年期

①発達概観

　中学生年代では，身体的にも急速に成長すると同時に自己意識も芽生え，自らの生き方を模索しはじめる。また親に対する反抗と同時に友人関係を重視し，チ

第2章 子どもの発達課題への取り組みの理解と援助

ャム（Sullivan, 1953/1990）と呼ばれる同性の仲良し集団を作って，秘密を共有し一体感を体験することも多くなる。また性意識が高まり，異性への興味関心も高まるなど，情緒的には揺れ動く時期でもある。心身の大きな変化を迎えるこの時期に，エリクソンが発達課題とした同一性の形成，「自分はどのような人間か，どのように生きていくのか」といった自分というものや人生を考える重要な時期であるといえる。

②青年期の課題

　心身共に変化の大きな年代であるが，これまでにも述べたように，現代は親から離れて社会に出てゆくための橋渡しとなる親密な友人関係を築きにくい社会でもある。一見，友達同士でゲームを楽しんでいるように見えるが，実はそれぞれが自分のゲームを一人で楽しんでいるだけ，という並行遊びの関係であることも珍しくはない。

　これまでの生育歴における人との繋がりのあり方や，家庭環境，親子関係などの要因が絡み合った結果，ひきこもり，不登校などの問題を呈する場合もある。また，その背景に発達上の偏りを抱えながら，適切な援助を受けることなく，この年代まできてしまったという場合も考えられる。

　こうした課題に対する援助の基本はそれまでの年代と変わるものではないが，特に気をつけたいのが二次的な問題である。

　中でも，発達障害圏の子どもは対人関係やコミュニケーションの困難さのために学校場面などで失敗や挫折を重ねてきた子どもが多い。教師や他児からの叱責や非難を受ける体験が自信喪失，劣等感や被害的感情などを引き起こすことになる。そうした状態が繰り返され継続することによって，不登校，ひきこもり，うつ病や非行などの状態を呈する場合には二次的な問題と考えられ，その先の人生に大きく影響することになる。また，こうした傾向が顕著になると，中には反応性の幻覚・妄想状態に陥る（内在化問題）こともある。さらに，発達障害圏の特性として攻撃性や衝動性から自傷・他害行為や反社会的行動に向かうことも時にはあり得るとされている（外在化問題）。こうした状態に陥ることがないような予防的な関わりや援助が重要である（松本，2016）。

　特に学校場面では，まずは信頼できる関係を教師やSCなどと築くこと，その上で自分の良いところを知る関わりや自己肯定感，自信の向上に繋がる援助を行うことが重要である。

　ここまで青年期の特徴と課題について解説してきたが，読者諸氏は「青年期」

と聞いて何歳頃をイメージするであろうか。エリクソンが青年期の発達課題をアイデンティティの確立としたのは1950年代〜60年代にかけてである。その後60年を経た現代社会は、その当時には予測できなかった情報化が急速に進み、社会の複雑化、高学歴化や晩婚化、生涯未婚率の上昇など大きな社会変化が進んでいる。われわれが「若者」と呼ぶときに、30代を脳裏に浮かべることも少なくはない時代にあるといってもよい。そうした社会構造や時代の背景を考慮した柔軟で多様な青年期のとらえ方をすることもまた重要なことである。

　以上、子どもの発達について、主な発達理論を紹介し、発達段階ごとの特徴の概観、課題と援助について述べてきたが、冒頭でも述べたように発達とは、取り巻く環境との相互作用であること、個人内にも個人間にも差があるものであること、を念頭におき、そして、課題に対する援助を考える際には、これから長い子どもの人生を見据えて、今、どのような援助が必要なのかを考える視点をもつことが何よりも重要であろう。

IV　コロナ禍と発達

　2019年末から始まった新型コロナウイルス感染症（COVID-19）の流行は社会のさまざまな側面において災害あるいは危機的状況と言われているが、子どもの発達においても、少なからず影響をおよぼしていると思われる。

　本章の冒頭で述べたように「発達」とは「子どもが自らの経験を基にして、周囲の環境に働きかけ、環境との相互作用を通じ、豊かな心情、意欲、態度を身に付け、新たな能力を獲得する過程」であり、そこでは「経験すること」と「環境との相互作用」が必要である。

　コロナ禍においては、外出自粛、遠方への旅行の自粛、ソーシャルディスタンスの推奨、大声で笑ったり話したりしない、マスクの着用などさまざまな制限により子どもの日常生活は大きく変化した。このような状況は子どもの発達に影響しないのだろうか、という疑問は誰しもが抱くものであろう。

　例えば乳幼児期の発達では、対人関係の基礎となる養育者との触れ合いを通した相互作用や他児との協同遊びの体験などが重要であるが、養育者も他者もマスク着用の日常で表情の機微や感情表出は読み取りにくくなり、他児との交流の機会は減少している。

　また児童期では、学校場面での教師や友人との対人関係やさまざまな体験の積み重ねが重要であるが、授業はオンライン化、給食は黙食で部活は制限されるな

第2章 子どもの発達課題への取り組みの理解と援助

どの学校生活はこれらに影響しないのだろうか。

さらに青年期においては，行動制限による直接的な対人関係の希薄化や孤立が懸念されるが，発達課題であるアイデンティティの形成や将来の生き方の模索に影響しないのだろうか。

加えて，養育者自身も子育てにおいて，感染等の不安や感染対策のストレスが加わり，余裕のない状況に陥ることも少なくない。

一方，テレワークの増加によって，家族団らんが増えたり父親と交流する機会が増えたなどの，発達上プラスに繋がる変化も認められている。

未曾有の災害や社会的な緊急事態はいつやってくるとも予測のつかない状況である。そのような中において，子どもを取り巻くわれわれ大人にとって大切な視点は，子どもの発達する環境をできる限り保証すること，子ども自身の主体的に発達しようとする姿勢をできる限り制限せずに見守る，すなわち，子どもの発達しようとする力を信じ，その時々においてでき得る限りの環境を整えることではないだろうか。

ワーク

① エリクソンの各段階における発達課題について，学校場面では具体的にどのような場面でどのような援助ができるか，について例を一つ考えてみよう。

② エリクソンの発達課題にそって自分の発達を振り返り，どのように発達課題を解決してきたか考えてみよう。

②のワーク留意点：このワークは個別に自分の発達を振り返る機会として授業等で扱い，レポート提出と教員からのフィードバックがあると効果的である。苦戦した課題をどう乗り越えてきたか，と同時に，うまくいった発達課題についても振り返り，その両者における自分の課題の解決方法をレポートにまとめてみるとよいであろう。

◆学習チェック表
☐ 発達の定義とポイントについて理解した。
☐ 主な発達理論について理解した。
☐ 子どもの抱える課題に対する援助の基本について理解した。

より深めるための推薦図書

永田雅子・松本真理子・野邑健二監修，永田雅子編著（2016）心の発達支援シリーズ 1 乳幼児 育ちが気になる子どもを支える．明石書店．

野邑健二・永田雅子・松本真理子監修，野邑健二編著（2016）心の発達支援シリーズ

第1部　基礎編：教育・学校心理学の理論を学ぶ

　　2　幼稚園・保育園児　集団生活で気になる子どもを支える．明石書店．
松本真理子・永田雅子・野邑健二監修，松本真理子・永田雅子編著（2016）心の発達
　　支援シリーズ4　小学生・中学生　情緒と自己理解の育ちを支える．明石書店．

文　献

荒木紀幸（1988）役割取得検査マニュアル．トーヨーフィジカル．

Baron-Cohen, S., Leslie, A. M., & Frith, U.（1985）Does the Autistic Child Have a "Theory of Mind"? *Cognition*, 21; 37-46.

Baron-Cohen, S.（1995）*Mindblindness*. The MIT Press.（長野敦・長畑正道・今野義孝訳（2002）新装版自閉症とマインドブラインドネス．青土社．）

Blos, P.（1967）The Second Individuation Process of Adolessence. *Psychoanalytic Study of Child*, 22; 162-186.

Eikson, E. H.（1959）*Identity and the Life Cycle*. International Universityies Press.（西平直・中島由恵訳（2011）アイデンティティとライフサイクル．誠信書房．）

Kohlberg, L.（1971）From is to Ought: How to Commit the Naturalistic Fallacy and Get Away with It in the Study of Moral Development. In: T. Mischel (Ed.), *Cognitive Development and Epistemology*. Academic Press.（永野重史編（1985）道徳性の発達と教育―コールバーグ理論の発展．新曜社．）

Mahler, M. S., Pine, F., & Bergman, A.（1975）*The Psychological Birth of the Human Infant*. Basic Books.（高橋雅士・織田正美・浜田紀訳（1981）乳幼児の心理的誕生．黎明書房．）

松本真理子（2016）心のSOS．In：松本真理子・永田雅子・野邑健二監修：心の発達支援シリーズ4　小学生・中学生情緒と自己理解の育ちを支える．明石書店，pp.29-39.）

文部科学省（2018）子どもの発達段階ごとの特徴と重視すべき課題．http://www. mext. go. jp/b_menu/shingi/chousa/shotou/053/gaiyou/attach/1286156. Htm

文部科学省（2022）生徒指導提要．

岡田香織・森裕子・能島頼子・小島里美・天野美鈴・小倉正義・畠垣智恵・福元理英・野邑健二（2014）発達障害児の発見における5歳児健診の有用性―就学前までのフォローアップを通して．児童青年精神医学とその近接領域，55 (1); 15-31.

Piaget, J.（1932）*Le jugement moral chez l'enfant*.（大伴茂訳（1957）ピアジェ臨床児童心理学Ⅲ児童道徳判断の発達．同文書院．）

Piaget, J.（1952）*La psychologie de l'inteigence*. Armand colin.（波多野完治・滝沢武久訳（1960）知能の心理学．みすず書房．）

Selman, R.（1976）Social Cognitive Understanding. In: Lickona, T. (Ed.), *Moral Developmentand Behavior*. Halt, pp.299-316.

Sullivan, H. S.（1953）*The Interpersonal Theory of Psychiatry*. W. W. Norton.（中井久夫・宮崎隆吉・高木敬三・鑪幹八郎訳（1990）精神医学は対人関係論である．みすず書房．）

都築学（2000）歴史的アプローチ．In：田島信元・西野泰広編著：発達研究の技法．福村出版，pp.140-143.

Wimmer, H. & Perner, J.（1983）Beliefs about Beliefs: Representation and Constraining Function of Wrong Beliefs in Young Children's Understanding of Deception. *Cognition*, 13; 103-128.

第3章 子どもの教育課題への取り組みの援助

増田健太郎

> *Keywords* 教育課題，教員研修，学習指導要領，生徒指導，子どもの貧困，学力，自己肯定感，体罰，コンプライアンス，学習方略，メンタルヘルス

I 教育課題の現状と対応

1．教育臨床の課題

　日本の教育は，教育基本法・学校教育法・学習指導要領・生徒指導提要等によってどの学校においても標準的な教育が行われるように制度設計されており，その特徴は教科教育だけではなく道徳・特別活動，総合的な学習や清掃活動等，「知・徳・体」の全人的教育が行われていることである。教員研修においては，教育基本法第9条に「法律に定める学校の教員は，自己の崇高な使命を深く自覚し，絶えず研究と修養に励み，その職責の遂行に努めなければならない」とあり，教育公務員特例法第21条に「教育公務員は，その職責を遂行するために，絶えず研究と修養に努めなければならない」と定められている。研修には教育センター等で行われる①基本研修（初任者・5年目・10年目研修等）②専門研修（教科・教育課題に関する研修）がある。また各学校においても「校内研修」があり，授業研修や生徒指導上の研修，教職員のコンプライアンス研修等が計画的に実施されていることにより，教師の資質向上および教育の質の向上が図られている。その一方で，学校・教職員・児童生徒がおかれている厳しい状況がある。社会の変化に対応する教育改革や変容する児童生徒への対応・保護者対応・部活動指導等のために教師は多忙化の一途をたどっており，教師のメンタルヘルスにも大きな影響を与えている。また，2019年に発生した新型コロナウイルス感染症の拡大は，新型コロナウイルス感染症対応により登校できなくなった児童生徒の心のケアと学力保障が新たな課題となった。

　図1は，スクールカウンセラー（以下，SC）が関わるべき事項を，重要度と発

第1部　基礎編：教育・学校心理学の理論を学ぶ

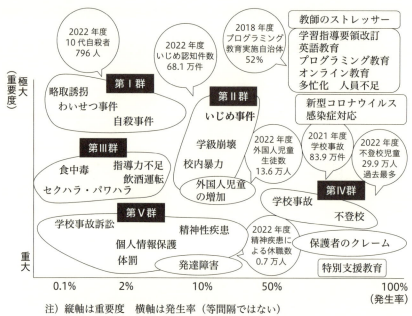

図1　学校臨床のイメージマップ（露口，2011を改変）

生率で見える化したものである。重大事案と発生率でまとめると、「誘拐事件、学校管理下の事故、自殺・指導死、教職員のわいせつ事案」「いじめ・学級崩壊・校内暴力・貧困の問題」「集団食中毒・教職員のパワーハラスメント・セクシュアルハラスメント」「体罰・教師の精神性疾患」「不登校・学力向上の工夫」「保護者のクレーム」等多種多様である。さらに新型コロナウイルス感染症対応が、不登校やいじめの問題・学力保障、オンライン授業等ICT化の加速など、従前と比較にならないほど、教職員の業務量と心理的負担を増加させた。それらは、複雑に絡み合って起きる事象である。特にいじめや自殺防止の取り組みは、多職種との連携を念頭においたチーム学校が機能することが期待される。いじめ防止対策推進法が施行された2013（平成25）年以降もいじめに関係した自殺事件はなくなっていない。一番の課題は新型コロナウイルス感染症の拡大に伴い、小中高生の自殺が増加していることである（厚生労働省，2023）。

　いじめの早期発見・早期対応ができない要因の一つが学校内の教職員での「情報共有」不足である。担任や学年教員間、校長等との情報が共有されないまま、いじめは進行し、最終的には被害者を自殺へと追い込んでいるとの指摘もある。

　SCは教育法規・教育制度と教育現場の状況、そして、新型コロナウイルス感染

第3章　子どもの教育課題への取り組みの援助

症の対応を理解した上で，心理の専門的サービスを教職員や児童生徒・保護者に提供することが求められる。

2．教育課題とその対応

①子どもの貧困と虐待の問題

2023年（令和5）年における経済的に厳しい家庭で育つ17歳以下の子どもの割合を示す「子どもの貧困率」は11.5％であり，およそ10人に1人は経済的に厳しい状況におかれている（厚生労働省，2023b）。また，2022（令和4）年度における全国の児童相談所での児童虐待相談対応件数は，過去最多の21万9,170件になり，年々増加傾向にある（こども家庭庁，2023）。さらに，新型コロナウイルス感染症の拡大で，自宅にいる期間が長くなったこと等から，児童虐待の実数は増加していると考えられる（こども家庭庁，2023）。文部科学省は家庭教育支援チーム等と子育て支援等の福祉関係機関等連携体制プラットフォームをめざし，訪問型家庭教育支援の推進を図っている。子どもの貧困・虐待の問題は，心理的問題にとどまらず，子どもの進路の問題や虐待の世代間伝達という長期的な社会の問題の根幹となっている。児童生徒が抱える問題は，生物・心理・社会モデルで見立てていくことが必要であり，教職員・心理職・福祉職と連携しながら，アウトリーチも含めて長期的にサポートしていくことが求められている。虐待死を防ぐために最も重要なことは，各機関と専門家の「子どもの生命を守る」という覚悟と，警察も含めた機関との即時的な情報共有と具体的な連携である。

②全国学力・学習状況調査の結果から

文部科学省は，2007年度以降毎年春に全ての小学6年生と中学3年生を対象に全国学力・学習状況調査を行っており，学力テストの結果と小中学生および保護者を対象としたアンケート調査の分析を行っている。全国学力テスト結果報告書によると，「保護者の収入や学歴が高いほど子どもの学力が高い傾向」が示されたが，家庭の「社会的経済的背景が厳しくても，『環境』によってのみ学力が決定されるのではなく，不利な環境を克服し，高い学力を達成している児童生徒も一定数存在すること」が示唆されている（耳塚，2014）。学習指導要領との関係においては，「主体的・対話的で深い学びに取り組んでいる児童生徒の方が，平均正答率が高い傾向が見られ，授業の中で，主体的・対話的で深い学びに取り組んだ児童生徒は，家庭の社会経済的背景（SES）が低い状況にあっても，各教科の正答率が高い傾向が見られる」ことが報告されている（国立政策研究所，2023）。

45

第1部 基礎編：教育・学校心理学の理論を学ぶ

　また，高い学力の児童生徒の保護者は，「規則的な生活習慣を整え，文字に親しむよう促し，知的な好奇心を高めるよう働きかけて」おり，「毎日子どもに朝食を食べさせている」「子どもに本や新聞を読むようにすすめている」「子どもが小さいころ絵本の読み聞かせをした」「計画的に勉強するよう子どもに促している」「PTA活動や保護者会等によく参加する」等の行動をとっていることが明らかになっている（文部科学省，2018）。

　全国学力・学習状況調査は，2020年度は新型コロナウイルス感染症の影響で中止となり，2021年度に2年ぶりに実施された。学力と休校との相関はないことが明らかになったが，「学校に行くのが楽しい」と答えた小学校6年生が48.0％と初めて5割を切った（国立教育政策研究所，2023）。これは，運動会等の学校行事の中止や延期・縮小，学校においてもソーシャルディスタンスや黙食が求められるなど，児童生徒間のコミュニケーションの場と時間が少なくなったことが要因として考えられる。

　以上は学力向上のための学級経営と家庭教育の具体的な方法のヒントになる。そこで，SCが学級経営・学習支援に関わる際の心理学的知見から考えてみよう。

　マズロー Maslow, A. Hの欲求階層説では，①生理的欲求（食欲・睡眠等）②生命と安全の欲求（自分の体と心の安全）③愛情と所属の欲求（家庭・学級の所属感・安定した人間関係）④承認と尊重の欲求（他者に認められる・自分が大切だと思う）⑤自己実現の欲求（自分のやりたいことを実行する）の5段階があり，低次の欲求が満たされて，高次の欲求が満たされると仮定した。

　①②が満たされていない場合は，ネグレクト等の虐待の家庭環境の問題が想定される。この場合には，スクールソーシャルワーカー（以下，SSW）等との連携が必要である。③④は，家庭や学級経営の問題が想定される。学級での所属感がなければ，学校に行く気持ちは低減されるであろう。児童生徒の学習の最終的な目標は自己実現である。文部科学省調査（2016a）によれば，日本の児童生徒の自己肯定感は，学年が上がるにつれて低くなり，先進国や近隣諸国と比較しても低いことが指摘されている。また，「将来の夢や目標を持っているか」の問いの答えは，2021年度は小学校6年生で2019年度よりも5.7％減少して60.2％，中学校3年生では4.4％減少して，40.5％であった。これは，家庭や学校教育の根底に「叱る文化」があることが一つの要因としてあるのに加え，新型コロナウイルス感染症の影響が考えられる。「主体的に学ぶ児童生徒の育成」のためにも，「ほめる文化」への転換が求められる。

第3章 子どもの教育課題への取り組みの援助

③学級経営の視点
　1）学級集団と学級崩壊
　日本の学級集団は，最低一年間はメンバーが固定され，学習だけではなく，給食・清掃・休み時間等の生活も一緒で行われる。小学校の場合は，担任が教科・道徳・特別活動等，ほとんどの授業を担当し，生徒指導も行う。中学校・高校になると教科担任制となるが，児童生徒の「所属感」や「いじめ・不登校」「学力向上」は教師の学級経営の力量が大きな影響を与える。河村（2010）は日本の教師が考える望ましい学級集団の要素を，①集団内の規律・共有された行動様式，②集団内の子ども同士の良好な人間関係・役割交流だけではなく，感情交流や内面的な関わりを含んだ親和的な人間関係，③一人ひとりの子どもが学習や学級活動に意欲的に取り組む習慣，同時に，子ども同士で学び合う姿勢と行動する習慣，④集団内に，子どもたちの中から自主的に活動しようとする意欲と行動するシステムの4点であることを導き出している。しかし，望ましい学級の状態と現状では，大きな乖離がある。学力向上も不登校・いじめ・学級崩壊等の問題も学校臨床上の基盤は学級経営にある。そこで，SCには，学級経営および授業力に対するコンサルテーションの視点とスキルが必要である（第12章参照）。
　学校教育は授業と生徒指導が両輪である。『生徒指導提要』（文部科学省，2022）によれば，「生徒指導とは，児童生徒が，社会の中で自分らしく生きる存在へと，自発的・主体的に成長や発達する過程を支える教育活動のことである。なお，生徒指導上課題に対応するために必要に応じて指導や援助を行う」ことであり，生徒指導は，児童生徒一人一人の個性の発見と良さや可能性の伸長と社会的資質・能力の発達を支えると同時に，自己の幸福追求と社会に受け入れられる自己実現を支えること」を目的にしている。
　しかしながら，教師の指導が困難な場合，学級崩壊に至る。学級崩壊は，いじめ・不登校・学力低下・保護者のクレーム，教師のうつ病等，あらゆる学校臨床問題が顕在化する事象である。「学級崩壊」は，「授業が成立しない等，集団教育という学校の機能が成立しない学級の状態が一定期間継続し，学級担任による通常の方法では問題解決ができない状態に立ち至り，学級がうまく機能しない状況」である。学級崩壊の調査は近年行われていない。しかし，文部科学省の調査によると，2023（令和5）年度の小・中・高等学校における，暴力行為の発生件数は95,426件であり，児童生徒1,000人当たりの発生件数は7.5件である（文部科学省，2023a）。特に小学校の暴力行為の発生件数が多いことから小学校の学級崩壊は増加傾向にあると推察される。学級崩壊に対しては，児童生徒が安心して学

ぶことができる場を学校内に確保し，SC・SSW等と連携しながら，学校が最大限の努力をもって指導を行うことが求められる。

2）懲戒と出席停止

いじめや暴力行為等の性行不良であって他の児童生徒の教育に妨げがあると認められる児童生徒があるときは，市町村教育委員会が，その保護者に対して，児童生徒の出席停止を命ずることができる。この出席停止制度は，懲戒ではなく，学校の秩序を維持し，他の児童生徒の義務教育を受ける権利を保障する観点から設けられている。2022（令和4）年度の性行不良による出席停止は，小学校1件・中学校4件の計5件である。出席停止制度はあらゆる指導を試みても改善しない時に慎重に行われるべきであるが，やむを得ない場合は最終的手段として行使されてもよいのではないかと考える。

表1は，懲戒・体罰と出席停止の概要をまとめたものである。懲戒には，児童生徒への叱責や，起立させたり罰として清掃をさせたりする「事実行為としての懲戒」と「退学・停学の法的効果を伴う懲戒」がある。学校教育法施行規則第26条において，「校長及び教員が児童等に懲戒を加えるにあたっては，児童等の心身の発達に応ずる等教育上必要な配慮をしなければならない」と規定し，「懲戒のうち，退学，停学及び訓告の処分は，校長が行う」が，退学・停学は義務教育段階に在籍中の児童生徒にはできないとしている。

学校教育法第35条に公立学校における出席停止制度が「市町村の教育委員会は，性行不良であって他の児童の教育に妨げがあると認める児童があるときは，その保護者に対して，児童の出席停止を命ずることができる」と規定されている。教育を妨げる行為とは，①他の児童に傷害，心身の苦痛又は財産上の損失を与える行為，②職員に傷害又は心身の苦痛を与える行為，③施設又は設備を損壊する行為，④授業その他の教育活動の実施を妨げる行為」の4つであり，「市町村の教育委員会は，前項の規定により出席停止を命ずる場合には，あらかじめ保護者の意見を聴取するとともに，理由及び期間を記載した文書を交付しなければならない」としている。児童の学習権の保障のために，「市町村の教育委員会は，出席停止の命令に係る児童の出席停止の期間における学習に対する支援その他の教育上必要な措置を講ずるものとする」としている。

SCの役割は，学級が荒れている状況が想定される時は，当該学年・学級の教員に対する学級経営の助言・支援，出席停止を受けた児童生徒および保護者の心のケアが求められる。さらに，出席停止には感染症による出席停止制度があることも理解しておきたい。学校保健安全法第19条に「校長は，感染症にかかってい

第3章　子どもの教育課題への取り組みの援助

表1　懲戒・体罰と出席停止の概要一覧

項目	概要	法的根拠	内容		適用者
（1）懲戒	①事実としての懲戒	学校教育法第11条	叱責・起立・罰当番等		校長・教員
	②法としての懲戒	学校教育法施行規則第26条	退学・停学・訓告		校長
（2）体罰		学校教育法第11条ただし書き	身体に対する侵害（殴る・蹴る等），肉体的苦痛を与える懲戒（正座・直立などの姿勢の長時間保持等）。目的，態様，継続的時間等から判断して，教育的指導の範囲を逸脱しているかの判断。ただし，体罰を加えることはできない		校長・教員
（3）退学と停学の運用			退学	停学	
	①公立小中学校・義務教育学校	学校教育法施行規則第26条第2項	×	×	校長
	②国・私立小中学校	同上	○	×	校長
	③中等学校	同上	○	義務教育課程×	校長
	④高等学校	同上	○	○	校長
（4）出席停止	①性行不良による出席停止	学校教育法第35条	性行不良であって他の児童の教育に妨げがあると認めるときは，その保護者に対して，出席停止を命じることができる		教育委員会が命じる（校長に補助執行・委任可能）
	②性行不良の要件	同条第1項	「①他の児童に障害・心身の苦痛又は財産上の損失を与える行為，②職員に傷害又は心身の苦痛を与える行為，③施設又は設備を損壊する行為，④授業その他の教育活動を妨げる行為」のうち，一または二以上を繰り返して行う		校長が報告し，教育委員会が命じる。必要に応じて警察や児童相談所等の関係機関と連携を図る
	③感染症による出席停止	学校保健安全法第19条	校長は，感染症にかかっており，かかっている疑いがあり，又はかかるおそれのある児童生徒等があるときは，政令で定めるところにより，出席を停止させることができる		校長が命じる
	（感染症の種類）	学校保健安全法施行規則第18条	第1種・エボラ出血熱・痘そう等，第2種・インフルエンザ・百日咳・麻疹・風疹等，第3種・コレラ・腸チフス・その他の伝染病		
（5）学校の休業	④感染症による学校の休業	学校保健安全法第20条	学校設置者は，感染症の予防上必要があるときは，臨時に，学校の全部または一部の休業を行うことができる		学校設置者

49

る，かかっている疑いがある，又はかかるおそれのある児童生徒等があるときは，政令で定めるところにより，出席を停止させることができる」としている。

新型コロナウイルス感染症による欠席は，「出席停止」扱い（2021年文部科学省通知）となっている。オンライン授業を希望した場合の扱いは，「出席停止」扱いと「出席」扱いと地方自治体によって判断が分かれている。

3）相性の合わない児童生徒の対応

教師は30人程度の集団の指導を行う。児童生徒の中には，教師と指導方法・価値観・性格等が合わない者もいる。ローゼンタールら（Rosenthal & Jacobson, 1968）は実験によって，教師が期待する子どもは学力が伸びるが，期待しない子どもは伸びないことを導きだし，ピグマリオン効果（教師期待効果）と名付けた。教師は公平・平等に児童生徒を指導したいという信念がある。だからこそ，失敗をした子どもを叱り励まそうとする。しかし，児童生徒からみると叱られたことに焦点化される。特に教師と相性が合わないもしくは，指導が難しいと思った児童生徒に対しては，児童生徒の行動にすぐに反応せずに見守ることが必要であろう。特に発達障害と思われる児童生徒に対しては，SCは授業観察等を行い，行動記録表を作成して応用行動分析等の心理学的知見を使って，児童生徒への対応の方法を指導助言することが求められる。発達障害のある児童生徒は叱られることによって注目賞賛欲求が満たされ，また同様の行動を行う可能性が高いからである。よいことをした時にほめることが効果的である。

④学力向上の心理学的視点

教師の専門性を担保するものは，授業力である。2020年から実施されている学習指導要領では，「知識の理解の質を高め資質・能力を育む『主体的・対話的で深い学び』」を重視し，すべての教科等を「①知識及び技能・②思考力，判断力，表現力等・③学びに向かう力，人間性等の三つの柱」で再整理している。授業においては，知識注入型の授業ではなく，アクティブラーニング型（学習者の能動的な参加を取り入れた授業，学習法の総称）を推奨している。グループディスカッションやディベート等を取り入れることで，課題を発見し，その課題を解決していく拡散的思考による創造的な思考方法を学ぶことによって，学習そのものを楽しく学べることが，新しい社会を主体的に生きていくために求められている力である。アクティブラーニングを取り入れた授業によって，新しい気づきが生まれ，そのことを教師や学級で認められることによって，自己効力感が高まると言える。

第3章 子どもの教育課題への取り組みの援助

　教育内容の主な改善事項のうち，その他の重要事項として，「子ども達の発達の支援（障害に応じた指導，日本語能力等に応じた指導，不登校等）」があげられており，「学級経営や生徒指導，キャリア教育の充実について，小学校段階から明記（小中：総則，特別活動）」，「特別支援学級や通級による指導における個別の指導計画等の全員作成，各教科等における学習上の困難に応じた指導の工夫（小中：総則・各教科等）」「日本語の習得に困難のある児童生徒や不登校の児童生徒への教育課程（小中：総則），夜間その他の特別の時間に授業を行う課程について規定（中：総則）」などが盛り込まれている（文部科学省，2017）。

　以上のことを踏まえ，SCには教師の授業力・個別指導・障害のある児童生徒への個別指導についての心理学に基づいた指導・助言が求められる。

　ブルーナー Bruner, J. S. によれば，児童生徒が学習に取り組む望ましい姿としては，自分自身の力で疑問をもち問題を解決する知的好奇心を育てることによって内発的動機付けを高めることができ，他者が指導しなくても自ら進んで学習することができることとしている。また，学習に対して意欲がない場合でも，きっかけとして，賞罰や競争等の外発的動機付けがあり，学習することが楽しくなれば，内発的動機付けに変化する。しかし，内発的動機付けが高く学習している児童生徒に，金銭等の報酬を与えると内発的動機付けが低下するアンダーマイニング現象が起こることがデシとライアン Deci, E. L. & Ryan, R. M. によって確認されている。ただし，信頼関係がある人からの「ほめる言葉」は内発的動機付けを高める。これをエンハンシング効果という。信頼関係が構築されている教師からの罰や叱責は，時と場合によっては一定の効果はあるが，継続的に叱る・罰があることが続くと「自分の力では今の状況を変えることができない」と思い込み，やる気のない「学習性無力感」の状態になる。

　デシとライアンの自己決定理論「行動に対して自律的であることが高い方が有能感や学習意欲が高まり，精神的健康がもたらされる」という考え方に立てば，宿題も学級全員に一律に課すよりも，児童生徒のレディネス[注1]と意欲に応じて，個別に選択させることが有効である。

　自分の成功や失敗の原因を何に求めるかという「原因帰属」の考え方に立ったとき，学習性無力感が強い児童生徒は，その原因を自分の能力が足りないことと考え，自己効力感が高い児童生徒は，「努力が足りない」と考えて，「次はもっと努力しよう」とする。発達障害のある児童生徒は，その特性から学習や生活面に

注1）レディネスとは，何かを学習する時に，それを習得する条件や環境が整っている状態を指す。

第1部　基礎編：教育・学校心理学の理論を学ぶ

ついて，叱責されることが多く，やる気を失う二次的な問題をもつことがある。小さな目標を自分で作らせ，スモールステップで小さな成功体験をさせ，それを具体的にほめることで，やる気が起きるようにすることが大切である。（第7章参照）

　授業については，「深い学び」を行うことが推奨されているが，「単に知識を記憶する学びにとどまらず，身に付けた資質・能力がさまざまな課題の対応に生かせることを実感できるような学び」としている（文部科学省，2016b）。知識伝達型ではなく，文脈に即した状況的学習がこれからのカリキュラム・マネジメント[注2]や授業方法には求められている。クロンバック Cronbach, L. J. が提唱した「適性処遇交互作用」（ATI = Aptitude-Treatment Interaction）は，学習者の適性と処遇が互いに影響を与え，学習成績を規定するという考え方である。「適性」とは，学力や既有知識・性格・態度・興味・関心・学習スタイルであり，「処遇」は，指導方法・課題・関わり方・カリキュラム・学習環境である。授業は，学級集団の特性によって，講義型と対話・体験型で効果があがる方法を選択することが必要である。原則は，児童生徒の興味関心を引き出しできたことをほめることであるが，消極的な学級集団であれば，講義型をベースに，積極的な学級集団であれば，対話・体験型をベースにした授業展開を考えて行くことで学習効果は期待できる。ATIの考え方は，個別学習においても応用できる。

　児童生徒が確かな学力を身につけるためには，各自が学習方略を身につける必要がある。学習方略とは，「学習の効果を高めることをめざして意図的に行う心的操作あるいは活動」（辰野，1997）であり，学習活動を効果的，効率的に行うために学習者がとるさまざまな方法である。学習方略には，①リハーサル（繰り返し練習すること・模写する等）②精緻化（イメージ化する・関連付けること・要約する・質問する等）③体制化（グループに分ける・図表を作る等）④理解監視（理解の失敗を自己監視する・再読する等）⑤情緒的・動機付け（不安を処理する・自己効力感を持つ・時間を管理する等）の5つのカテゴリーがある。教師が学習方略を理解するために，心理職は教師に対して学習方略を助言することが求められる。

注2）カリキュラム・マネジメントとは，教育目標を達成するために，教育課程を編成し，実施・評価・改善していくことである。2020年から実施されている学習指導要領でも，各学校におけるカリキュラム・マネジメントの確立は改訂のポイントとして示されている。

第3章　子どもの教育課題への取り組みの援助

II　教師のメンタルヘルスと不祥事の問題

1．教員のメンタルヘルスと働き方改革

　2022（令和4）年の教育職員の精神疾患による病気休職者数は，6,539人（全教育職員数の0.71％）で，令和3年度（5,897人）から642人増加し，過去最多となった（文部科学省，2023b）。教員の業務の多忙化・教員不足にも関連している。令和3年度始業日時点の小・中学校の「教師不足」人数（不足率）は合計2,086人である（文部科学省，2022）。文科省は「学校における働き方改革推進本部」を設置し具体的提案をまとめている（文部科学省，2023c）。学校・教師が担う業務の適正化の一層の推進として，①学校以外が担うべき業務（登下校や放課後の対応・学校徴収金の徴収管理），②学校の業務だが必ずしも教師が担う必要のない業務（調査・統計の回答，休み時間の対応，校内清掃，部活動），③教師の業務だが負担軽減が可能な業務（給食時の対応，授業準備・学習評価や成績処理，学校行事の準備・運営，進路指導，支援が必要な児童生徒・家庭への対応）の3つに分類し，小学校の高学年における教科担任制や教員業務支援員や部活動指導員等の配置を推進するとともに，部活動の段階的な地域連携・地域移行を進めている。教師のメンタルヘルスとは，教員不足や教員の多忙化と密接に繋がっており，提言されている施策が早期に実現されることが望まれる。

2．教師のメンタルヘルスとその予防

　メンタルヘルスには，①こころを健康に保ち，より生きがいのある生活を送ること，②うつ病等の精神疾患（心の病）を治療する精神保健という二つの意味がある。メンタルヘルス・マネジメントには第一次予防（精神疾患の予防と心の健康増進），第二次予防（精神疾患の早期発見と対処），第三次予防（治療と職場復帰・再発防止）の3つのフェーズがあり，セルフケア（教職員個人）・ラインケア（管理監督者）・人事労務管理（組織全体のケア）で行う。ストレッサーの要因として，教員の個人要因としての職務適性・職場適性が，社会的要因としての周辺職務の負担増・多忙感・同僚性・校長のリーダーシップがあげられる。緩衝要因としてポジティブなソーシャルサポートが重要である。「ソーシャルサポート」とは，心理的苦悩や葛藤を抱える個人に対する援助的働きかけであり，情緒的サポート（例：共感やはげまし）・道具的サポート（例：具体的な方法の提供）等がある。

第1部　基礎編：教育・学校心理学の理論を学ぶ

過度で持続的なストレスに対処できず，極度の身体疲労と感情の枯渇を伴う症状に至ることを「バーンアウト」という。①情緒的な消耗感（疲れ果てて何もしたくない感情）②脱人格化（人間性を欠く感情や行動）③個人的達成感の欠如（仕事ができないという気持ちになり，自尊感情の低下とともに達成感の感情が低下する）ものであり，教師や看護師等の「感情労働者」に多いと言われている。

「一人で抱え込まず，些細なことも話し合える」開かれた教職員集団が，バーンアウト予防には重要である。また，SCはチームの一員として，日常的に教職員と会話をすることで，教師の教育上の困り感やストレス度を把握し，ストレスマネジメント研修等を行うことが必要である。また，部活動の外部人材への委託，事務処理の軽減など多忙な教職員の業務量の軽減を行うとともに，効率的・効果的な仕事の方法の助言も今後はSCには求められる。

3．教職員の不祥事とその予防

教職員はコンプライアンス研修を継続的に実施されているにもかかわらず，体罰・わいせつ事案が発生している。教職員の不祥事を行為別に分類すると，（1）わいせつ事案［①わいせつな行為（児童生徒や18歳未満の者とのわいせつな行為等）②盗撮・下着窃盗］（2）飲酒関連事案［①飲酒運転②飲酒後のトラブル］（3）体罰（4）交通事故（5）情報関連事案［①USBメモリの紛失②SNS等での中傷行為の拡散］（6）財物の窃取［①窃盗・万引き②公金横領・手当の不正支給］（7）その他［①事務処理遅滞・文書偽造②銃刀法違反③建造物侵入④ストーカー関連⑤薬事犯人（大麻・覚醒剤等の所持や使用）⑥ドローン等機器（ドローンを飛行禁止区域で飛ばす）⑦賭博］に分けられる。

表2は不祥事が起こった場合の刑法や条例による処罰と教育委員会等任命権者が行う懲戒処分を示している。体罰等で児童生徒等の被害者への慰謝料が発生した場合，体罰等の事案を起こした教職員に対して，損害賠償責任が発生することにも留意しておきたい。不祥事が起こると，学校の信頼が著しく低下すると同時に，児童生徒や保護者への説明，事象によっては，児童生徒の聞き取り調査や教育委員会への報告書作成等教育活動への心理的・時間的影響は計り知れない。教職員の不祥事対応も，予防に時間と労力をかけることが重要である。

学校現場特有の不祥事である体罰について考えたい。学校における懲戒は，児童生徒を叱責・処罰することである。学校教育法第11条において，「校長及び教員は，教育上必要と認められるときは，文部科学大臣の定めるところにより，児童，生徒，及び学生に懲戒を加えることができる。ただし，体罰を加えることは

第3章　子どもの教育課題への取り組みの援助

表2　教職員の不祥事の懲戒処分・刑罰の概要[注]

懲戒処分	逮捕され懲役又は罰金（状況による）
<体罰> ・免職（体罰により重大な負傷） 　※考慮事由があるものは，停職・減給 ・免職・停職・減給（体罰により負傷） ・停職・減給・戒告（体罰）	<体罰> ・傷害罪：15年以下の懲役又は50万円以下の罰金 ・暴行罪：2年以下の懲役又は30万円以下の罰金
<わいせつ行為> ・免職（児童生徒，幼児に対する淫行又はわいせつ行為） ・免職・停職・減給・戒告 　（児童生徒，幼児に対するセクハラ行為）	<わいせつ行為> ・相手の同意，承諾の有無，対価の授受の有無を問わない（相手が13歳未満の場合，強制性交等罪，強制わいせつ罪となる）
<個人情報流出・紛失> ・戒告 ※個人的に利用する等不当な目的に使用したものは，免職・停職・減給 ※秘密漏えいしたものは，免職・停職・減給・戒告	<個人情報流出・紛失> ・1年以下の懲役又は50万円以下の罰金 ・地方公務員法第60条第2号 ・個人情報保護条例
被害者への慰謝料等の損害賠償責任	

注）岡山県総合教育センター「教職員の不祥事防止やコンプライアンス意識の高揚に向けた様々な研修ツール」を基に，福岡市教育委員会が分類したものである。

できない」と規定している。

　文部科学省は2012年に起きた大阪市桜宮高校での部活動顧問による体罰を受けた生徒の自殺事件を契機として，2013年度から「体罰の実態把握」の集計を始めた。発生件数は，12・13年度は急増したが，14年度以降は減少傾向にある。しかし，2019年度の国公立・私立の小学校から高校までの体罰は，被害者児童生徒数は1,244人前年比15％減である（文部科学省，2020）。体罰に頼らない教育の方法とは何か，体罰によって児童生徒がどのような影響を受けるのか，さらには，不祥事を起こして処分されたときには，教職員にどのような処分があり，今後の人生にどのような影響があるのかを，SCは心理学的知見から指導・助言していく必要性がある。

　不祥事防止対策にも，一次予防（未然防止），二次予防（変化の兆候への気づきと早期対処），三次予防（再発防止）がある。SCは，教職員の不祥事の内容およびその結果どのような責任を負うのかを把握しておき，一次予防でのロール・プレイを用いた研修会の実施や事案が生じたときの対応について理解しておくこと

が求められる。

III おわりに

　現行の週1日程度の勤務日数では難しいが勤務日数が増えることによって，公認心理師などのSCはチーム学校の心理専門職として，教育課題のコーディネーターとしての役割が期待される。SCが学校コミュニティにコミットするためには，学校組織文化の有り様，教職員の関係性のアセスメントが必要である（第13章参照）。

　教育課題に対応するためには，スクールカウンセリングも個別面接の展開だけではなく，コミュニティ・アプローチが求められている。SCは不登校やいじめの問題等個別的な事象での「こころの専門家」であるという認識でいるだけの場合も多い。学校を基盤とした地域コミュニティ創りの一員であるという認識が，SC自身と学校側に不足していることにも関係がある。チーム学校が求められる背景としていじめ・不登校・特別支援教育等の複雑化・多様化した課題がある。さらに，新型コロナウイルス感染症拡大によって，緊急事態宣言が何回も出される中で，教育現場のあり様，子どもたちや教職員の心理的負担は加速度的に変容している。一方，オンライン授業の定着化によって，不登校児童生徒の支援の在り方にも新しいツールが増えたことも事実である。公認心理師には日々変化する教育現場の状況を理解し，教職員と連携することは従前以上に求められている。

　SSWや，児童相談所や病院・警察などの外部の専門機関と連携してコーディネーターやオーガナイザーの役割を担うことが，学校現場の厳しい状況を改善するための有効な対応となる（第14章参照）。そのためには，福祉や医療等の法律・制度の知識や多職種との関係性が求められる。

ワーク

① 小学校から高校までを振り返り，学校生活でよかったことと問題について，3つずつ書き出そう。
② グループを作りシェアリングしよう。
③ 図1を参照して，日本の教育現場の課題について話し合おう。
④ 教育現場の課題を解決するための公認心理師の役割について，制度・方法等を具体的に考えよう。

第 3 章　子どもの教育課題への取り組みの援助

◆学習チェック表
□　教育の臨床課題について理解した。
□　学級経営とその支援について理解した。
□　授業力と学習支援の方法について理解した。
□　教員のストレスとバーンアウトについて理解した。
□　教員の不祥事問題・体罰とその対応について理解した。

より深めるための推薦図書

河村茂雄（2010）日本の学級集団と学級経営．図書文化社．
桜井茂男（2017）自律的な学習意欲の心理学．誠信書房．
中室牧子（2015）「学力」の経済学．ディスカバー・トゥエンティワン．
久保真人（2004）バーンアウトの心理学．サイエンス社．
日本認知心理学会編（2013）認知心理学ハンドブック．有斐閣．
増田健太郎（2024）チーム学校で子どもとコミュニティを支える―教師と SC のための学校臨床のリアルと対応．遠見書房．

文　献

厚生労働省（2023a）令和 4 年中における自殺の状況．https://www.mhlw.go.jp/content/R4kakutei01.pdf
厚生労働省（2023b）令和 4 年　国民生活基礎調査の概況．https://www.mhlw.go.jp/toukei/saikin/hw/k-tyosa/k-tyosa22/dl/14.pdf
こども家庭庁（2023）令和 4 年度児童虐待相談対応件数．https://www.cfa.go.jp/assets/contents/node/basic_page/field_ref_resources/a176de99-390e-4065-a7fb-fe569ab2450c/12d7a89f/20230401_policies_jidougyakutai_19.pdf
「月刊生徒指導」編集部（2023）生徒指導提要（改訂版）．学事出版．
国立教育政策研究所（2023）令和 5 年度全国学力・学習状況調査の結果．https://www.nier.go.jp/23chousakekkahoukoku/report/data/23summary.pdf
耳塚寛明編（2014）教育格差の社会学．有斐閣．
高綱誠一郎（2005）やさしい教育心理学．有斐閣．
文部科学省（2001）出席停止制度の運用の在り方について通知．http://www.mext.go.jp/a_menu/shotou/seitoshidou/04121502/013.htm
文部科学省（2016a）日本の子供たちの自己肯定感が低い現状について．https://warp.ndl.go.jp/info:ndljp/pid/12251721/www.kantei.go.jp/jp/singi/kyouikusaisei/chousakai/dai1/siryou4.pdf
文部科学省（2016b）幼稚園，小学校，中学校，高等学校及び特別支援学校の学習指導要領等の改善及び必要な方策等について（答申）．http://www.mext.go.jp/b_menu/shingi/chukyo/chukyo0/toushin/__icsFiles/afieldfile/2017/01/10/1380902_0.pdf
文部科学省（2017）幼稚園教育要領，小・中学校学習指導要領等の改訂のポイント．https://www.mext.go.jp/content/1421692_1.pdf
文部科学省（2018）保護者に対する調査の結果と学力等との関係の専門的な分析に関する調査研究．国立大学法人お茶の水女子大学．http://www.mext.go.jp/component/a_menu/education/micro_detail/__icsFiles/afieldfile/2018/07/10/1406896_1.pdf

文部科学省（2020）体罰の実態把握について（令和元年度）．https://www.mext.go.jp/content/20201222-mxt_syoto01-000011607_33.pdf

文部科学省（2022）「教師不足」に関する実態調査．https://www.mext.go.jp/content/20220128-mxt_kyoikujinzai01-000020293-1.pdf

文部科学省（2023a）令和4年度児童生徒の問題行動・不登校等生徒指導上の諸課題に関する調査結果の概要．https://www.mext.go.jp/content/20231004-mxt_jidou01-100002753_1.pdf

文部科学省（2023b）令和4年度公立学校教職員の人事行政調査について（概要）．https://www.mext.go.jp/content/20231222-mxt_syoto01-000033180_1.pdf

文部科学省（2023c）学校における働き方改革推進本部（第7回）．https://www.mext.go.jp/content/230831-mxt_zaimu01-100002242_8.pdf

増田健太郎（2018）教育分野における公認心理師の具体的業務．In：野島一彦・繁桝算男編：公認心理師の基礎と実践①公認心理師の職責．遠見書房．

Rosenthal, R. & Jacobson, L. (1968) *Pygmalion in the Classroom: Teacher Expectations and Pupil's Intellectual Development.* Holt, Rinehart and Winston.

佐藤由佳利（2018）教育分野に関係する法律・制度．In：元永拓郎：公認心理師の基礎と実践㉓関係行政論．遠見書房．

辰野千壽（1997）学習方略の心理学―賢い学習者の育て方．図書文化社．

露口健司編（2011）校長職の新しい実務課題―多様化・複雑化した教育課題への対応と校長実務の具体．教育開発研究所．

善明宣夫編著（2013）学校教育心理学［改訂版］．福村出版．

第4章　スクールカウンセリングの枠組み

スクールカウンセリングの枠組み
何を援助するか

大河原美以

> **Keywords** 生態学的（エコシステミックな）アセスメント，相互作用，ケースフォーミュレーション，コンサルテーション，生物・心理・社会モデル

I　学校における子どもの「こころの問題」の構造

1．生態学的に問題をアセスメントする視点

　子どもたちの「こころの問題」の支援を組み立てていくときには，その起こっている「問題」と「その問題をとりまく環境要因」との相互作用をも視野にいれて問題を見立てることが必要になる。そのため，スクールカウンセリングや教育相談所などの教育・学校領域において心理支援を行うにあたっては，子どもの「個が抱える問題」だけではなく「問題をめぐる環境要因との相互作用」も含めた生態学的（エコシステミック）な視点に立ち，事例を見立てること（ケースフォーミュレーション）が求められる。

2．成長発達システムと問題増幅システム

　図1は，事例を見立てるためのモデル図（枠組）である（大河原ら，2000）。この図は，アセスメントと同時に援助を組み立てていく上での枠組となる。子どもの「個の問題（生物的要因）」と「環境要因（社会的要因）」と「その相互作用によって生じる心理的要因」を構造化する生物・心理・社会モデルである。『生徒指導提要』（文部科学省，2022）でも，児童生徒の課題に関する生物・心理・社会モデルが紹介されている。まず図1に記入した①から⑥の番号に沿って，解説を加える。

　図1の「①問題行動・症状」とは，子どもが示している状態像をさしている。「学校に行き渋る」「教室に入れない」「ささいなことできれて乱暴になる」「万引きをする」「うそをつく」「無気力である」「髪の毛を抜く」などがあてはまる。

第1部　基礎編：教育・学校心理学の理論を学ぶ

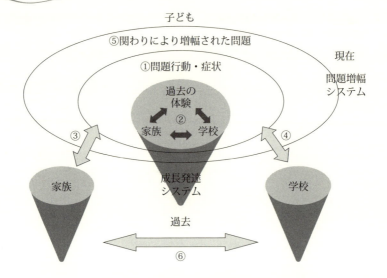

図1　学校における子どもの問題の成り立ち

　子どもはさまざまな個性をもって生まれ，さまざまな体験をしながら育つ。その体験は，家族との関わりや，学校（幼稚園・保育園等も含む）との関わりを通して，意味づけられ記憶され，個人の心の世界を生み出していく。図1の②の円錐形で示しているものは，生まれてから「問題」が生じるまでの体験と環境との相互作用の個人史（過去）である。一般的な言葉で言うところの「生い立ち」にあたり，ここでは「成長発達システム」と呼ぶ。もって生まれた生物的要因（障害や病気，性格，特性など）もここに含まれる。

　「問題」を見立てる上で重要なのは，「①問題行動や症状」が②で示した過去の体験の結果生じているという理解に加えて，③④⑥の相互作用の結果生じている「⑤関わりにより増幅された問題」に目を向けることである。

　③と④の矢印は，①の「問題行動や症状」を解決しようとする関わりを示している。保護者は子どもの問題を解決しようとして叱ったり，はげましたりする。教師も同様に指導を行う。それらの関わりが成功していれば，そこで問題は解決するので，あらためて公認心理師（スクールカウンセラー［以下，SC］や教育相談所のカウンセラーなど）が関わるケースとはならない。専門家による援助を必要としているレベルの「問題」においては，解決のための関わりが「残念ながら」問題を増幅しているという構造が含まれる。「⑤関わりにより増幅された問題」が「問題」の維持・長期化・悪化をもたらしているのである。⑥の矢印に示したよう

第4章 スクールカウンセリングの枠組み

に保護者と教師との相互作用も時として問題増幅に貢献することとなる。

　発達障害のある子どもたちが苦しむ「二次障害」(齊藤, 2009) は，この問題増幅システムにおいて生み出されている。発達障害という個が抱える「一次障害」があったとしても，環境との相互作用による「二次障害」(二次的問題) を改善することで，適応の問題が解決できることは多い。

II　スクールカウンセラー (SC) による援助の構造

1．問題増幅システム改善のためのコンサルテーション

　SCは，図1による見立てに基づいて，問題増幅システムを改善するために，学校と保護者に対して，コンサルテーションを行うことができる。この場合のコンサルテーションとは，教師や保護者の思いをきちんと受容し，その思いへの共感を基盤として「問題増幅しない関わり」ができるように変容を促していくことを意味している。問題増幅しているときには，保護者も教師も「大人の不安」中心の対応をしていることが多い。効果的な援助のためには，「子ども」中心の対応を行う援助チームを構築し，教師や保護者の関わりが子どもの支援のためのリソース (資源) として機能するように，コーディネートしていく (水野・石隈, 2009) (第5章参照)。

2．個の問題への心理治療や心理支援

　保護者へのコンサルテーションは継続的な保護者面接を通して行われるが，そこでは同時に，家族が抱えてきたこれまでの苦しみや困難，子どもが抱えている個の問題のアセスメントも行われる。保護者面接を通して，成長発達システムにおいて子どもがどのように傷つきを抱えてきたのか，生来的にもっている病気や障害や困難などとの関係性の中で問題を見立て，子どもの苦しみを理解していく。その理解が保護者と共有されることにより，保護者の子どもへの関わりは変容する。

　子どもの個の問題についての心理治療は，学校外の専門機関で行われる場合も多い。学校外に主治医や主カウンセラーがいる事例の場合と，いない事例の場合とでは，SCの役割は異なるものとなる。前者の場合は学校における問題増幅システムの改善と援助チームが機能するように支援することがSCの主たる役割となる。一方後者の場合には，SCが主カウンセラーとして，心理治療および援助に責任をもち，しっかり保護者と子どもを支える存在として機能することが求められ

第1部 基礎編：教育・学校心理学の理論を学ぶ

る。外部機関による専門的な心理治療を受ける機会を得られず，学校で深刻な問題を抱え，教師が不安を抱えながら担任をしている事例であればあるほど，SCは主カウンセラーとなる覚悟をもって，援助チームとともに最善を尽くすことが求められる。そのことが担任を支えるのである。

以下に典型的な事例を通して，ここで述べたことを具体的に解説する。

III 典型的な事例を通して

1．不登校（登校時の腹痛）でSOSを出していたA子（中1女子）への支援

中学校1年生のA子は，朝腹痛を訴え，登校することができなくなった。小児科医からは身体的には問題ないと言われた。実際A子は母が欠席の連絡を入れたあとはすぐによくなり，元気に楽しそうに休んでいる。理由を聞いても「別に……学校は楽しい」という。A子には知的障害のある弟がいたが，いつも弟のめんどうをよくみて，親を助けてくれる姉であり，両親はA子のことでこれまで困るということはなかった。2週間ほど様子を見ていた両親だったが，これ以上の欠席を許すわけにはいかないと考え，「学校にいかないなら家においておくわけにはいかない」と厳しく叱った。泣きながら「あしたから学校にいきます」と答えたA子であったが，翌朝，A子の腕にはカッターによる切り傷がたくさんついていた。母は必死に，自傷行為をやめるように言って聞かせていたが，学校のことを考えると自傷してしまうということが続いた。担任は「そんな状態なら休んでいていいですよ」と母に伝えた。母は「担任にも見放された」という思いで不安でいっぱいになっていた。

①問題増幅システムを見立てる

この事例では，「①問題行動・症状」は「朝，腹痛を訴えて登校できない」をあてはめる。「③その症状に対する家族の解決努力」は「2週間ほど様子を見たのち『学校にいかないなら家においておくわけにはいかない』と叱った」ということになる。その結果問題が増幅されて「自傷行為」が生じており，これが「⑤関わりにより増幅された問題」となる。その様子をきいた担任は「そんな状態なら休んでいていいですよ」と母に伝えた。担任は子どもの現状を受容するスタンスをとったものと推測されるが，母は「担任からも見放された」と感じていた。つまり，「④学校の解決努力」として，担任が「休んでいい」と言ったことは，「⑥の家族と学校との相互作用」において，問題を増幅する構造を生み出していたと

第4章　スクールカウンセリングの枠組み

見立てることができる。

②成長発達システムを把握する

　A子の「問題」が生じる前の情報，すなわち「②成長発達システムに関する情報」は，「A子には知的障害のある弟がいたが，いつも弟のめんどうをよくみて，親を助けてくれる姉であり，両親はA子のことでこれまで困るということはなかった」ということになる。さらにA子は登校時に腹痛を訴えているにもかかわらず「別に……学校は楽しい」と言っている。この情報からわかることは，A子が幼い頃から，自分が困ったり不快になったりしたときに，その感情を表出せず，押さえ込んでしまう防衛を使ってきたということである。障害のある弟を支える姉として精一杯がんばってきたA子なのだが，このような防衛を用いて環境に適応し「よい子」として評価されてくると，成長してから不快感情制御の脆弱性を獲得してしまうと考えられる（大河原，2015）。したがって，A子の個の課題としては「いやなことはいやだと言えるようになること」「不快感情を自己に統合し自我を確立すること」が必要だと，見立てることができる。

③SCによる援助

　母との面接において，SCは心配のあまり混乱している母の思いを十分に共感的に受け止める。その上で，子どもの症状（腹痛）がはじまった当時のことを詳細に聞いていく。症状が生じた直前のきっかけに注目することは事例を見立てる上での要となる。混乱している状態においては，増幅された問題に振り回されて，最初の状態に目が向かなくなってしまっているからである。不登校という症状が選択される場合には，学校で子どもがつらいと感じる出来事がきっかけとして存在する。親が自分の不安を脇におき，子どものつらさに目を向け共感することができるようになると，子どもは親に心を開き，助けを求めることができるようになる。

　SCとの面接を通して，A子の母は，直前のきっかけとしては次のような出来事があったことをA子から聞くことができた。A子とB子は幼なじみだったが，B子がC子をいじめるようになり，A子にもいっしょにいじめをするように強要し，断るとA子の秘密をばらすと脅されていたということであった。障害のある弟を守る姉として生きてきたA子は，親に心配をかけてはいけないという思いから，自分のつらさを言葉にして伝えるということができず，腹痛としてそのつらさが表現されていたのである。

このような状態のA子が，学校の相談室を利用することは困難なことから，SCは母に市の教育センターで心理療法を受けることを勧めた。SCは母の了解を得て，教育センターのカウンセラーと連絡をとり，情報を共有し，互いの役割と機能の分担を明確にした。教育センターではA子の心理療法と母への支援（成長発達システムの中で抱えてきた問題への支援：障害のある弟がいても自分の気持ちを抑圧することなく子どもとしてふるまえるようになるための関係性の回復）を行い，SCは，教師へのコンサルテーションと学校復帰の際の支援（問題増幅システムへの支援）を行うこととした。

具体的には，A子の不登校の背景にはB子をめぐる「いじめ」の人間関係があることを教師と共有し，担任がA子の苦しみを理解し共感することができるようにコンサルテーションを行った。並行して，B子への支援を行う援助チームの一員となった（B子への支援は次に述べる）。

4月になり，クラス編成替えをきっかけにして，A子は再登校した。外部の相談機関の心理療法を経て，再登校に至ったのち，その再登校を支える体制を構築するのはSCの仕事である。A子が新しいクラスで抱える不安や，学習の遅れに伴う不安などをキャッチし，学校の中でできる心理支援を行っていく。また，不登校により学習空白のある子どもを教室の中で支えていくことにおける担任教師の困り感などにも目を向け，担任を支える援助チームを構築し，A子の登校が安定的に継続するように支援していく。

2．いじめることでSOSを出していたB子（中1女子）への支援

前述したように，A子の話から，B子がいじめをしているということが明らかになった。この問題は，管理職のリーダーシップのもとすみやかに学年全体で共有され，C子の状況も含めて生徒の様子に各教員がよく目を向け，全体に対する生徒指導が行われた。担任は「B子はいじめ防止の指導の際の作文にも，いじめをされることにより心が傷つくということ，思いやりの気持ちが大切であるということなどをきちんと書いていた」と語った。

①問題増幅システムを見立てる

担任が語ったB子の情報から，B子はいじめ行為は許されないことであるということを認知的には理解しているが，行動との不一致が生じているということがわかる。このような場合には，生徒指導的関わりと並行して，いじめ行為自体を子どものSOSととらえ，その子どもがどのような苦しみを抱えているのかという

第4章 スクールカウンセリングの枠組み

観点から支援を組み立てる必要があるということを，SCは教員と共有した。

　図1を用いて，いじめ行為を子どものSOSととらえて支援するための仮説をたててみる。この場合，いじめ行為を「⑤関わりにより増幅された問題」に設定する。これまでケアすべき子どもとして認識されていなかったので「①問題行動・症状」は空白である。ここに「B子の困り感・苦しみ」をおいてみる。B子が苦しんでいたと仮定すると，そのことに「気づいていない」という「③家族の関わり」と「④学校の関わり」が問題を増幅させたとみることができる。

②成長発達システムを把握する

　「B子は苦しんでいるのかも」という前提に基づいて，教員がB子について知っている情報を共有する。B子は，小学校の頃から進学塾に通っており，毎日自由な時間はほとんどない状況にあった。B子は作文の中で「小学校低学年の頃，両親がよくけんかをしており，母が家出をしていた時期がある」と書いていたことがあった。兄は難関の私立高校に入学していたが，不登校になっているらしいという情報も入ってきた。これらの成長発達システムに関する情報の共有を通して，教員はB子の苦しみを理解した。教員が子どもの苦しみに目を向けると，「④学校の関わり」はおのずとあたたかいものに変化する。

③SCによる援助

　ある時，B子が腹痛を訴えて保健室にやってきた。養護教諭が丁寧にB子の気持ちに寄り添う関わりを重ねたところ，頻繁に保健室に来るようになった。そこで養護教諭の勧めで，SCとの面接が設定された。B子は，最初は警戒していたが，SCがB子の不平不満に共感的なまなざしをむけていくと，B子は次第に自分の思いを語れるようになった。毎週昼休みの10分の予約面接を重ねる中で，B子は自分の不安を語れるようになった。SCは，B子の身体からわいてくる感情はどんな感情も大切なものであるということを伝えていった。

　このような教師らとのチームによる援助が行われる中で，C子の口からはすでにB子にいじめられることはなくなったということが報告された。

　B子の事例により，「いじめ行為に対する心理支援」についての基本を示した。いじめ行為をする子どもへの心理支援は，教師との連携のもと学校において行われるべきものである。いじめ行為をしながらも適応良好な子どもたちは，通常は「援助を受けるべき心の問題」を抱えているとはみなされず，学校外の専門相談機関を利用することはまれである。したがって，ここで述べたように，SCの役割

第1部 基礎編：教育・学校心理学の理論を学ぶ

は，チーム援助のもと，表面的には適応良好な子どもの実存的な苦しみに目を向ける支援を機能させることであると言える。

3．かんしゃくによるSOSを出していたD男（小3男子）の事例

　小学校3年生のD男は，授業中に突然かんしゃくを起こしてきれてしまい，学用品などを投げて，止めようとする教師の腕にかみついて廊下に飛び出してしまうということが続いていた。担任は，ちゃんと我慢する力をつけなければならないという思いで必死に叱責を繰り返すこととなっていた。しかし，その状態はどんどんエスカレートしていき，授業が成立することが困難になっていった。2年生までは，多少の落ち着きのなさはあるものの，特に問題になることはなかった。

　担任は両親と面談し，家庭でもしっかりしつけてほしいこと，発達障害の疑いがあるので，相談機関を受診してほしいということを伝えた。両親は姉と比べると確かに能力的に心配なところはあると思っていたが，2年生のときまでは問題なく授業を受けることができていたので，現在の担任の関わりに問題があるのではないかと感じていた。担任からの呼び出しで伝えられた話に対して，両親は不快感をあらわにした。そしてもう二度と担任から呼び出されるような事態にはならないようにという思いから，D男を強く叱責した。父はD男が年長の頃，姉のようにちゃんと文字を書くことができないことを心配して，体罰を与えてできるまで書かせるという関わりをしており，母はそこまでしなくてもと思っていたのだが，今回はともに厳しくあたることとなった。

①問題増幅システムを見立てる

　D男が困っている「①問題行動・症状」は，授業中にかんしゃくを起こしてきれてしまうということ。問題を解決しようとする「④担任の関わり」は「我慢する力をつけさせなければならないという思いで叱責を繰り返す」というものだった。その結果，教師にかみつくなど行動がエスカレートして問題が継続した。これが「⑤関わりにより増幅された問題」である。教師は，問題解決のために「⑥保護者に改善を求めた」。しかし，保護者は小2まで問題がなかったことから，担任への不信感を抱いた。その結果，「③保護者の関わり」は，担任から保護者に改善を求められないように，子どもを叱責する関わりとなった。このような悪循環は，教室でのかんしゃくや暴力が悪化する場合の典型的な問題増幅である（大河原，2004）。

第4章 スクールカウンセリングの枠組み

②成長発達システムを把握する

　知能検査を行ったところ（個の問題の把握），D男にはLD（学習障害）があることがわかった。LDのある子どもは全般的な能力に遅れはないものの認知特性の偏りがあるために，「わかっているのにできない」というもどかしさや「できないのはおかしい」という周囲のまなざしに苦しんでいる（第7章参照）。

　両親はもともと発達に遅れがあるのではないかということを心配していたが，できる場面もあるので，父は厳しく体罰を用いて学習を促してきたという。「努力によりできるはず」という前提での体罰による指導は，子どもに「できない自分はだめだ」という自己認知と劣等感を獲得させてしまう。それが子どもの苦しみとなる。

　小2までは問題なく適応していたという情報からは，小3になってからの教室において「できない自分はだめだ」という思いが刺激されるような「何か」があるのかもしれない，ということに目を向けることが必要となる。その刺激に反応する理由そのものは，成長発達システム（過去）にあるが，そこで生じた反応がさらに叱責されるという問題増幅システム（現在）を通して「できない自分はだめだ」という自己認知と劣等感が増幅され（⑤関わりにより増幅した問題），「かみつく」などの逸脱が生じているのである。

③SCによる援助

　SCは，両親と面接をして，両親の思いを傾聴し受容した。そして「小2まで適応できていたD男がなぜ小3になってから適応できなくなったのか」ということについて，両親と協力しながら支援を考えていきたいということを伝えた。そして，D男の苦しみに焦点を当てることが必要なのであって，叱責することは解決にならないことの理解を促した。母はD男が黒板を写すことに苦しんでおり，「全部書けないうちに授業がおわってしまうこと，自分の意見は黒板に書いてもらえない」ということを訴えていると語った。

　またSCは担任と面接をして，D男のために授業がスムーズに進まないことで担任が困っているその気持ちを十分に受容した。担任はD男が書くことに苦手意識があることは把握していたが，それは「不真面目さに由来するもの」と認識していた。そこで，D男にはLDがあり，書くことが苦手なのは努力不足ではなく，合理的配慮が必要な特性によるものであることを担任に伝えるとともに，学年主任・特別支援コーディネーターも，担任への支援に加わった。

　SCは，必要に応じて学級観察することができる。この点が外部相談機関のカウ

第1部　基礎編：教育・学校心理学の理論を学ぶ

ンセラーにはない職務上の特徴である。このクラスでは，児童の発言のうち正解のみが担任によって板書され，その正解が誰の回答であるかということが名前磁石により明記される方法がとられていた。この方法には，正解を言えた児童が教室の中で承認されるという目的と機能があった。しかし同時に，いつも正解できない児童にとっては，自分の意見が板書されることはないという悲しみも生んでいた。これが小3になってから，D男が教室でかんしゃくを起こすようになった「背景」であった。この学級経営のやり方は，D男にとっては「できない自分はだめ」という刺激になっており，そこで生じる悲しみや怒りが暴走しかんしゃくを起こしていた。それに対して叱責を受けることで，問題が増幅していったのである。

SCによる学級観察は，現在の集団の中における相互作用が「子どもの問題」にどのような影響を与えているのかを観察するものであり，問題増幅システムを改善するために必要な情報を得ることを目的として行われる。ここに示したように，発達障害のある子どもたちは，そのハンディゆえに教室の中でつらい思いを抱える機会が他の子どもたちよりも多い。そのつらい思いへの支援を中心に，保護者も含めて関係者が協働することにより，二次障害という問題（問題増幅システムによる問題）は解決へと向かうのである。

ワーク

〈小学校1年生のEくんは，授業中落ち着きがなく，退屈してしまうと勝手に廊下に出歩いてしまいます。担任が追いかけていき，注意すると，かんしゃくを起こして，幼児のようになってしまいます。保育園に問合せたところ，保育園ではやんちゃなところはあったものの，特に集団行動に問題がみられることはなかったということでした。〉

担任の先生から相談を受けたスクールカウンセラーが，Eくんの「問題」を見立てるためには，どのような情報が必要だろうか。

① （個人作業）「成長発達システム」および，「問題増幅システム」において，どのような状況があれば，このようなことが起こりうるのかについて，さまざまな例を思い描いてみよう。
② （グループ作業）少人数グループで，個々が思い描いた例をシェアリングし，仮説としてまとめよう。
③ （グループ作業）見立てに必要な情報を得るために，どのように担任および保護者との面接を実施するのかについて，ロール・プレイをしてみよう。

第4章　スクールカウンセリングの枠組み

◆学習チェック表

□　学校における子どもの問題を，成長発達システムと問題増幅システムの点から，生態学的にアセスメントする構造を理解した。

□　スクールカウンセラーによる援助の構造を理解した。

□　個の問題と問題増幅システムにおける問題を区別し，説明できる。

より深めるための推薦図書

半田一郎（2017）一瞬でよい変化を起こす10秒・30秒・3分カウンセリング―すべての教師とカウンセラーのために．ほんの森出版．

大河原美以（2004）怒りをコントロールできない子の理解と援助―教師と親の関わり．金子書房．

大河原美以（2015）子どもの感情コントロールと心理臨床．日本評論社．

大河原美以・山本実玖（2021）いやな気持ちは大事な気持ち．日本評論社．

吉川悟・赤津玲子・伊東秀章編著（2019）システムズアプローチによるスクールカウンセリング―システム論からみた学校臨床［第2版］．金剛出版．

文　　　献

水野治久・石隈利紀（2009）学校での援助に関する研究の展望．In：石隈利紀・水野治久編：学校での効果的な援助をめざして―学校心理学の最前線．ナカニシヤ出版，pp.1-11.

文部科学省（2022）生徒指導提要．

大河原美以（2004）怒りをコントロールできない子の理解と援助―教師と親の関わり．金子書房．

大河原美以（2015）子どもの感情コントロールと心理臨床．日本評論社．

大河原美以・小林正幸・海老名真紀・松本裕子・吉住あさか・林豊（2000）子どもの心理治療における見立てと方法論―エコシステミックな見立てモデルの確立に向けて．カウンセリング研究，33, 82-94.

齊藤万比古編著（2009）発達障害が引き起こす二次障害へのケアとサポート．学研教育出版．

第1部 基礎編:教育・学校心理学の理論を学ぶ

第5章

子どもの多様な援助者によるチーム援助

田村節子

Keywords チーム学校,チーム援助,子ども参加型チーム援助,相互コンサルテーション,スクールカウンセラー,スクールソーシャルワーカー,連携義務,援助チームシート,援助資源チェックシート

I はじめに

　子どもへの援助はさまざまな立場や視点からの情報を集めて包括的に行われる。そのためには多様な援助者が連携する必要がある。連携は公認心理師法第42条にも規定されており公認心理師資格に基づくスクールカウンセラー(以下,SC)にとっては義務である。
　本章では,学校内の主な子どもの援助者(保護者,教師,SCら)について整理し,教師・保護者・SC・スクールソーシャルワーカー(以下,SSW)によるチーム援助について解説する。さらに,SCによる教師へのコンサルテーション,保護者への援助や学校組織への援助に言及しながら,「専門スタッフ」としてSCに期待されることついて触れる。

II 子どもの多様な援助者

　ここでは学校内の主な子どもの援助者について概観する。『生徒指導提要』では,学校を多様な「思いやりのある大人」たちの連携・協働の場とすることとしている(文部科学省,2022)。学校心理学では,子どもの援助者を「4種類のヘルパー」として位置付けている(石隈,1999)。子どもの成長や発達は4種類のヘルパーによって促進されており,ヘルパーの存在は重要である。4種類のヘルパーについて順を追って説明する。

第 5 章　子どもの多様な援助者によるチーム援助

1．専門的ヘルパー

　専門的ヘルパーとは，心理教育的援助サービスを専門的に行うことが主たる仕事の者である。SC や SSW，巡回相談員等が該当する。

・スクールカウンセラー（SC）…チーム学校において専門スタッフとして位置付けられた心理の専門家である。公認心理師法では，アセスメント，カウンセリング，コンサルテーション，心の健康教育等が主たる業務として定められている。また文部科学省（2007）は，SC がスクールカウンセリングの最前線に位置していることを受けて，SC には相談面接だけではなく多くの業務が求められているとしている。具体的には，アセスメント，生徒へのカウンセリング，教員・保護者へのコンサルテーション，カンファレンス（協議），研修等があげられている。

・スクールソーシャルワーカー（SSW）…チーム学校において専門スタッフと位置付けられた福祉の専門家である。文部科学省（2008）は，社会福祉等の専門的な知識や技術を有する SSW には，問題を抱えた児童生徒に対し，多様な支援方法を用いて，課題解決への対応を図っていくことが求められているとしている。具体的には，当該児童生徒が置かれた環境へ働きかけたり，家庭生活に困難さを抱えている場合には出向いて対応したり（アウトリーチ），関係機関等とのネットワークを活用したりすること等をあげている。

・巡回相談員…チーム学校において専門的なスタッフとして位置付けられた特別な支援の専門家である。文部科学省（2010）は，巡回相談員には援助ニーズの高い児童生徒一人ひとりのニーズを把握し，児童生徒が必要とする支援の内容と方法を明らかにすることが求められているとしている。具体的には，担任，特別支援教育コーディネーター，保護者など児童生徒の支援を実施する者の相談を受け，助言すること等のコンサルテーションを主たる業務としてあげている。

2．複合的ヘルパー

　複合的ヘルパーとは，心理教育的援助サービスを業務の一部として行う者である。教師は教育の専門家であり，子どもの人格形成や成長と発達に寄与する。教師には，学級担任，教科担任という役割があり，また校長，副校長（教頭），主幹教諭，生徒指導担当，教育相談担当，特別支援教育コーディネーター，養護教諭などさまざまな役職や校務分掌がある。教師の中でも，教育相談担当，特別支援教育担当，養護教諭などは，心理教育的援助サービスについて自ら学びながら専門的なサービスを行っている。SC の勤務がおもに週一日である状況から，心理教

育的援助サービスに強い教育相談等の教師は、専門的ヘルパーとしても機能していると言える。

3．役割的ヘルパー

役割的ヘルパーとは、心理教育的援助サービスの<u>一部を役割として担う者</u>である。保護者がこれにあたる。チーム援助においては、保護者は「自分の子どもの専門家」として位置付けられ、家庭で子どもを支える親としての役割の他に援助チームの一員として意見を言うことができる。

4．ボランティアヘルパー

ボランティアヘルパーとは、職務や役割としてではなく<u>自発的に援助を行う者</u>である。地域の住民や塾講師、子どもの友達等がこれにあたる。特に友達は発達課題上においても必要不可欠な存在であり、大変重要な援助者となる。友達関係で傷ついた子どもにとっては、友達との関係の回復が欠かせない。

III　チーム学校を支えるチーム援助

1．チーム学校とは

「チーム学校」とは、文部科学省が子どもの学びや成長・発達を促進するために提唱した概念である（文部科学省，2015）。「校長のリーダーシップの下、カリキュラム、日々の教育活動、学校の資源が一体的にマネジメントされ、教職員や学校内の多様な人材が、それぞれの専門性を生かして能力を発揮し、子供たちに必要な資質・能力を確実に身に付けさせることができる」ことを目指す。チーム学校を実現するため、専門性に基づくチーム体制の構築、学校のマネジメント機能の強化、教職員一人ひとりが力を発揮できる環境の整備という3つの方針が出されている（第13章参照）。

以下、チーム学校の活動の中核となる「チーム援助」について概観する。

2．チーム援助とは

チーム援助とは、4領域（学習面、心理・社会面、進路面、健康面）における、子どもへの援助と発達の促進を複数の援助者と行う形態をさす。石隈（1999）は、チーム援助を「一人ひとりの生徒の『学習面、心理・社会面、進路面、健康面』の問題状況を解決することを援助する。子どもへの援助は、教師とコーディネー

第5章 子どもの多様な援助者によるチーム援助

ター（生徒指導担当，教育相談係，養護教諭など）が保護者と連携して行う。すべての子どもから苦戦している子どもを対象とする活動までが含まれる」としている。

チーム援助の形態には，①カリキュラムや援助サービスのマネジメント委員会（山口ら，2011），②援助サービスをコーディネートするコーディネーション委員会（家近・石隈，2003），③特定の児童生徒への個別の援助チーム（石隈・田村，2003）がある。マネジメント委員会とコーディネーション委員会は学校の組織を活かしたチーム援助であり，個別の援助チームは「組織がなくてもできる個別のチーム援助」である。

石隈・田村（2003）によると，個別のチーム援助には，コア援助チーム（図1－①），拡大援助チーム（図1－②），ネットワーク型援助チーム（図1－③）がある。個別の援助チームの活動内容は，コーディネーション委員会やマネジメント委員会へ報告し校内で情報共有する。

・コア援助チーム…子ども一人ずつの支援隊である。おもに保護者・担任・コーディネーターが援助チームの核となり，直接的・間接的に子どもの援助を主導する。コア援助チームでの話し合いに子どもが参加できる場合には，子どもと一緒に話し合う子ども参加型援助チームの活動もある（田村・石隈，2017）。コーディネーターは，教育相談係・生徒指導係・学年主任・養護教諭・特別支援教育コーディネーター担当・SCなどが行う。おもに，課題解決型コンサルテーションが行われる。

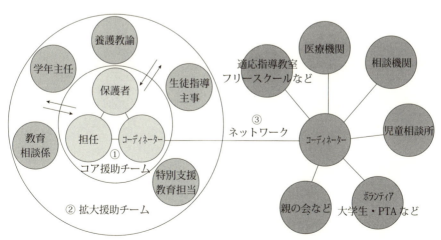

図1　ネットワーク型援助チームの例（石隈・田村，2003）

第1部　基礎編：教育・学校心理学の理論を学ぶ

・拡大援助チーム…コア援助チームに加えて，子どもにとって必要な学校内での援助資源に参加を依頼し，作戦会議（石隈，1999）を行いつつ援助する。人数は，4～8人までが適当である。
・ネットワーク型援助チーム…拡大援助チームのメンバーが保有するネットワークを通じて広く援助を要請する。複数のコーディネーターが存在することもある。

3．チーム援助の進め方

ここでは，教師・保護者・コーディネーターからなるコアチーム援助の進め方について，①誰が，②何を，③どのように話し合い，④チームを進めるかについて順を追って述べる。

①誰が援助チームメンバーか

チーム援助は，援助者が2人以上で成立する。学級担任の他に保護者が直接的（話し合い参加）ないしは間接的（コーディネーター等がアドボケーター［代弁者］となる）にチームメンバーとして入ることが望ましい。さらに，チーム援助には援助者をつなぐコーディネーターが必要となる。コーディネーターは援助の要であり以下の6つのことが求められる。

　信頼関係…親と学校の両方に信頼関係がある，ないしは構築できること
　専門性…子どもを理解したり援助したりするための専門性や権威があること
　権限…学校における子どもの環境を整える際に発動できる権限があること
　継続性…援助を継続できること
　情報集約…多面的な情報を集約し共通理解を促進できること
　情…子どもや親，教師に対し，人間味のある対応ができること

ただし，一人ですべて満たすことが難しい場合には，他の援助者がカバーしてもかまわない（例：コーディネーターには権限がないので教頭が権限を発動する）。

②何を話し合うのか

援助チーム内では，子どもをトータルにアセスメントするための話し合いを行う。子どもにとって援助的な資源を探し，子どもの自助資源や援助ニーズを確認し援助方針に沿った援助案を考え役割分担する。これらの過程は援助資源チェックシート（図2）と援助チームシート（図3）の項目に沿って進めると援助が円

第5章 子どもの多様な援助者によるチーム援助

記入日　年　月　日

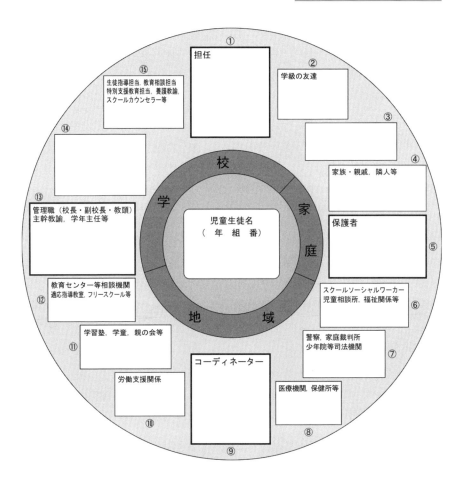

©Tamura & Ishikuma 1997 -2017

注）適応指導教室は現，教育支援センター

図2　田村・石隈式「援助資源チェックシートネットワーク版」
（石隈・田村，2018, p.154）

滑に進む。

　援助資源チェックシートは，子どもへの援助にすでに関わっている学校，家庭，地域の援助資源について機関名や氏名を記入するシートである。先に述べた4種類のヘルパーが関わることが望ましい。援助チームシートを記入することで，現

第1部　基礎編：教育・学校心理学の理論を学ぶ

【石隈・田村式 援助チームシート】　実施日　：　　年　月　日(　)　時　分〜　時　分第　回
　　　　　　　　　　　　　　　　　次回予定：　　年　月　日(　)　時　分〜　時　分第　回
　　　　　　　　　　　　　　　　　出席者名：

苦戦していること（　　　　　　　　　　　　　　　　　　　　　　　　　　　　　　　　　　）

児童生徒氏名　年　組　番　担任氏名	学習面（学習状況）（学習スタイル）（学力）など	心理・社会面（情緒面）（ストレス対処スタイル）（人間関係）など	進路面（得意なことや趣味）（将来の夢や計画）（進路希望）など	健康面（健康状況）（身体面での訴え）など
情報のまとめ　(A)いいところ子どもの自助資源				
情報のまとめ　(B)気になるところ援助が必要なところ				
情報のまとめ　(C)してみたこと今まで行った，あるいは，今行っている援助とその結果				
援助方針　(D)この時点での目標と援助方針				
援助案　(E)これからの援助で何を行うか				
援助案　(F)誰が行うか				
援助案　(G)いつからいつまで行うか				

参照：石隈利紀（1999）学校心理学―教師・スクールカウンセラー・保護者のチームによる心理教育的援助サービス. 誠信書房.

©Ishikuma & Tamura 1997-2002

図3　石隈・田村式「援助チームシート」（石隈・田村，2003 より）

76

第5章　子どもの多様な援助者によるチーム援助

在の子どもの援助資源を可視化することができる。話し合いで今後，関わってもらいたい援助者が出てきた場合には，すでに関わっている援助者と区別するために，新しい援助資源名にアンダーライン等の印をつけておくとよい。

　援助チームシートは，子どもについて包括的かつ多面的に情報を収集し，援助方針や援助案，役割分担等を決定し援助プロセスの実行を促す一連のシートである。下記の一連の話し合いを相互コンサルテーションと呼ぶ（詳細は次項③）。以下に図3をもとに具体的に説明する。

- 多面的アセスメント（図3A～C）…「自助資源（A）」，「援助ニーズ（B）」，「これまで行った援助とその結果（C）」について，4領域（学習面，心理・社会面，進路面，健康面）に沿って情報を収集する。「自助資源（A）」とは，自分で自分を助ける能力である。例えば学習面では「好きな教科，得意な勉強の仕方」，心理社会面では「性格のいいところ，友達との過ごし方」，進路面では「趣味や今はまっていること，進路」，健康面「健康にいいことをしているか」について情報を収集する。また，「援助ニーズ（B）」では，子どもの今の苦戦（例えば「勉強にとりかかれない」「孤立気味である」）を4領域ごとに記入する。「これまで行った援助とその結果（C）」では，実際にこれまで行ってうまくいったこと，いかなかったことについて情報を収集する。
- 援助方針（図3D）…目標は子どもが主語になり「～できるようになる」などとなる。そして，今その子どもが目標に近づくために何が必要かなどを考えて援助方針を検討する。保護者や子どもの願いは今すぐ実現は無理でも表現を工夫して記載する。
- 援助案（図3E）…援助方針（D）に沿った援助案を考える。書かれた通りに実行することができる具体的な案を考える。例えば，「愛情をかける」ではなく「1日1回必ずほめる」などである。案は，自分が行う案とメンバーがそれぞれ行うと効果的であろう案を話し合う。なお，援助案を考える際に（C）の情報は非常に重要となる。うまくいったことは援助を継続し，うまくいかなかったことは行わず違う案を考える。一度でもうまくいったことがあれば継続する。
- 役割分担（図3F）…援助案（E）の一つひとつについて，誰が行うかを分担し明確にする。明確にすることで援助のモチベーションも上がる。責任は全員で共有される。
- 期限（図3G）…役割分担（F）した案をいつからいつまで行うかについて決定する。援助案が決定したら，子どもの状況によって2週間に1度，1カ月に1度，1学期に1度等話し合いの間隔を決定し，PLAN-DO-SEE-CHECK[注1]の過程を繰り返す。

注1）問題を継続的に改善する手法。計画を立て（PLAN）－実行し（DO）－観察し（SEE）－結果を確認する（CHECK）サイクルを問題が改善されるまで繰り返す。PDCA（PLAN-DO-CHECK-ACT）サイクルとも言う。

なお，援助ニーズの大きな子ども用には5領域版（知的能力・学習面，言語面・運動面，心理・社会面，健康面，生活面・進路面）がある（田村・石隈，2013）。

③どのように話し合うのか

話し合いは相互コンサルテーション（図4）で行われる。相互コンサルテーションとは，学級担任，保護者，コーディネーター等が集まり，一対一もしくは援助チームの話し合いにおいて，それぞれが相互にコンサルタント（助言者）とコンサルティ（助言を受ける人）を交代する関係をさす（田村，1998；石隈・田村，2003）。

相互コンサルテーションでは，多面的アセスメントの情報を共有し，共通の援助方針を決め，具体的な援助案を考えて役割分担を行う。具体的には，一人ひとりが自分の立場で何ができるかを提案する。それぞれが援助案を説明と合意（インフォームド・コンセント）がなされた上で実行する。さらに，援助の過程でよかったこと，うまくいかなかったことを確認し援助案を修正していくことを継続する。これを繰り返すことでその子どもにぴったりあった援助が展開されていく。また，コンサルテーションでは，結果責任は助言を受ける人がとる。個別の援助チームメンバー全員が助言者にも助言を受ける人にもなる相互コンサルテーションでは，全員が結果責任をとる。

④チーム援助の進め方

図3A～Gの過程を話し合いの度に繰り返す。その際，うまくいかなった案は行わず，うまくいったことを行っていく。さらに1回でもうまくいったらその案は続けてやってみる。援助案を考える際には，ハウスHouse（1981）の4つのサポート「情緒的サポート（心理面を支える等）」「評価的サポート（フィードバックする等）」「情報的サポート（情報を伝える等）」「道具的サポート（場所や時間

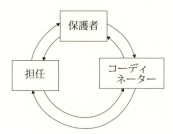

図4　相互コンサルテーションにおけるコンサルタントおよびコンサルティの関係
（田村，1998を改訂）

第5章　子どもの多様な援助者によるチーム援助

を提供する等)」が参考となる。さまざまな案を考えて実行してもすべてうまくいかないようであれば援助方針を見直す。援助方針の見直しを行うことで，円滑に援助が進むことが多い。

進級しても援助の継続が必要な場合には，「縦の援助チーム」で引き継ぎを行う。小学校から中学校へ進学する場合でも同じである。現在のチームメンバーである教師等と次年度に関連する教師，さらに保護者を交えてチーム会議を行うと効果的である。

Ⅳ　子ども参加型チーム援助

「子ども参加型チーム援助」は，当事者である子ども・保護者・教師・コーディネーターらからなるチーム援助である。教師・保護者・コーディネーターらからなる「コア援助チーム」に，さらに当事者である子どもが加わる。2022年のこども基本法では，子どもの年齢及び発達の程度に応じて，「自己に直接関係する全ての事項に関して意見を表明する機会」と「意見の尊重」が基本理念とされており，チーム援助に参加するのは子どもの権利でもある。また，子どもが援助チームに入ることで子ども自身の主体性をより尊重することができ，援助案の実現可能性も高まる。子どもを援助チームに入れて話し合うためには，子ども自身の欲求（WANTS）やニーズ（NEEDS）を確認することがコツとなる。

1．子ども参加型援助チームのタイプ

大きく分けて「三者面談活用タイプ」（三者面談や家庭訪問を生かす）（田村・石隈，2017；石隈・家近，2021）と「援助チームタイプ」（援助チームの中に子どもが参加する直接参加タイプと，子どものビデオプレゼンテーションを見るなどの間接参加タイプ）がある。子どもの年齢は，自分の気持ちをある程度言語化できる小学校3，4年生以上が望ましい。

2．子ども参加型援助チーム成立のプロセス

子ども参加型援助チームを立ち上げるためにコーディネーターは，子ども，保護者，担任教師への心理教育的アセスメントを行う。具体的には以下について情報収集を行う。

第1部 基礎編：教育・学校心理学の理論を学ぶ

援助チーム立ち上げのための心理教育的アセスメント
 子ども
 ・欲求のアセスメント…したいこと，したくないこと，してほしいこと，してほしくないこと等。
 ・カウンセリングニーズのアセスメント…子どもの不安や悩みはどの程度か等。
 ・援助ニーズのアセスメント…子どもが具体的にどのような援助を求めているか等。
 保護者
 ・カウンセリングニーズのアセスメント…子どもの問題状況から発生する不安や悩みなど精神的なストレス等。
 ・コンサルテーションニーズのアセスメント…子どもの問題状況について，何に困っているのか，どのような援助を求めているのか等。
 教師
 ・コンサルテーションニーズのアセスメント…教師として子どもの問題状況について，何に困っているのか，どのような援助を求めているのか等。

3．子ども参加型チーム援助の留意点

　コーディネーターは子どもの欲求を十分聞いたうえで，欲求とニーズを折り合う過程を設定しリードする役割を担うことが重要である。なぜなら，どんなにすばらしい援助案を作成しても，それが子どもの欲求を無視したものであったり，子どもが援助案の意図を理解していない場合には，援助案が実行されない場合があるからである。子どもの欲求とニーズの確認の流れを一枚のシートにした「WANTS and NEEDS Thinking Sheet」（田村・石隈，2017）を活用することが望ましい。

V　専門スタッフとしてスクールカウンセラー（公認心理師等）に期待されること

1．チーム援助を校内で実現するための管理職へのコンサルタント役

　文部科学省はチーム学校を進めるポイントとして，管理職がリーダーシップを発揮することを求めている。管理職は教育のプロフェッショナルである。管理職は学校の責任者であり子どもの成長と発達を促進するためのキーパーソンとなる。管理職に対し，チーム援助のポイント等について心理の専門家であるSCが助言し，校内に援助チームを根付かせていく一助となることは非常に重要である。

2．学校と保護者が対立した時のつなぎ役

　学校が最善の援助を行った場合でも学校と保護者とが対立することはしばしば

第5章 子どもの多様な援助者によるチーム援助

ある。その際,学校と保護者との間に入って学校と保護者とをつなぐ役目をSCが担うことも重要である。ちょっとした誤解であったり,行き違いであったり,思い込みであったりが対立の原因であることも多い。両者が対立してしまうと肝心の子どもへの援助が滞ることもしばしばある。そのため,SCには両者の対立の要因をアセスメントし,根気強く関わり続けていくことが求められる。

3．子どもと保護者との関係の調整役

不登校の理由に親子関係の悪化があげられている。子どもが親に何も言えずに我慢していたり,また保護者が子どもに何も言えずに子どものいいなりになっていることも多い。また,子どもがせっかくSOSとして問題状況を現したとしても保護者が頭ごなしに叱っていては問題状況の解決に至らない。SCには子どもと保護者の間に入って両者の関係がうまくいくように援助することも求められている。

4．多職種との連携のつなぎ役として

子どもへの援助は,校内の援助者の他に校外の主治医や外部の相談機関等との多職種とも関わることが多い。たとえば,児童虐待では,要保護児童対策協議会などを通して,学校,SC,SSW,教育委員会,児童相談所,警察,弁護士,医療機関,保健機関等の多職種が必要に応じて連携して対応する。いじめ問題では,学校,家庭,関係機関,地域社会及び民間団体も含め連携を強化することが求められている。公認心理師法第42条第1項にも「公認心理師は,その業務を行うに当たっては,その担当する者に対し,保健医療,福祉,教育等が密接な連携の下で総合的かつ適切に提供されるよう,これらを提供する者その他の関係者等との連携を保たなければならない」と明記されている。そのためSCが多職種と連携,および協働する際には,職業倫理や関連法規等も理解し,それぞれの職種の専門性を尊重して援助を行う必要がある。SCには,多職種の援助者同士をつなぎ,子どもの援助ニーズに応じて子どもの援助が円滑に行われるように活動することが期待されている。

Ⅵ　おわりに

子どもは人のぬくもりを感じながら成長する。しかし,最近では家に居ながらもSNS等の文字で会話する親子も珍しくない。時代に合わせて親子のコミュニケ

第1部 基礎編：教育・学校心理学の理論を学ぶ

ーションも変わる。しかしずっと変わらないのは、子どもには「愛されている」という実感やぬくもりが必要であるということである。支援を必要とする子どもたちの多くはそれらを実感しにくくなっている。子どもは「おとなが自分をどう受け止めているのか」を常に見ている。「あなたはそのままでいいんだよ。だけど苦戦していることについてはみんなで援助するからね」と、子どもと問題状況を分けて子どもに向き合う姿勢が、チーム援助を行う者すべてに求められている。

ワーク

学校内外において連携や協働を円滑に行うためには、メンバー同士がお互いを信頼して援助を行うことが重要となる。しかし、意見が合わず話し合いが進まない場合もある。以下を読んで、対応の工夫について考えてみよう。

〈あなたは5人編成の援助チームのリーダーです。チームメンバーの中に1人、いつもあなたの意見をさえぎって反対する人がいます。あなたはその人が苦手です。その人と一緒に子どもや保護者への援助を行うための工夫を考えてください。〉

① 4〜5人ずつのグループを作る。
② まずひとりで考えてみよう。
③ グループで話し合おう。
④ 全体でシェアリングしよう。

◆学習チェック表
☐ 多様な子どもの援助者（4種類のヘルパー）について理解した。
☐ チーム援助について説明できる。
☐ 相互コンサルテーションについて理解した。
☐ 子ども参加型チーム援助について理解した。
☐ 学校において専門スタッフとして公認心理師に期待される役割を理解した。

より深めるための推薦図書

石隈利紀（1999）学校心理学―教師・スクールカウンセラー・保護者のチームによる心理教育的援助サービス．誠信書房．

日本学校心理学会編（2016）学校心理学ハンドブック［第2版］―「チーム」学校の充実をめざして．教育出版．

ユニセフ unicef 子どもの権利条約全文．https://www.unicef.or.jp/about_unicef/about_rig_all.html

石隈利紀・田村節子（2018）［新版］石隈・田村式援助シートによるチーム援助入門―学校心理学・実践編．図書文化社．

第 5 章　子どもの多様な援助者によるチーム援助

文　　献

House, J. S.（1981）*Work Stress and Social Support*. Addison-Wesley, pp.24-26.
家近早苗・石隈利紀（2003）中学校における援助サービスのコーディネーション委員会に関する研究―A 中学校の実践をとおして．教育心理学研究，51, 230-238.
石隈利紀（1999）学校心理学―教師・スクールカウンセラー・保護者のチームによる心理教育的援助サービス．誠信書房．
石隈利紀・家近早苗（2021）スクールカウンセリングのこれから．創元社．
石隈利紀・田村節子（2003）石隈・田村式援助シートによるチーム援助入門―学校心理学・実践編．図書文化社．
石隈利紀・田村節子（2018）［新版］石隈・田村式援助シートによるチーム援助入門―学校心理学・実践編．図書文化社, p.154.
文部科学省（2007）教育相談等に関する調査研究協力者会議（第 2 回）　配付資料 1-1 スクールカウンセラーの業務（平成 19 年 5 月 15 日）．
文部科学省（2008）児童生徒の自殺予防に関する調査研究協力者会議（第 1 回）　配付資料 6 スクールソーシャルワーカー活用事業（平成 20 年 3 月 18 日）．
文部科学省（2010）特別支援教育について．http://www.mext.go.jp/a_menu/shotou/tokubetu/material/1298170.htm
文部科学省（2015）チームとしての学校の在り方と今後の改善方策について（答申）．中央教育審議会．
文部科学省（2019）いじめ防止対策推進法　最終改正：令和元年 5 月 24 日法律第 11 号
文部科学省（2022）生徒指導提要．
田村節子（1998）教師・保護者・スクールカウンセラーの援助チームに関する実践研究―公立中学校における学校心理学的援助の一試行．筑波大学大学院教育研究科修士論文（未公刊）．
田村節子・石隈利紀（2013）石隈・田村式援助シートによる実践チーム援助―特別支援教育編．図書文化社．
田村節子・石隈利紀（2017）石隈・田村式援助シートによる子ども参加型チーム援助―インフォームドコンセントを超えて．図書文化社．
山口豊一・石隈利紀・山本麻衣子（2011）中学校のマネジメント委員会に関する研究―「問題解決・課題遂行」機能に視点を当てて．跡見学園女子大学文学部紀要，46; A93-106.

第1部 基礎編：教育・学校心理学の理論を学ぶ

第6章

3段階の心理教育的援助サービス
―― すべての子ども，苦戦している子ども，
　　特別な援助ニーズを要する子ども

水野治久

> **Keywords** 援助ニーズ，1次的援助サービス，2次的援助サービス，3次的援助サービス，3段階の心理教育的援助サービス，スクールカウンセラー，援助要請

I　はじめに

　3段階の心理教育的援助サービスとは，子どもを援助ニーズによって援助を3層に分類することである。公認心理師がスクールカウンセラー（以下，SC）として学校に配置されたとき，まずしなければならないことは，配置された学校の子どもたちにどのような援助ニーズがあるのかを把握することである。校内の相談室で来談者を待っていても一定の来談者には対応することが可能であるが，そもそも，子どもたちはSCに援助を要請しにくい（水野，2014），そして今の子どもたちは，授業，学校行事，クラブ活動などに追われている。公立学校に在籍する子どもがSCに相談する時間は，昼休み，16時〜17時頃である。限られた相談時間の中で効果的に援助サービスを提供するためには，SCは，学校全体の子どもの援助ニーズを把握し，教師と連携しながら援助を供給する必要がある。

　では今の子どもたちにはどのような援助ニーズが存在しているのだろうか。不登校の児童生徒が増加している（第8章参照）。文部科学省（2023）によると，2022（令和4）年度の小中学校における長期欠席者数は460,648人であった。うち不登校生徒数は299,048人である。高等学校における長期欠席者数は122,771人であった。うち，不登校生徒数は，60,575人であった。また，不登校児童生徒のうち年間90日以上欠席している人は小学校で46,894人，中学校で118,775人，高等学校で10,430人である。また，高校の不登校生徒の中で中途退学に至った生徒は，10,492人であった。

　さらに，2022年のいじめ認知件数は小学校で551,944件，中学校で111,404

第6章　3段階の心理教育的援助サービス

件，高等学校で15,568件，特別支援学校で3,032件であった（文部科学省，2023，第9章参照）。いじめの発見のきっかけは，アンケートなどの学校の取組により発見が51.4％，本人からの訴えが19.2％，当該児童生徒（本人）の保護者からの訴えは11.8％，学級担任が発見は9.6％であった。

この文部科学省の統計からもわかるように，いじめ被害児童生徒が学校関係者に助けを求めるのは簡単ではない。そして教師に対する援助要請はいじめ被害感と関連しないという調査結果も示されている（水野・永井，2018）。さらに関係性攻撃被害を多く経験した男子が，友人に対する援助要請を抑制することが指摘されている（Mizuno, et al., 2018）。

学校現場においては，2020年3月からのコロナウイルス感染症拡大による休校措置やその後の感染対策が継続している。松浦（2021）も指摘しているように，新しい生活様式への移行による児童生徒の新たな援助ニーズが生起している可能性がある。

教師と協働しながら，学校や家庭で新たな援助ニーズが生じている子ども，いじめ被害にある子どもを発見し，援助につなげていく必要がある。このような学校における多様な援助ニーズに応えるために，学校心理学の3段階の心理教育的援助サービスが役立つ。

II　学校心理学の3段階の心理教育的援助サービス

1．3段階の援助サービスとは

学校心理学の援助サービスは援助の必要な子どもたちに確実に援助を届けること重要視している。そのための枠組みが1次的援助サービス，2次的援助サービス，3次的援助サービスである。3段階の心理教育的援助サービスモデルは，コミュニティメンタルヘルスの一次予防，二次予防，三次予防（Caplan, 1961）の考え方を参考にしているが，各サービスを積み重ねるという点で異なる（石隈，1999）。アメリカでは，子どもの学習面・行動面での支援に関するResponse to Intervention（RTI）モデルがあり3段階の援助サービスモデルに類似している（Reschly & Bergstrom, 2009）。加えて，『生徒指導提要』（文部科学省, 2022）においては生徒指導を重層的な構造から捉えており，3段階の援助サービスと呼応している。全ての児童生徒を対象とする発達支持的生徒指導，課題未然防止教育は，1次的援助サービスの考え方に基づいている。また，課題早期発見対応の考え方は，2次的援助サービス，そして，困難課題対応的生徒指導は，3次的援助

第1部　基礎編：教育・学校心理学の理論を学ぶ

サービスの考え方に基づく（図1参照）。

　SCにとって重要なことは，その学校に在籍する子どもの援助ニーズを見立て，効果的な援助を提供することである。そのための枠組みとして利用できるのが，3段階の心理教育的援助サービスである。また，SCだけが子どもの援助を担うのではなく学級担任，養護教諭，特別支援教育コーディネーターなど学校には子どもの援助を担うさまざまな教師がいる。教師とSCが協働し，子どもの援助を3層構造でとらえるのが本章で扱う3段階の心理教育的援助サービス（石隈，1999；石隈・家近，2021；石隈・田村，2018）である（図2参照）。1次的援助サービスは，すべての子どもに共通して認められる援助ニーズに応える援助を意味する。そして，2次的援助サービスとは，付加的なニーズのある一部の子どもを対象にしている。3次的援助サービスは，特別な援助ニーズのある特定の子どもへの援助である。ここでは，一つ一つを説明していく。

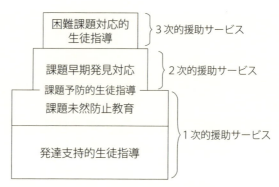

図1　生徒指導提要（文部科学省，2022）と3段階の心理教育的援助サービスの関係

図2　3段階の心理教育的援助サービス，その対象及び問題の例

第6章 3段階の心理教育的援助サービス

2. 1次的援助サービス

　1次的援助サービスとは，すべての子どもが発達の課題や教育上の課題を遂行するうえでもつ援助ニーズに対応する（石隈，1999）。ここには問題が発生することを予防する予防的なアプローチと，適応を促進する方向性の促進的なアプローチがある。

　大事なことは，すべての子どもを援助するために，学校という組織がどのような課題を抱えているのか，また将来抱える可能性があるのかについてSCが学校のチームの一員として把握することである。学校の児童生徒は社会的な文脈にうめこまれている。ブロンフェンブレンナー（1979/1996）は，マイクロシステム，メゾシステム，エクソシステム，マクロシステムで子どもの発達をとらえることを提唱している。つまり学校においても，学校を取り巻く政治的，行政的な環境，子どもの家庭，地域社会の人々の意識，経済的な要因が影響する。学校に対する政治的・行政的な影響の例として，学校自身が教育委員会の要請によって学力向上に取り組んだり，不登校やいじめ対策を積極的に実践する例がある。こうした取り組みは，教師の教育実践に影響し，そして子どもに影響する。

　子どもに影響する要因として家庭や地域の影響がある。古くから住む人が多い伝統的な家族が多い地域とマンションが立ち並び外部から多くの人が転入する地域では，子どもが暮らす環境が異なる。この考え方を参考に，1次的援助サービスに影響する要因については図3に示した。

　SCは配置された学校が何に力を入れているのかを把握する必要がある。配置された学校が，学力の向上をめざしているのか，道徳教育の充実なのか，また，問題行動の減少なのか，不登校児童生徒の減少やいじめの予防に取り組んでいるのかについて，事前に把握する必要がある。こうした学校の取り組みは教育実践を通して子どもに影響する。

　もちろん，学校の学力の状況，不登校，いじめなどの状況についての把握も大事である。例えば学校に学力の向上が必要とされていたり，授業改革の流れの中では，子どものコミュニケーションスキルが大事になる。なぜなら，主体的で深い学びを追求するためには，児童生徒がコミュニケーションスキルを用いながら学ぶことが大事だからである。そして，多くの子どもたちがコミュニケーションスキルを低下してさせていたり，低下していなくてもコミュニケーションスキルを高めるニーズがあれば，これを1次的援助サービスとして取り入れる。

　さて我が国の学校現場で多く取り入れられつつある1次的援助サービスのプロ

第1部 基礎編：教育・学校心理学の理論を学ぶ

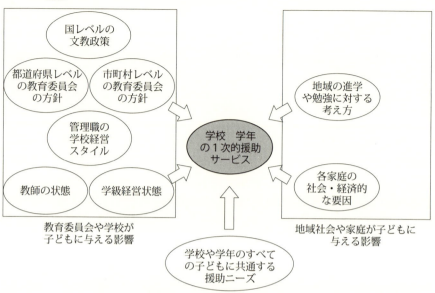

図3 1次的援助サービスに影響するさまざまな要因

グラムとしては，行動主義的な視点に立ち，子どもの行動のスキルを獲得することを奨励するソーシャルスキル・トレーニングがある。学校で効果的に過ごすための学校生活スキルとして，自己学習スキル，進路決定スキル，集団活動スキル，コミュニケーションスキル，健康維持スキルが指摘されている（飯田・石隈，2002）。さらに，我が国では，子ども同士の信頼関係を育み関係性を改善する試みとして構成的グループエンカウンターが実践され，学校現場では一定の効果もあげてきた（武蔵・河村，2009）。このような学校におけるグループアプローチを包括的にとらえた概念に「社会性と情動の学習（SEL）」があり，『生徒指導提要』（文部科学省，2022）でも紹介されている。小泉（2011）は社会性と情動の学習（SEL）を「自己の捉え方と他者との関わり方を基礎とした，社会性（対人関係）に関するスキル，態度，価値観を身につける学習」と定義している。学習内容としては，①ライフスキルと社会的能力，②健康増進と問題防止のスキル，③人生移行，および危機のための対処スキルと社会的支援，④積極的・貢献的な奉仕活動の4つをあげている。こうした観点は，生徒指導，道徳教育，課題活動など学校が従来取り組んできた活動と深い関係がある。

第6章 3段階の心理教育的援助サービス

3. 2次的援助サービス

2次的援助サービスとは，普段の学校生活の中で苦戦をしている子ども，またライフイベントが重なると不適応症状を起こす可能性のある子ども（例：転校生，貧困家庭の子ども）を発見することである。それにより，不適応を起こす可能性のある子どもをいち早く援助につなげることができる。

どのように2次的援助サービスの児童生徒を発見するのか。方法として，①教師の日常的な観察によるもの，②アンケートによるものに分類できる。

①教師の日常的な観察によるもの

教師は日常的な観察により，子どもの状態を把握している。校門での朝の挨拶，授業中の表情，忘れ物，給食や弁当の状態，友人関係，試験の成績などである。

こうした観点はいわば体験的に教師の日常業務の中に深く入り込んでいる。教師は子どもの教育の専門家として，子どもを支援しているのである（石隈，1999）。例えば，石倉・仲村（2011）は，保育者と小学校教師の気になる子どもの気づきについて調査しているが，小学校教師による気になる子どもの気づきを「順番をゆずれない」「ゲームや競争で一番にならないと気がすまない」からなる〈状況適応領域〉，「椅子に座っている時，他児に話しかける」の〈注意集中・不注意領域〉，「『バカヤロー』などの言葉をいう」などの〈多動・衝動領域〉，「自分が行った行動を認めようとせず，言い訳をする」などからなる〈対人関係領域〉の4つに分類している。こうした教師の日常の観察がニーズのある子どもの発見にはとても大事である。SCは教師と連携しながら2次的援助サービスの子どもを発見したり早めに支援する方策を考えることが大事である。

②アンケートによる発見

しかしながら，観察だけでは不十分である。ニーズのある子どもを発見して援助につなげていく必要がある。そのために付加的な援助として導入されているのがアンケートの活用である。アンケートで標準化されているものに，承認尺度と被侵害尺度の組み合わせで援助ニーズのある子どもを発見する「楽しい学校生活を送るためのアンケート（Q-U）」，「よりよい学校生活と友達づくりのためのアンケート（Hyper Q-U）」（河村，2015）がある。

さらにチェックリストを作成することは多くの学校現場で導入されている。例えば安達（2009）は，学校心理学の援助領域である学習面，心理・社会面，進路

面，健康面，全般の23項目のチェックリスト（石隈，1999）をつけた表を活用し，援助ニーズの早期発見を実践している。また，こうしたチェックリストは教育委員会や学校現場レベルでもさまざまに開発されており，子どもの発見に使用することが望ましい。

質問紙やチェックリストはあくまでも教師が主体的に行うことが必要である。なぜなら2次的援助サービスは，子どもの援助ニーズを教師が学級の中で発見することが多いからである。背景には，子どもは教師やSCに援助要請しないという事実がある（後藤，2017）。さらに金綱（2015）は日英のいじめの研究をレビューし，日本のいじめの特徴の一つとして同級生やクラスメイトによって教室で行われる点を指摘している。その意味からすると日本の学校では教師やSCが子どもから自発的に相談されることを待つ方式より，2次的な援助サービスの視点から援助ニーズの高い子どもを発見し，援助につなげる視点をもち，教師とSCの連携の中で子どもを支える仕組みをつくることが大事である。

4．3次的援助サービス

3次的援助サービスは，不登校状態にあったり発達障害が背景にあったりして，学校適応に苦戦している子どもの援助を意味する。この子どもの援助にはSCは教師などの校内の援助資源のみならず，教育センター，教育支援センター（適応指導教室），医療関係者などと綿密に連携をしながら子どもに援助サービスを提供することが大事である（第14章参照）。特に，子どもに当該の支援に係る主治医がいる場合は，公認心理師は主治医の指示を受け，連携しながら学校において援助を提供しなければならない。

学校において子どもの不適応症状はさまざまな側面から現れる。問題行動やいじめの加害の背後に虐待被害が隠れている可能性もある（水野ら，2018）。そのため，SCは3次的援助サービスが必要な児童生徒に対しては，問題となったり，児童生徒が助けを求めている課題や困りごとの背景も慎重にアセスメントする必要がある。当然，3次的援助サービスの子どもや保護者は相談室における面接が援助の核となる。しかし，学校の中での援助においては，例えば学習面の援助，進路，教室復帰のタイミングなど，教師とチームを組みながら援助を提供することが求められる。

特別な援助ニーズをもつ子どもへの3次的援助サービスでは，「合理的配慮」が鍵となる（石隈・家近，2021）。合理的配慮とは，「障害のある子どもが他の子どもと平等に教育を受ける権利を享受・行使することを確保するために，その障害

第6章 3段階の心理教育的援助サービス

の状況に応じて,必要かつ適切な変更・調整（英語ではアコモデーション）を行うこと」である。「配慮」というと気持ちの問題のように聞こえるが,実際には変更・調整という行動を示している。障害者差別解消法（2016年施行）は2021年の改正により,合理的配慮の提供が公的機関（国立・公立の学校）で義務であるだけでなく,民間（私立の学校）でも,これまでの努力義務から義務にとなった。「合理的配慮」の発想は,障害のある子どもだけでなく,特別な援助ニーズのある子どもすべてに通じる考え方であり,心理教育的援助サービスの実践の標準となる。

Ⅲ 公認心理師による学校における3段階の援助サービスの実際

公認心理師は学校現場でどのようにニーズを把握し3段階の援助サービスを提供したらよいのだろうか？ 以下,事例を示し考えていきたい。

　　公認心理師のAさんは,今年からB中学校にSCとして赴任することになった。事前に教育委員会の担当指導主事に聞いたところ,この中学校は,昨年度,5月のゴールデンウィーク明けに欠席する生徒が増え,10名以上の不登校生徒がいたという。B中学校の管理職は,SCのAさんに「昨年の1年生,今の2年生で欠席者が多く,不登校の子どもも多い。これ以上不登校が増えないように,未然防止も含めて方策を検討して欲しい」という。2年生は昨年度の3学期に女子の間でスマートフォンの無料通信アプリでトラブルがあり,何名か保健室で過ごす日々が続いた。

この場合,SCはどう動いたらよいのだろうか？ 3次的援助サービスの対象は,B中学校の2年生の欠席者,保健室で過ごしている子どもたちである。しかしながら人間関係のトラブルは2年生の一部の生徒ではなく,多くの2年生の女子が関係しているようであった。そうなると,一部の子どもの援助ではなくより広い層を対象とした援助サービスが必要である。

そこでSCは,2次的援助サービスの対象者を抽出することを目的に2年生の出欠席のデータを検討したり,2年生の担任の先生に気になる子どもを聞いたり,養護教諭や特別支援教育コーディネーターにも同様の質問をしたりした。そして,2年生,特に女子に対人関係の不安をもつ生徒が多く,2年生全体を対象にサービスを提供したほうがよいという結論を得た。対象の生徒数から見ると,これは,1次的援助サービスに近いサービスを提供する必要がある。

SCは,不登校の背後にやはり女子の間の無料通信アプリでのトラブルが影響し

第1部　基礎編：教育・学校心理学の理論を学ぶ

ているとの見立てをしている。SC は，生徒指導主事と不登校について話をしたあとに，年度初めの生徒指導委員会（コーディネーション委員会）に出席した。そして，女子の不登校は，女子の部活内の人間関係のトラブル，無料通信アプリでの会話，またそこでの会話の一部を他の SNS で漏らすことが原因であることが明らかになった。そこで，SC は，生徒指導主事，2年生の学年主任で話し合い，まずは，15 時 10 分から 30 分の「帰りの会」を使い，教育委員会が作成した教材を使い無料通信アプリや SNS の怖さについて学級ごとに情報提供を行った。このような心理教育の結果，SC のところには女子生徒が相談に来たり，廊下で声をかけられるようになった。少しずつであるが，2年生の人間関係のトラブルに踏み込めるようになった。そしてそれらの生徒の中には，かなり深刻なトラブルに遭遇している生徒もいた。

　SC は，1次的援助サービスを展開し，結果的に援助ニーズの高い2次的援助サービスの対象者ばかりでなく，さらに援助ニーズの高い3次的援助サービスの生徒までも抽出することに成功したのである。

　このような経験を重ね，SC は援助ニーズの大きい生徒にアプローチすることができた。そして SC は，その後，学年集会で，対人関係の葛藤解決のためのソーシャルスキル・トレーニングを実施するまでになり，教師とともに不登校減少のための1次的援助サービスの充実のために SC の活動時間の一部を使うようになった。

Ⅳ　おわりに

　本章では，学校心理学の3段階の援助サービスを紹介し，学校現場の状況に照らし合わせてその援助サービスを解説した。公認心理師が SC として学校現場で活動するようになると，治療だけでなく問題の予防も大事となる。学校組織の見立て，子どもとの関わりを整理する枠組みとして3段階の援助サービスモデルは有用である。

ワーク

① みなさんの学生生活の中での1次的援助サービス，2次的援助サービス，3次的援助サービスを考えてみよう。例えば，みなさんが大学の学部生であれば，1次的援助サービスは，大学入学時のオリエンテーションや保健管理センター，学生相談室のガイダンスなどが考えられる。

第6章 3段階の心理教育的援助サービス

　② そして，4名程度のグループに分かれて，みなさんが考えた1次的援助サービス，2次的援助サービス，3次的援助サービスの実践のアイディアをシェアリングしよう。

◆学習チェック表
□ 1次的・2次的・3次的援助サービスについて説明できる。
□ スクールカウンセラーが1次的援助サービスを実施する留意点について理解した。
□ 2次的援助サービスの教師との連携について理解した。
□ 3次的援助サービスにおいて子どもの課題の背景について理解することの重要性を説明できる。

より深めるための推薦図書
　水野治久・家近早苗・石隈利紀編（2018）チーム学校での効果的な援助：学校心理学の最前線．ナカニシヤ出版．
　水野治久（2022）子どもを支える「チーム学校」ケースブック．金子書房．
　水野治久・石隈利紀・田村節子・田村修一・飯田順子編著（2013）よくわかる学校心理学．ミネルヴァ書房．

文　献
安達英明（2009）SOSチェックリストを活用した教師の連携．In：石隈利紀監修，水野治久編：学校への効果的な援助をめざして―学校心理学の最前線．ナカニシヤ出版，83-94．
Bronfenbrenner, U.(1979) *The Ecology of Human Development: Experiments by Nature and Design.* Harvard University Press.（磯貝芳郎・福富護訳（1996）人間発達の生態学―発達心理学への挑戦．川島書店．）
Caplan, G.（1961）*An Approach to Community Mental Health.* Tavistock Publication.（加藤正明監修，山本和郎訳（1968）地域精神衛生の理論と実際．医学書院．）
後藤綾文（2017）子どもの援助要請．In：水野治久監修，永井智・本田真大・飯田敏晴・木村真人：援助要請と被援助志向性の心理学―困っていても助けを求められない人の理解と援助．金子書房，pp.24-36．
飯田順子・石隈利紀（2002）中学生の学校生活スキルに関する研究―学校生活スキル尺度（中学生版）の開発．教育心理学研究，50; 225-236．
石隈利紀（1999）学校心理学―教師・スクールカウンセラー・保護者によるチームによる心理教育的援助サービス．誠信書房．
石隈利紀・家近早苗（2021）スクールカウンセリングのこれから．創元社．
石隈利紀・田村節子（2018）石隈・田村式援助シートによる 新版 チーム援助入門．図書文化社．
石倉健二・仲村愼二郎（2011）「気になる子ども」についての保育者と小学校教員による気づきの相違と引き継ぎに関する研究．兵庫教育大学研究紀要，39; 67-76．
金綱知征（2015）日英比較研究からみた日本のいじめの諸特徴―被害者への否定的感情と友人集団の構造に注目して．エモーション・スタディーズ，1; 17-22．
河村茂雄（2015）こうすれば学校教育の成果は上がる―問題分析でみつける次の一手！．図書

文化社，pp.41-43.
小泉令三（2011）社会性と情動の学習（SEL-8S）の導入と実践．ミネルヴァ書房．
松浦均（2021）コロナ状況下におけるコミュニケーションの有り様の変化と今後の社会の再構成に向けて．日本学校心理士会年報，13; 82-95.
水野治久（2014）子どもと教師のための「チーム援助」の進め方．金子書房．
水野治久・本田真大・二井仁美・島善信・岡本正子（2018）学校教員の虐待に関する意識—教員と管理職による調査報告．子どもの虐待とネグレクト，20; 220-226.
水野治久・永井智（2018）小学生の教師・友人に対する被援助志向性といじめ被害感の関連．東海心理学研究，12; 2-11.
Mizuno, H., Yanagida, T., & Toda, Y. (2018) How Help Seeking Expectations are Associated with Relational and Physical Victimization among Japanese Adolescents. *Psychology*, 9; 1412-1425. https://doi.org/10.4236/psych.2018.96086
文部科学省（2022）生徒指導提要．
文部科学省（2023）令和4年度　児童生徒の問題行動・不登校等生徒指導上の諸課題に関する調査結果について．
武蔵由佳・河村茂雄（2009）グループ・アプローチを活用した学級集団の育成．In：石隈利紀監修，水野治久編：学校での効果的な援助をめざして—学校心理学の最前線．ナカニシヤ出版，pp.33-42.
Reschly, D. J. & Bergstrom, M. K. (2009) Response to Intervention. In: Gutkin, T. B. & Reynolds, C. R. (Eds.), *The Handbook of School Psychology*. 4th Edition. John Wiley & Sons, Inc, 435-460.

第 2 部
実践編：子どもと学校を援助する

第7章

発達障害の理解と援助

小野純平

Keywords 発達障害, DSM-5-TR, 注意欠如多動症（ADHD）, 自閉スペクトラム症（ASD）, 限局性学習症（SLD）, 個別の指導計画, 心理検査, 日本版 WISC-Ⅴ, 日本版 KABC-Ⅱ

I 発達障害とは

　発達障害者支援法（2004年公布，2016年改正）によれば，発達障害とは「自閉症，アスペルガー症候群その他の広汎性発達障害，学習障害，注意欠陥多動性障害その他これに類する脳機能の障害であってその症状が通常低年齢において発現するもの」と定義される。その原因は何らかの脳機能障害によるものであり，乳幼児期の母子関係といった環境要因によるものではないこと，また，通常，低年齢に生じるものであり，成人になってから生じるものではないこととされている。

　アメリカ精神医学会が作成し，我が国においても広く使用されている疾病分類である DSM-5-TR では，発達障害は神経発達症群に含まれている（日本精神神経学会，2023）。この群には，知的発達症群（知的発達症など），コミュニケーション症群（言語症など），運動症群（発達性協調運動症，チック症など）などが含まれる。

　発達障害を含めた精神疾患の分類には，この他に ICD-10 が使用される。ICD-10 は，世界保健機関（WHO）が作成した国際的に統一した基準で定められた疾病分類である（融ら，2005）。我が国では，人口動態統計などの公的統計に使用されているほか，医学的分類として医療機関における診療録の管理等においても広く活用されている。発達障害者支援法では，ICD-10 に基づき発達障害を定義している。なお，改訂版である ICD-11 が 2018 年に発表されており，これに伴い国内の法律等も改正されることが予想される。

　DSM-5-TR と ICD-10 は，多くの点で共通性を有しているが，疾病の名称やその

第2部　実践編：子どもと学校を援助する

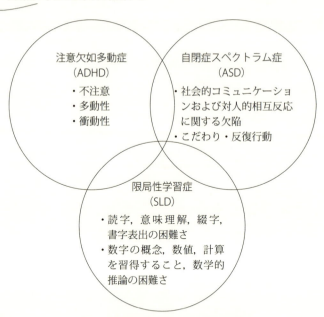

図1　発達障害における主要な分類

定義が一部異なっている点に注意が必要である。いずれも我が国において広く使用されている疾病分類であることから，それぞれの現場において，主にどちらの基準に基づき分類を行っているかを把握しておく必要がある。本章では，混乱を避けるため DSM-5-TR の定義を主として用いることとする。

2022 年に文部科学省が行った「通常の学級に在籍する特別な教育的支援を必要とする児童生徒に関する調査結果」によれば，知的発達に遅れはないものの学習面または行動面で著しい困難を示す児童生徒の割合は 8.8％（男子 12.1％，女子 5.4％）であった。海外における調査では，3〜17 歳の子どもを対象とした子どもの精神疾患に関する米国の調査（全米疾病管理予防センター（CDC），2022）において，ADHD 9.8％，ASD 3.1％と高い値が報告されている。

以下では，主要な発達障害として，注意欠如多動症（ADHD），自閉スペクトラム症（ASD），限局性学習症（SLD）を取り上げ，診断基準，障害特性および支援における留意点について述べる（図1）。

1．注意欠如多動症（ADHD）

DSM-5-TR によれば，ADHD は，不注意症状，多動性／衝動性の症状のいずれかまたは両方が 6 カ月以上持続しており，こうした症状が 12 歳以前から現れ継

続する障害である。ADHD は，不注意症状を主とする不注意優位型と多動性／衝動性の症状を主とする多動性－衝動性優位型に分けられる。

多動性－衝動性優位型においては，幼少期において劣悪な養育環境にある場合，反抗挑発症（ODD），素行症（CD）といった外在化型の重篤な精神疾患へと高率に展開することが知られている。逆に，幼少期において良好な家庭環境にあった場合には，こうした傾向がほとんど認められないとする研究も多い。

ADHD は，環境要因に対して敏感であり，劣悪な養育環境においては，否定的な自己像を形成しやすい傾向が顕著となる。そして，否定的な経験の積み重ねは，こうした傾向をさらに悪化させる。ADHD の支援においては，良好な母子関係の形成，肯定的・受容的な経験の繰り返しが何より必要となるため，保護者を対象としたペアレント・トレーニングや本人に対するソーシャルスキル・トレーニング（SST：社会生活技能訓練）の実施などの心理社会的支援が重要となる。

学校場面における ADHD の支援においては，下記のような障害特性に配慮した注意維持に関する支援および多動性・衝動性の抑制に関する支援が必要となる。

- 音（廊下側の席，窓側の席），日差し，温度など，注意を妨げる要因に配慮する。
- 目と目を合わせて（アイコンタクト），注意がこちらに向いていることを確認してから，はっきり，大きな声で，ゆっくりと話す。
- 短期記憶に負担をかけすぎないように，指示は短く，わかりやすく行う。
- 指示どおりの作業ができているか，こまめにチェックする。

ADHD と鑑別が必要となる疾患として，反応性アタッチメント症および脱抑制型対人交流症がある。これらは，虐待やネグレクトなどの著しく不適切な養育環境におかれた場合にみられる対人関係の障害であるが，多動性，衝動性，不注意といった ADHD と類似した行動特性を示す場合がある。鑑別においては，虐待，ネグレクトの有無や養育者との関係を中心に，成育歴の丁寧な聞き取りが必要となる。

2．自閉スペクトラム症（ASD）

DSM-5-TR によれば，ASD は複数の状況で社会的コミュニケーションおよび対人的相互反応における持続的な欠陥であり，行動，興味，または活動の限定された反復的な様式を特徴とする。また，診断基準には，感覚刺激への敏感性あるいは鈍感性が加えられている。ASD の行動特性としては以下のようなものがある。

- 周りの人が困惑するようなことも、配慮しないで言ってしまう。
- 友達のそばにはいるが、一人で遊んでいる。
- 特定の分野の知識を蓄えているが、丸暗記であり、意味をきちんとは理解していない。
- ある行動や考えに強くこだわることによって、簡単な日常の活動ができなくなることがある。
- 自分なりの独特な日課や手順があり、変更や変化を嫌がる。
- 含みのある言葉の本当の意味が分からず、表面的に言葉通りに受けとめてしまうことがある。

ASDの支援においては、こうした障害特性を踏まえた支援とともに、二次的な問題への展開を防ぐことが重要となる。他の人の感情が理解できない、文脈が読めない（計画性、予測性）、自分の感情を上手にコントロールできないといったことが対人トラブルを生じさせ、そうしたことの繰り返しが自尊感情の低下や予測性への不安をまねき、結果的に不安、衝動性の問題や不登校といった不適応行動が生起する（図2および図3）。支援においては、ティームティーチング（TT）やボランティアを活用した本児の感情を他者に伝える仲介者を用いた支援、時間割の授業と授業の間に行うことを具体的に示したスケジュール表の作成、感情の高ぶりを抑えるための休息室の設置と活用、自尊心を高めるための心の交流やカウンセリングなどが有効である。

3. 限局性学習症（SLD）

限局性学習症とは、聞く、話す、読む、書く、計算する、推論するなどの能力の習得に著しい困難を示す状態を指すものであり、背景に中枢神経系における何らかの機能障害があることが推定されている。DSM-5-TRにおいては、読字、意味理解の困難さ、綴字の困難さ、書字表出の困難さ、数字の概念、数値、または計算を習得することの困難さ、数学的推論の困難さがあげられている。こうした機能障害によって生じる学習上の問題を中心に、行動上、生活上の種々のつまずきへの対応が必要となる。

具体的には、後述する知能検査を中核とする心理教育的アセスメントを実施し、学習指導要領に基づく「個別の指導計画」を作成して指導を行う。

第7章　発達障害の理解と援助

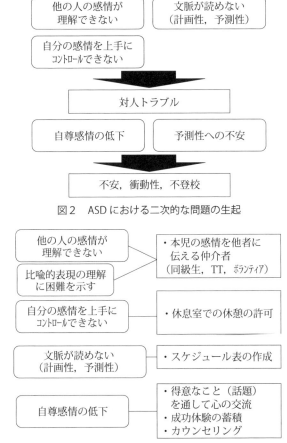

図2　ASDにおける二次的な問題の生起

図3　ASDにおける二次的な問題の生起とその対応

II　学校場面における発達障害の支援

1．校内支援体制

　特別支援教育は，障害のある者と障害のない者が共に学ぶインクルーシブ教育構築のために必要不可欠なものであり，子ども一人一人の教育的ニーズを把握し，適切な指導及び必要な支援を行うことにより，障害のある子どもと障害のない子どもが，できるだけ同じ場で共に学ぶことを目指す。

　学校場面における特別な支援を必要とする児童生徒への支援は，校長のリーダーシップのもとコーディネーション委員会（校内支援委員会）を中心に行われる。

第2部　実践編：子どもと学校を援助する

コーディネーション委員会の構成員は，各学校の事情によりさまざまであるが，一般的には，校長，教頭，教務主任，特別支援教育コーディネーター，特別支援学級担任，養護教諭，当該学年担当教員，学級担任等によって構成される。コーディネーション委員会では，教職員の校務の分掌，特別な支援を必要とする子どものニーズの把握，個別の教育支援計画や合理的配慮の検討，保護者への相談窓口の設置，地域との連携など，学校全体としての取り組みについて話し合われる（第13章参照）。

　特別支援教育コーディネーターは，特別支援教育推進のキーパーソンとして，学校内の関係者や外部の関係機関との連絡調整，保護者に対する相談窓口，担任への支援，コーディネーション委員会の運営や推進役といった役割を担う。

　また，校内の支援体制を確立するに当たっては，巡回相談員（第5章参照；東京都では特別支援教室巡回相談心理士[注1]），盲・聾・養護学校の教員など専門知識を有する教員やスクールカウンセラー（以下，SC）等の心理職による支援の活用を制度化する必要がある。

　SCや巡回相談員などの公認心理師は，心理教育的アセスメントのほか，カウンセリング，コンサルテーション，心の健康教育などの役割を担う。

2．個別の教育支援計画と個別の指導計画

　個別の教育支援計画とは，障害のある子ども一人ひとりのニーズを正確に把握し，教育の視点から適切に対応していくという考え方の下，長期的な視点で，乳幼児期から学校卒業後までを通じて一貫して的確な支援を行うことを目的として作成されるものである。個別の指導計画は，障害のある子ども一人ひとりのニーズに応じた指導目標や内容，方法等を示したものである。個別の教育支援計画および個別の指導計画に基づき，学校生活だけでなく家庭生活や地域での生活も含め，長期的な視点に立って幼児期から学校卒業後までの一貫した支援を行うことが重要である。個別の教育支援計画および個別の指導計画の作成においては，心理教育的アセスメントを用いた状態像把握や支援方法の選択と実施などが公認心理師の役割として期待される。

3．心理職の役割と支援の留意点

　学校教育における発達障害の援助に関わる心理職には，SC，特別支援教室巡回

注1）児童の行動観察を行い，発達障害等の状態を把握し，巡回指導教員・在籍学級担任等に指導上の配慮について助言する。

第7章 発達障害の理解と援助

相談心理士,教育センターの相談員などがある。

①心理職の役割
　支援を必要とする子どもを取り巻く状況は多様化,複雑化している。心理職の役割として,支援を必要としている子どもとその環境について,生態学的視点に基づく包括的なアセスメントを実施し,情報の収集と分析を通して,その状況を明らかにするとともに,子ども本人に対するカウンセリングその他の直接的な援助や保護者への専門的な助言,教職員に対するコンサルテーションなど,他の職種と連携を図りながら,その専門性を生かした活動を行うことが期待される。

②発達障害の心理教育的支援
　発達障害の支援においては,以下にあげる点に留意しつつ,その障害特性を十分に理解した上で,子どもの自発性を重視した支援を行う必要がある。障害を有することで,子どもの弱い所（弱い特性：weakness）に目が行きがちであるが,長所（強い特性：strength）を生かした支援を心がけることで,成功体験の蓄積を促し,自己効力感を高め,二次的な行動問題への展開を予防することができる。
〈発達障害の心理教育的支援における留意点〉
・子どもの立場に立って障害の影響を理解する。
・子どもとその環境との相互作用の視点から,障害の影響について予測的に思考する。
・困難場面においては,問題の整理を助ける建設的で具体的な提案を行う。
・スケジュールの確認など,子どもの自発性を重視しつつ予測性に配慮した支援を行う。
・得意なこと,できることを見逃さず,支援において積極的に活用し,自己効力感を高める。
・保護者からの相談においては,「障害受容」の難しさを十分理解し,子どもの理解を深めるための助言,指導その他の援助を行う。
・教育,医療,福祉などの専門家間の連携を図るために,心理教育的アセスメントの結果を積極的に活用する。

Ⅲ　発達障害のインテーク面接の留意点と心理検査の活用

1．インテーク面接

　発達障害の臨床におけるインテーク面接は,従来のものと大きく異なるわけではなく,クライエントの話の流れに寄り添う丁寧な聞き取りが基本となる(表1)。

表1 発達障害におけるインテーク面接の内容

項 目	内 容
来談理由	どのような事で相談に来たのかなど
現在の問題	現在,どのようなことが問題となっているか,問題と感じているかなど
家族構成	家族構成,生活環境の変化(転居,家族構成の変化,別居,離婚など)など
出生時の状況	分娩(普通分娩,帝王切開),在胎週数,出生時体重,泣き方,疾患と症状(黄疸,チアノーゼなど)など
乳幼児期の発達状況(3歳頃まで)	授乳(方法,頻度など),離乳時期,寝つき・眠り,偏食,排せつ・おむつ,粗大運動発達(首の座り,寝返り,座位,四つ這い,つかまり立ち,独歩),指差し,言葉(始語,二語文),人見知りなど
就学前までの状況	保育園・幼稚園名,体の発達,運動,遊び,言葉,対人関係(母,父,友達など),環境への適応など
小学校以降の様子	学校名,転校の経験,好きな学科,嫌いな学科,学業成績,学校での様子(教師,友人など),特別支援教育の経験の有無など
医療歴・療育歴・相談歴・検査歴	現在までの医療歴・療育歴・相談歴・検査歴など

発達障害の場合,その背景に遺伝的・生物学的要因があると考えられることから,心身の発達履歴の聞き取りが特に重要となる。例えば,ASDの場合,抱っこすると泣いてしまう,視線が合わない,声かけに反応しない,人見知りがみられないなど,出生当初から母親をはじめとした保護者は育児の難しさに直面している場合が多い。また,子どもの得意なこと,成功体験,気持ちが落ち着くパターンなども聞いておきたい。こうした内容を丁寧に聞き取っていくことが,子どもの発達的な変化の様相を把握する上で重要となるとともに,家族や学校といった子どもを取り巻く環境への指導・助言,その他の援助を行う上で不可欠となる。

2．心理検査の活用

石隈(1999)は,学校教育における子どもの心理教育的援助サービスに関するアセスメントを,特に心理教育的アセスメントと呼び,「援助の対象となる子どもが問題に取り組むうえで出会う問題や危機の状況についての情報の収集と分析を通して,心理教育的援助サービスの方針や計画を立てるための資料を提供するプロセスである」と定義している。

心理教育的アセスメントにおいては,発達検査(言語,運動,認知,社会性など),知能検査,学力検査,人格検査など,さまざまな検査が用いられる。教室等で見られる子どもの注意の問題,多動性,固執性,そして学習に関連する諸問題

第7章 発達障害の理解と援助

は，学齢期に入って突然出現するものではない。乳児期や幼児期において関連する行動がすでに観察されていることが多くある。したがって，学齢期以降に使用される検査だけでなく，乳幼児を対象としたさまざまな発達検査についても，十分に理解しておく必要がある。以下では，代表的な検査をいくつか取り上げ，その内容について概説する。

なお，文部科学省『生徒指導提要』（2022b）において，「例えば，知的発達の水準や認知特性をみるには WISC-ⅣやWISC-Ⅴ，認知能力と習熟度の差をみるには KABC-Ⅱ，適応行動の発達水準を幅広く捉えるには Vineland-Ⅱが活用されます」のように記載されており，これらの検査は，学校教育における心理教育的アセスメントにおいて，特に重要な検査として位置づけられている。

① 発達全般に関する検査

●遠城寺式乳幼児分析的発達検査

適用年齢：0カ月～4歳7カ月

概要：本検査は，乳幼児の発達を運動，社会性，言語の3領域から総合的に評価する発達検査である。運動領域は移動能力と手の運動，社会性領域は基本的習慣と対人関係，言語領域は発語と言語理解の下位検査領域からそれぞれ構成されている。発達の程度は6つの下位領域からなるプロフィール形式で図示されるので，発達のバランスを視覚的にとらえることができる。また言語領域の下位検査は，言語理解と発語が対比されているので，言語の入出力という視点から言語発達を見ることができる。

●津守式乳幼児精神発達検査

適用年齢：0歳～7歳

概要：乳幼児の発達を運動，探索・操作，社会，食事・排泄・生活習慣，理解・言語の5つの領域から評価する発達検査である。検査は対象児の年齢により，1カ月～12カ月，1歳～3歳，3歳～7歳の3種類に分かれている。検査は主な養育者に質問に答えてもらう。

●新版K式発達検査2020

適用年齢：0歳から成人

概要：子どもの全般的な発達段階を評価する検査である。検査は姿勢・運動領域，認知・適応領域，言語・社会領域の3つの領域から構成されており，3領域と全領域のそれぞれについて発達年齢および発達指数が算出される。

② 視知覚の発達に関する検査

●フロスティッグ視知覚発達検査

105

適用年齢：4歳0カ月～7歳11カ月
概要：視知覚運動の協応，図形と素地，形の恒常性，空間における定位，空間関係の5つの知覚技能を測定する下位検査から構成されている。

③ことばの発達に関する検査

●絵画語い発達検査（PVT-R）

適用年齢：3歳0カ月～12歳3カ月
概要：言語の理解力の中でも特に基本的な語いの理解力の発達を短時間で測定するための検査である。提示された4枚の絵の中から検査者の言う単語に最もふさわしい絵を選択させる。

●ことばのテストえほん

適用年齢：幼児～小学校低学年
概要：話しことばの異常を早期に発見し，正しい治療と指導を行うためのスクリーニングテストである。短時間の面接で，主として就学前後のこどもの話しことばの異常を発見することが可能である。

④認知・学習に関するアセスメント

●田中ビネー知能検査Ⅴ

適用年齢：2歳～成人
概要：1歳級から成人級まで各年齢段階に応じた検査項目が配列されており，検査結果は精神年齢（MA）および知能指数（比率IQ）として示される。子どもの場合は従来通り比率IQで表されるが，14歳以上では「結晶性領域」「流動性領域」「記憶領域」「論理推理領域」の領域別の偏差IQおよび総合偏差IQも示される。

●日本版 WISC-Ⅴ

適用年齢：5歳0カ月～16歳11カ月
概要：世界でも広く利用されている代表的な児童用知能検査である。主要下位検査（10）及び二次下位検査（6）の合計16の下位検査から構成されている。全般的な知能を表すFSIQ，特定の認知領域の知的機能を表す5つの主要指標得点（言語理解指標（VCI），視空間指標（VSI），流動性推理指標（FRI），ワーキングメモリー指標（WMI），処理速度指標（PSI）），および付加的な情報を提供する5つの補助指標得点（量的推理指標（QRI），聴覚ワーキングメモリー指標（AWMI），非言語性能力指標（NVI），一般知的能力指標（GAI），認知熟達度指標（CPI））が算出される。

●DN-CAS認知評価システム

適用年齢：5歳0カ月～17歳11カ月
概要：「プランニング」，「注意」，「同時処理」，「継次処理」の4つの認知機能の側面から子どもの発達をとらえることができる。言語的知識や視覚的知識にあまり頼ら

第7章 発達障害の理解と援助

ずに認知活動の状態を評価できるよう工夫されているため，新しい課題に対処する力を見るのに適してる。

● 日本版 KABC-Ⅱ

適用年齢：2歳6カ月〜18歳11カ月

概要：認知能力だけでなく基礎学力を個別式で測定できる検査である。認知能力とともに，習得度・基礎学力（語彙，読み，書き，算数）を測定することができることから，両者の差異の様相と関連要因の分析が可能になり，限局性学習症（SLD）や自閉スペクトラム症（ASD）といった発達障害をはじめとして，学習の遅れが生じている子どもの心理教育的な働きかけに直結する検査である。日本版 KABC-Ⅱはカウフマンモデルと CHC モデル（キャッテル－ホーン－キャロル理論）の二つの解釈モデルをもち，検査結果を異なる相補う2つの観点から解釈することができる（図4）。CHC モデルは，米国において開発された知能検査および学力検査等における汎用性の高い解釈理論である CHC 理論に基づく解釈モデルであり，複数の検査による検査バッテリーを組む際に特に重要な役割を果たす。日本版 KABC-Ⅱは，我が国で初めてこの理論を正式に導入した検査である。

● LDI-R

適用年齢：小学校1年〜中学校3年

概要：LD 判断のための調査票である。基礎的学力（聞く，話す，読む，書く，計算する，推論する，英語，数学）と行動，社会性の計10領域で構成されている。領域の各項目について，「ない」「まれにある」「ときどきある」「よくある」の4段階評定を用いる。

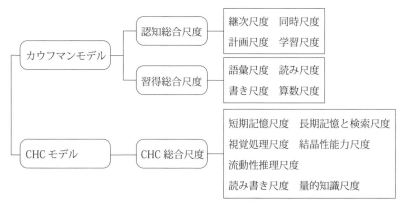

図4　日本版 KABC-Ⅱにおける2つの解釈モデル

第2部　実践編：子どもと学校を援助する

⑤情緒・社会性・行動問題に関するアセスメント

●バウムテスト

適用年齢：なし（描画が可能であればよい）

概要：A4 判の画用紙と鉛筆を渡し，「実のなる木をできるだけ上手に描いて下さい。画用紙を全部使ってよいですよ」という教示を与えて木を描かせ，描かれた木の分析・解釈を行うことにより，心理的状況を把握する検査である。

●精研式文章完成法テスト（SCT）

適用年齢：小学生〜成人

概要：不完全な文章を提示し，思いついた単語や文章を使って文章を完成させ，その内容を分析することにより，文章に投映された人格を理解する検査である。

● S-M 社会生活能力検査第 3 版

適用年齢：乳幼児〜中学生

概要：知的障害児の社会生活能力の評価を目的として作成された検査である。身辺自立，移動，作業，コミュニケーション，集団参加，自己統制の 6 領域から構成されている。

● Vineland-II 適応行動尺度

適用年齢：0 歳〜 92 歳 11 カ月

概要：適応行動の発達水準を幅広くとらえ，支援計画作成に役立つ検査である。年齢群別の相対的評価を行うとともに，個人内差を把握できる。コミュニケーション（受容言語／表出言語／読み書き），日常生活スキル（身辺自立／家事／地域生活），社会性（対人関係／遊びと余暇／コーピングスキル），運動スキル（粗大運動／微細運動），不適応行動（不適応行動指標／不適応行動重要事項）から構成されている。

3．発達障害の支援における検査バッテリーの組み方と検査結果のフィードバック

　複数の検査を組み合わせて実施することを「検査バッテリーを組む」と言う。検査を組み合わせることによって，各検査を単独で実施した場合では得られない多面的な視点を提供する。検査バッテリーの各検査はお互いに情報を補完する関係にあり，また内容が重複した検査間では 1 つの問題に対して複眼的な見方を提供する。

　検査バッテリーを組む際には，まずバッテリーの中心となる検査を決定する必要がある。対象や検査目的によって異なるが，学校教育の場面では学習上の問題が中心となるため，日本版 WISC- Ⅴや日本版 KABC- Ⅱなどの認知・知能検査が用いられることが多い。中心となる検査を決定したのち，これを補完する検査を

第 7 章　発達障害の理解と援助

順次決定する。視覚あるいは聴覚的認知機能について詳細な検討が必要な場合は，フロスティッグ視知覚発達検査やことばのテストえほん，絵画語い発達検査を組み入れる。また，社会生活能力については，S-M 社会生活能力検査や Vineland-II 適応行動尺度を，子どもの情緒的な問題や父，母，きょうだいなどの家族との関係をアセスメントしたい場合には，バウムテストや SCT などの人格・性格検査を組み合わせる方法が用いられる。

　多様な視点から得られたこうした検査結果は，対象者の支援に活かされなければならない。検査結果を，対象者やその家族・支援者に説明することをフィードバックと呼ぶ。フィードバックにおいては，説明する相手の理解度に十分配慮して，専門用語や数値の意味を分かりやすく説明する必要がある。そして，どのような支援が必要であるのかを，より具体的に分かりやすく示すものであることが望ましい。

4．心理検査結果を活かした学習面や行動面の指導への展開

　例えば ASD の支援においては，特定のものへのこだわりを，一つのことへ集中して取り組む力の強さとして理解すれば，子どもの長所（strength）として活用することが可能である。こうした長所に着目した指導法を長所活用型指導と呼ぶ（藤田ら，1998）。この場合，長所として活用できる有効な資源（resources）をどのように探し当てるかが，アセスメントの重要なポイントとなる。すなわち，心理教育的支援においては，アセスメントは障害の見立てにつながる資料を提供するだけでなく，その子どもの活用可能な資源を探し当てることが重要な目的となる。発達障害を有する子どもたちに共通する特徴として，失敗や叱責を受ける経験が度重なることで自己効力感を失い，能力を積極的かつ十分に発揮することができず，あらゆる面で意欲を失っていくという悪循環が生じている場合が多い。長所活用型指導に基づく子どもの有効な資源の活用は，自力でやり遂げた経験を積み重ね，自信を取り戻していく有効な支援となる。

　日本版 WISC-V においては，言語理解指標（VCI），視空間指標（VSI），流動性推理指標（FRI），ワーキングメモリー指標（WMI），処理速度指標（PSI）のそれぞれの値が高い場合，個別の指導計画の作成において，認知特性を活かした指導法を展開することができる（図 5）。こうした有効な資源を客観的に把握し，支援に活用していくことが，心理教育的支援においては極めて重要となることから，心理的アセスメントにおける心理検査の積極的な活用が望まれる。

109

第2部　実践編：子どもと学校を援助する

```
┌─ VCIが高い ─┐         ┌─ VSIが高い ─┐         ┌─ FRIが高い ─┐
```

・聴覚的手がかりを活用
・言語的手がかりを活用
・解き方の言語化の活用

・視覚的手がかりの活用
・空間的手がかりの活用

・推論力の強さを活用
・具体的な操作を活用

```
┌─ WMIが高い ─┐         ┌─ PSIが高い ─┐
```

・ワーキングメモリーの高さを活用
・集中力の高さを活用

・視覚-運動の協応を活用
・視覚記憶の高さを活用

図5　日本版WISC-Vの検査結果を用いた長所（strength）を活用した指導への展開

ワーク

図5を参考にして「山」「川」「海」「田」などの漢字について，視覚的手がかりを使った指導案と聴覚的手がかりを使った指導案を考えてみよう．
① 一人で考える．
② 4～5人のグループでシェアする．

◆学習チェック表
☐ 発達障害について診断基準と障害特性について説明できる．
☐ 発達障害の心理的問題とその支援について説明できる．
☐ 発達障害のアセスメントについて説明できる．
☐ 発達障害のアセスメントに使用される主な検査について説明できる．

より深めるための推薦図書

花熊曉・鳥居深雪・小林玄監修（2023）特別支援教育の理論と実践［第4版］Ⅰ―概論・アセスメント．金剛出版．

小野純平・小林玄・原伸生・東原文子・星井純子編（2017）日本版KABC-Ⅱによる解釈の進め方と実践事例．丸善出版．

文　献

Centers for Disease Control and Prevention (CDC)（2022）Mental Health Surveillance Among Children: United States, 2013-2019. *Morbidity and Mortality Weekly Report(MMWR)*, 71 (2).

藤田和弘・青山眞二・熊谷恵子（1998）長所活用型指導で子どもが変わる．図書文化社．

石隈利紀（1999）学校心理学—教師・スクールカウンセラー・保護者のチームによる心理教育的援助サービス．誠信書房．

文部科学省（2022a）通常の学級に在籍する特別な教育的支援を必要とする児童生徒に関する調査結果について．

文部科学省（2022b）生徒指導提要．（第13章 多様な背景を持つ児童生徒への生徒指導，13.1 発達障害に関する理解と対応．）

日本精神神経学会監修（2023）DSM-5-TR　精神疾患の診断・統計マニュアル．医学書院．

融道男・小見山実・中根允文・岡崎祐士・大久保善朗監訳（2005）ICD-10 精神および行動の障害—臨床記述と診断ガイドライン．医学書院．

第2部　実践編：子どもと学校を援助する

第8章

不登校の理解と援助

本間友巳

🗝 *Keywords*　不登校，社会的自立，教育支援センター（適応指導教室），学びの多様化学校（不登校特例校），夜間中学（中学校夜間学級），民間施設（フリースクール），チーム学校，教育機会確保法

I　はじめに

　周知のように，不登校は日本の学校における重要な教育課題のひとつである。本章では最初に，これまでの不登校の歴史と推移，国の不登校施策などを中心に，不登校への理解に関する説明を加える。次に，不登校への実際の援助について，事例を基にして述べていく。なお，事例は学校教育領域で公認心理師に期待される役割であるスクールカウンセラー（以下，SC）を含んだ学校の対応事例である。

　不登校に関して適切な知識をもつとともに，実際に不登校への援助を行うための基本的な考え方や方法を理解できることが本章の目的となる。

II　不登校の理解

1．不登校に関する用語と歴史

　病気や経済的理由等を除いて，比較的長期にわたって子どもたちが学校に行けない，もしくは行かない状態を指す現象は，現在，「不登校」と呼ばれている[注1]。だが，1990年代前半までは「登校拒否」と呼ばれることが多かった。また，精神医学の影響を受けて，過去には「学校恐怖症」と言われたこともあった。さらには，文部省（現，文部科学省）の長期欠席に関わる調査では，1990年代前半

注1）文部科学省による現在の不登校児童生徒の定義は，「何らかの心理的，情緒的，身体的あるいは社会的要因・背景により，登校しないあるいはしたくともできない状況にあるために，年間30日以上欠席した者のうち，病気や経済的な理由による者を除いたもの」である。なお，1990年代前半までの文部省の調査では，「年間30日」ではなく，「年間50日」以上欠席した者を対象としていた。

第8章　不登校の理解と援助

まで不登校は「学校ぎらい」と呼称されていた。これらさまざまな用語が使われた背景には，不登校の歴史が関わっている。そこで最初に，不登校の歴史について簡単に触れておきたい。

　不登校に関わる子どもの課題を取り上げた中で，初期の代表的な研究者はブロードウィン（Broadwin, 1932）である。ブロードウィンは怠学（truancy）の中に，母親の不在への不安を取り除くために学校に行かない子どもたちが存在することを指摘した。その後，この母親への分離不安の延長上でジョンソンら（Johnson et al, 1941）が，学校恐怖症（school phobia）の用語を用い，怠学との違いを明確にしようとした。この学校恐怖症は日本でも使用（鷲見ら，1960）されるようになり，しばらくはこの用語が使われた時期があった。

　しかしながら，不登校が母子分離不安のみによって説明できるものではなく，学業や友人関係などの心理社会的な要因を考慮すべき現象とみなされるようになるにつれて，他の用語が使われるようになっていった。代表的なものとして，クライン（Klein, 1945）による学校ぎらい（reluctance to go to school），カーン（Kahn, 1958）による登校拒否（school refusal），ハーソフ（Hersov, 1960）による不登校（non-attendance at school）をあげることができる。

　日本では，1970年代頃から精神医学的な意味合いの強い学校恐怖症ではなく，より広く心理社会的な要因をイメージさせる登校拒否が教育領域を中心に使用されるようになっていく。先述したように，文部省の長期欠席の調査でも，同様の理由から学校ぎらいが使われた。だが，登校拒否にせよ学校ぎらいにせよ，特定の原因を想起させる表現であり，不登校の増加や多様化が進んでいく中で，学校に行っていないという状態を示すのみで特定の原因を想起させにくい用語として1980年代頃から不登校が使われるようになっていった。そして，文部科学省も1990年代以降は不登校を用いるようになり，その後用語は不登校に統一され，今日に至っている。

2．不登校者数の推移とその理解

　図1は，日本における小中学生の約30年間の不登校者数の推移を示している。ここから読みとけることは，小中学生ともグラフがおおよそ右肩上がり，すなわち不登校者数の増加が続いていることである。詳細に見れば，2001（平成13）年度に最初の不登校者数のピークを迎えたあと，穏やかな減少傾向が見られた。だが，2012（平成24）年度から再び増加に転じ，直近の2022（令和4）年度の不登校総数は約30万人（299,048人）に達し，これまでの最多となった。小

第2部　実践編：子どもと学校を援助する

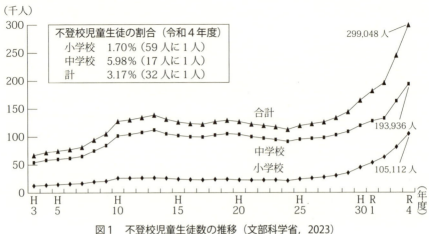

図1　不登校児童生徒数の推移（文部科学省，2023）

学生に比べ中学生の不登校数は約2倍であり，中学生が不登校の多くを占めている。しかしながら同時に，近年は小学生の増加が目立ち，不登校の低年齢化が進行している。この図からも，不登校は過去のみならず現在も重大な教育課題であることがわかる[注2]。

3．国の不登校施策

　国が不登校への積極的な取り組みをスタートさせたのは，1990年代に入ってのことである。不登校者数の増加を背景に，文部省は1989（平成元）年度に有識者による「学校不適応対策調査研究協力者会議」を発足させ，1991（平成3）年度に報告書を公表している。この報告書の内容が，今日に至るまで国の不登校施策の基本的な方向づけを行ったと言っても過言ではない。

　とりわけ，「登校拒否はどの児童生徒にも起こりうるものである」との基本認識は，それまでの不登校が一部の子どもに生じる問題との視点を180度転換するものであった。また，「いじめや学業の不振，教職員に対する不信感など学校生活上の問題が起因して登校拒否になってしまう場合がしばしばみられるので，学校や教職員一人一人の努力が極めて重要」とも述べられており，この点も，それまで不登校が子ども自身や家庭が原因として引き起こされる問題とみなされがちであったことへの反省を促すものであった。これらの認識は，今日の不登校理解に引

注2）高校で不登校の調査が始まったのは2004（平成16）年度からであり，それ以前の不登校者数は不明である。2022（令和4）年度の高校の不登校者数は，60,575人（前年度50,985人）となっている。

第8章　不登校の理解と援助

き継がれている。

　この報告書を受けて，文部省は新たな施策を打ち出していった（初等中等教育局長通知，1992）。重要な施策として，不登校の子どもたちを支援する学校外の施設である適応指導教室（現，教育支援センター）[注3]の設置を全国の教育委員会に求めたことがあげられる。加えて，公的施設である適応指導教室のみならず民間施設も含め，不登校の子どもたちが学校外の施設で支援を受けているとき，一定の条件[注4]のもと，校長は指導要録上出席扱いとすることができるとした。それまでの学校への復帰のみを前提とした不登校施策から，条件つきではあるが，学校外での教育的支援を認める方向へと国は舵を切ったのであった。

　その後，さまざまな施策にもかかわらず，不登校の増加が止まらない状況を受けて，文部科学省は，2002（平成14）年度に有識者による「不登校問題に関する調査研究協力者会議」を設置し，同年度に報告書を公表している。この報告書では「将来の社会的自立に向けた支援」や「働きかけることや関わりをもつことの重要性」など，より積極的な支援が強調されている。

　さらに，2016（平成28）年度にも「不登校に関する調査研究協力者会議」が設置され，重点方策として「児童生徒理解・教育支援シート」[注5]を作成するなどの個々の子どもに合った組織的な支援の必要性が提言されている。また，子どもの特性に合った学び方を尊重し多様な教育環境を提供できるよう，学習機会を保障することを求めている。

　そして，その後の国の不登校施策を方向づけるものとして，2016（平成28）年度に「義務教育の段階における普通教育に相当する教育の機会の確保等に関する法律」（教育機会確保法）が公布・施行された。これは，不登校を主たる対象として成立した我が国初の法律である。この法の骨子は，義務教育の段階において，不登校児童生徒を含めたすべての子どもが普通教育に相当する教育を受ける機会を確保することにある。このためには，不登校の子どもたちの「休養の必要性」が認められるとともに，学校での適切な支援に加えて，民間施設[注6]を含む

注3) 適応指導教室（現，教育支援センター）の数は，1991（平成3）年度全国で133カ所であったものが，2022（令和4）年度には1,654カ所まで増加している。

注4) この条件の中で，「当該施設への通所・入所が学校への復帰を前提」と述べられており，学校復帰を前提としない民間施設への通所・入所は，出席扱いから除外されていた。

注5)「児童生徒理解・教育支援シート」とは，不登校の子どもを組織的・計画的に支援することを目的に，担任・養護教諭・SC・SSW等が中心となって，個々の子どもの状況を把握するために作成するシートを指している。

注6) 民間施設はフリースクールと呼称されることが多い。文部科学省の調査（2015）では全国で474施設が確認されており，一施設当たりの平均子ども数は13.2人となっている。

「学校以外の教育の場の重要性」、すなわち、社会的自立のための多様な居場所の重要性が指摘されている。

　これらのことは、学校復帰を大前提としてきたこれまでの対策が社会的自立を重視する方向へと転換されたことを意味している。具体的な対応としては、特別な教育課程をもつ不登校特例校（現在、「学びの多様化学校」に改名）[注7] や、公立の教育支援センターの整備を推進することが示されている。さらには、夜間中学（中学校夜間学級）[注8] への就学機会の提供も盛り込まれている。すなわちこの法律は、将来の社会的自立に役立つ多様な居場所の意義を認める中で、不登校の子どもたちを社会が積極的に支援していくことを謳っているのである。

　また、この法律を受けて、文部科学省は不登校施策に関する通知（「不登校児童生徒への支援の在り方について（通知）」（2019））を全国の教育委員会等に発出した。その中で、上述した点に加えて、家庭への支援、学校等の取り組みの充実などについて言及している。一例として、家庭への訪問型支援の推進、また学校等の取り組みの充実では、多様な教育機会の確保のひとつとして、ICTを活用した学習支援について述べられている。さらには、SCやスクールソーシャルワーカー（以下、SSW）を効果的に活用し、学校全体の教育力の向上を図ることの重要性も、学校の取り組みとして指摘されている。

　これらの取り組みの推進にもかかわらず、不登校者数の増加に歯止めがかかることはなかった。そこで、文部科学省は2021（令和3）年、新たに「不登校に関する調査協力者会議」を立ち上げ、翌年に報告書を公表している。この報告書で示された重点施策の方向性を参考にして、2023（令和5）年、文部科学省は「誰一人取り残されない学びの保障に向けた不登校対策「COCOLOプラン」」[注9] を公表した。このなかで、1. 不登校のすべての子どもの学びの場の確保（「学びの

注7）学びの多様化学校（不登校特例校）とは、特別な教育課程が認められた不登校の子どものための学校である。2005（平成17）年に制度化され、2023（令和5）年段階で全国に24校ある。

注8）夜間中学とは、夜の時間帯に授業が行われる公立中学校の夜間学級を指している。全国に44校（2023（令和5）年度段階）が設置されている。もともとは学齢（満15歳）を超えた義務教育未修了者に中学校教育を行うため開設された学級であったが、教育機会確保法において、不登校で中学校に通えなかった者などの「学び直しの場」としての役割が期待されている。文部科学省は、都道府県・指定都市に1校は設置されるよう、その設置を促進している。

注9）COCOLOプランのCOCOLOとは、Comfortable, Customized and Optimized Locations of learningの頭文字を集めた略語であり、おおよそ、一人一人の子どもに適した学び、誰一人取り残されない学びを意味している。

第8章　不登校の理解と援助

多様化学校」（全国300校目標）や「校内教育支援センター」の設置促進など），2.「チーム学校」による支援（SC，SSW等が専門性を発揮しての連携，こども家庭庁との連携，福祉部局と教育委員会との連携強化など），3. 学校風土の「見える化」（風土等を把握するツール，授業の改善など），これら3つの視点でその取り組みが示されている。

なお，2022（令和4）年に12年ぶりに改訂された『生徒指導提要』では，重層的な生徒指導構造に基づく不登校対応が述べられている。具体的には，不登校の子どもへの3次的援助サービス（「困難課題対応的生徒指導」）のみならず，不登校リスクの高い子どもへの2次的援助サービス（「課題早期発見対応」），さらにはすべての子どもたちを対象とした1次的援助サービス（「発達支持的生徒指導」と「課題未然防止教育」）が述べられている。生徒指導提要では，構造的・包括的な不登校への対応や支援が重視されているのである。

これまでの国の不登校対応を俯瞰するとき，かつての学校復帰中心の考え方から，社会的自立を目指し，そのためにいかに彼ら一人一人の学びを保障するかを具体的に検討・提言する方向へシフトしてきたと言える。このような考え方は，不登校対応を超えて，すべての子どもたちの社会的自立を目指す教育という営みの本質につながるものと見なすこともできよう。

III　不登校への援助

1．事　　例

A（中学1年生男子）は，おとなしく口数の少ない生徒である。似たタイプの友達が数人いるものの，決して友人が多い生徒ではない。小学校時代から欠席はやや多めであったが不登校とみなすほどではなく，教師にとって気になる生徒ではなかった。

そのAが，2学期に入り学校を休むようになる。母親からは風邪で欠席との連絡であったが，その後も休みが数日続き，担任は家庭訪問をすることにした。家庭訪問をしようと思い立ったきっかけは，養護教諭から担任に伝えられたAに関する情報であった。A自身は保健室を訪れることはそれほどないものの，Aの友達が保健室の常連であり，この友達からAの様子が養護教諭に語られることがあった。その中身は，Aは母と暮らす一人親家庭であったが，2，3カ月ほど前からAの家に母のパートナーと称する男性が同居するようになったこと，母と違ってこの男性はAの日頃の生活ぶりや学習に関して厳しい注文をつけることが多くそ

のことをAは嫌がっていたこと，などであった。この数カ月で起きたAを取り巻く家庭の変化が欠席と関係する可能性もあることから，担任は家庭訪問を決断したのであった。

　ある日の夕方，担任はAの住むアパートを訪れた。玄関前に顔を出した母親に，担任はAに会いたいと伝える。だが，母親は意外なことを口にして，この要望を断ったのであった。「Aの体調がすぐれないし，担任に会いたがってもいない。その理由は学校でAがいじめられたことが原因！」と母親は厳しい口調で言い放った。母親からの予想外の言葉に担任は驚き，そのいじめの内容について問い返すが，母親は「Aは具体的なことは何も言ってくれないからわからない」と応える。母親の表情は硬くこれ以上話し合いは難しい雰囲気で，後日連絡すると言って担任は家を後にした。

　翌日，緊急の教育相談部会が招集され対応を検討することとなった。この部会には教育相談部の固定メンバー（教頭・教育相談主任・各学年の教育相談担当教員・養護教諭・SC）に加え，担任と1年学年主任と生徒指導主任が臨時で参加した（拡大教育相談部会）。

　担任からこれまでの経緯が報告された。その中で，母親から語られたいじめの話とともに，家庭の状況の変化から虐待の疑いがあることが告げられた。またAのいじめに関して，担任や学年主任は思い当たることがない点が付け加えられた。他の教員からは「虐待を隠すための作話ではないか」など母親への否定的な意見も出され，部会での話し合いの流れは徐々に虐待がその中心となり，児童相談所に通告すべき事案か否かの検討へと進んでいった。

　そのとき，意見を聞かれたSCは次のようなことを語った。「虐待への対応以前に，いじめとの訴えがあった以上，まず校内でいじめの有無をしっかり調査し，その結果を母親に報告すべき。そこから母親との関係づくりを始めないと，虐待のリスクの確認自体もできないのでは」と。

　このSCの意見を契機に話し合いの流れは変わり，最終的に次のような対応をすることが決定された。第1に，いじめの有無を校内で確認しAの母親に状況を報告する。この流れの中で，第2に，母親との話し合える関係をつくり虐待の有無を探る。加えて，もし虐待の疑いが濃厚になったら，躊躇することなく児童相談所に通告することも決定された。

　方針の決定を受けて，具体的な対応を行うために，拡大教育相談部会に集まったメンバーで役割を分担することになった。喫緊の対応として，Aに関する情報収集（アセスメント）が必要であった。担任はクラス内でのAの様子に関して，

第8章　不登校の理解と援助

養護教諭・学年主任・生徒指導主任は部活動を含めたクラスを超えた友人関係に関して，さらに教頭はAが卒業した小学校に連絡し小学生の頃に関して，情報の収集にあたった。

これらの情報収集の結果，Aが部活動（卓球部）で，先輩から嫌がらせを受けていたことが判明する。すなわち，次のような具体的な状況が明らかとなった。Aは友達に誘われて入部したものの，元来運動が苦手なこともあって卓球が上達せず，先輩たちから次第にからかわれるようになっていた。Aを軽んじる部内の雰囲気が高じていく中で，3年生のB（万引きや虚言や弱い者いじめなどの問題行動がこれまでも見られた男子）から，部活の帰りにお菓子をおごらされたり小遣いを取られたりした事実が判明した。

これらの情報は直ちにメンバーで共有され，次なる対応が決められた。ひとつは生徒指導主任と部活顧問が中心になってBと卓球部全体を指導すること，もうひとつは，担任がこれらのことをAの母親に報告して，これまでの学校側の対応を謝罪することであった。

これら一連の取り組みの結果，母親の気持ちにも変化が生じたようで，母親は来校して担任と1年学年主任に会うこととなった。来校した母親に対して，学校側が把握したいじめの内容とその対応について改めて説明がなされるとともに，いじめを見逃していた点について校長からの正式な謝罪も行われた。その後，今後のAへの支援方針についての話し合いが進められた。その中で母親からは子育てにまつわる苦労も語られ，学年主任から，SCへの相談が可能であることが告げられた。

それからしばらくして，母親からのSCへの相談の申込みがあった。初回の面接で，SCはAが不登校になった経緯は学校側からすでに聞いていることを伝え，これからAと母親の力になりたいと語った。母親はさまざまな思いを抱えていたようで，SCの共感的で受容的な応答に促され，これまでの苦しかった胸の内を次々と語り出した。

いじめへの怒り，いじめに気づかなかった学校への不信，いじめについて具体的には何も語ろうとしないAへの歯がゆさ，日頃家でのやる気や意欲のなさなど，母親は思いの丈を打ち明け始めた。その中で，パートナーの男性（以下，X）とAの関係にも話は及んでいった。

「Xは厳しいことをはっきりAに言うので，AはXを嫌っている。でもXは，Aに強く出られない私の気持ちを代弁してくれている」。また，「Xが一緒に住むようになったからAが不登校になったという声を周囲から聞いたが，決してそうで

119

はない」。さらに「（Xは）口調は厳しいが，Aに手を出すことは決してない」。これらのことをときに語気を強めながら，ときに涙を流しながら，母親はSCに語った。

面接を終えたSCは，拡大教育相談部会メンバーと意見交換を行った。その中で，母親との面接からは虐待の疑いは認められなかったこと，今後も母親との面接を継続すること，さらにXやAにも会いたいと母親に伝えたことをSCは報告した。

その後しばらくして，担任や母親の勧めで，Aは別室登校を始めるようになる。1年学年団（1年生の学年に所属する教員組織）と教育相談部が中心となって，Aの受け入れ体制を整えた。具体的には，1年学年団の教師が交替でAの対応にあたるとともに，教育相談部が所掌する学生ボランティアが学習をサポートする形でAの別室登校を支えることとなった。Aは週3回ほどの別室登校を休むことなく継続した。そしてBが卒業した後，すなわち2年生になった段階で，Aはクラスに復帰したのであった。その後は特段の問題もなく，Aは残りの学校生活を順調に送っていった。

SCによる母親面接は継続され，Aが別室登校の期間は2週に1回ほど，また教室に復帰した2年生の間は1，2カ月に1回程度の面接が行われた。この間に，Xも母親に誘われて二度ほどSCのもとを訪れた。

定期的に開催される教育相談部会では，Aが1年生の間は毎回Aの状況と対応についての確認が行われた。教室復帰した2年生以降はときどき様子を確認する程度となり，2年生の後半以降，部会でAが話題に上ることはほとんどなくなった。

2．事例の考察

不登校とは単に学校に行っていないという現象を表現しているにすぎず，その背景にはさまざまな原因やきっかけなどの形成要因が隠されている。現実には，それらをすべて明らかにして対応することは困難であるが，重要な要因を見落としてしまえば，不適切な対応を生むリスクが高まることは言うまでもない。だが同時に，担任一人の力で重要な形成要因を見出すことは難しい。そこで教職員が情報をもち寄り，検討を重ねることが肝要となる。個の状況に応じた支援をするには，組織的な対応がより重要となるのである。

本事例では，担任は養護教諭からの情報によりAの家庭の状況を心配して，急きょ家庭訪問を行った。その後，それまでの情報をもち寄って拡大教育相談部会で吟味し対応の方針を決定している。もし拡大教育相談部会での話し合いがなけ

第8章 不登校の理解と援助

れば、とりわけ教員と異なる専門性をもつSCの意見がなければ、担任はいじめには気づかないまま、虐待として対応を進めていった可能性が高い。そうなってしまえば、母親との関係が修復不能なほどにねじれていったにちがいない。このようなリスクを低減し、より適切な援助を行うためには、SCのような教員とは異なる専門性をもつ者を加えた組織による情報の検討と方針の決定が不可欠となる。すなわち「チーム学校」の視点（第5章、13章参照）を重視した対応が、学校には強く求められるのである。

ところで、Aは不登校になるまで、教育相談部会で名前が上がるような生徒ではなかった。今回、不登校に加えて虐待の疑いが生じたことから、急きょ拡大教育相談部会による組織的な対応がスタートしたのであった。子どもの援助ニーズの大きさに焦点を当てた心理教育的援助サービスの理論（第6章参照）に基づけば（石隈，1999）、不登校以前のAは1次的援助サービス対象の生徒であった。だが、不登校以降虐待のリスクも加わって、Aは3次的援助サービス対象の生徒とみなされるようになった。この3次的援助サービスの段階では、より個人に焦点化した組織的・継続的な対応が求められることになる。

具体的には、生徒指導主任や部活顧問によるいじめ加害者と卓球部全体への指導、Aの母親へのSCによる面接、別室登校後のAに向けた1年学年団と学生ボランティアによる支援などを3次的援助サービスの具体的中身としてあげることができるだろう。そして何より重要な点は、これらの具体的な援助を計画し評価し調整するために、教育相談部で継続的な話し合いが行われたことにある。このことこそが援助の成否を決したと言っても過言ではない。援助のための組織をつくること自体は目的ではない。組織の中でさまざまな角度から話し合いが行われ、適切な援助が実行されることこそが、組織をつくる最大の目的なのである。

2年生での教室復帰後、Aは2次的援助サービスの対象となり、その後の順調な回復に伴って徐々に1次的援助サービスへと移行していった。すなわち、本事例ではAの教育的ニーズの変化に対応した段階的な援助が行われたことになる。このような視点をもって対応を進めていくことも、学校での適切な不登校援助の促進に大きな役割を果たすのである。

> **ワーク**
>
> 本事例では、Aは別室登校を経て教室復帰へと至ったが、もし、Aが学校に戻ることなく学校外の教育支援センターに通室するようになった場合、学校はどのような対応をしていけばよいだろうか。

① 担任を中心とする学校の対応を考えてみよう．
② スクールカウンセラーの対応を考えてみよう．
③ 全体でシェアリングし，不登校支援についての理解を深めよう．

◆学習チェック表
□ 不登校の歴史や推移などを基にして，不登校の概要を理解した．
□ 国（文部科学省）の施策や法律から，不登校対応の基本的な考え方を理解した．
□ 実際の不登校への援助のあり方や方法について説明できる．

より深めるための推薦図書
森田洋司（1991）「不登校」現象の社会学．学文社．
齊藤万比古（2016）［増補］不登校の児童・思春期の精神医学．金剛出版．
田嶌誠一（2010）不登校―ネットワークを生かした多面的援助の実際．金剛出版．

文　献

Broadwin, I. T. (1932) A Contribution to the Study of Truancy. *American Journal of Orthopsychiatry*, 2; 253-259.
Hersov, L. A. (1960) Persistent Non-attendance at School. *Journal of Child Psychology and Psychiatry*, 1; 130-136.
石隈利紀（1999）学校心理学．教師・スクールカウンセラー・保護者のチームによる心理教育的援助サービス．誠信書房．
Johnson, A. M., Falstein, E. I., Szurek, S. A., & Svendsen, M. (1941) School Phobia. *American Journal of Orthopsychiatry*, 11(4); 702-711.
Kahn, J. H. (1958) School Refusal. *Medical officer*, 100; 337-340.
Klein, E. (1945) The Reluctance to Go to School. *Psychoanalytic Study of Child*, 1; 263-279.
文部省初等中等教育局長通知（1992）登校拒否問題への対応について．http://www.mext.go.jp/b_menu/hakusho/nc/t19920924001/t19920924001.html
文部科学省（2015）小・中学校に通っていない義務教育段階の子供が通う民間の団体・施設に関する調査．http://www.mext.go.jp/a_menu/shotou/tyousa/__icsFiles/afieldfile/2015/08/05/1360614_02.pdf
文部科学省（2019）不登校児童生徒への支援の在り方について（通知）．https://www.mext.go.jp/a_menu/shotou/seitoshidou/1422155.htm
文部科学省（2022）生徒指導提要 https://www.mext.go.jp/content/20230220-mxt_jidou01-000024699-201-1.pdf
文部科学省（2023）誰一人取り残されない学びの保障に向けた不登校対策（COCOLOプラン） https://www.mext.go.jp/content/20230418-mxt_jidou02-000028870-cc.pdf
文部科学省（2023）児童生徒の問題行動・不登校等生徒指導上の諸課題に関する調査結果について（令和4年度）．
鷲見たえ子・玉井収介・小林育子（1960）学校恐怖症の研究．精神衛生研究, 8; 27-56.

第9章

いじめの理解と援助

濱口佳和

> **Keywords**　いじめ，いじめ防止，いじめ防止対策推進法，ネットいじめ，いじめ認知件数，攻撃行動，関係性攻撃，いじめの予防教育

1　いじめとは何か

1．児童生徒のいじめ問題の歴史

　学校での児童生徒間のいじめについての研究は1960年代末期に北欧で始まったが，大きな社会問題として認識されるようになったのは，1980年代初頭，ノルウェーで起きた仲間のいじめによる10〜14歳の3人の子どもの自殺事件とそれに触発されて1983年〜1985年にかけて行われたノルウェー教育省主導の「いじめ防止全国キャンペーン」の成功にあると言われている。子どものいじめについての関心はその後，1980年代の後半から1990年代にかけて，イギリスをはじめとするヨーロッパ諸国，オーストラリアなどの国々に波及し，アメリカでも1999年のコロンバイン高校銃乱射事件以降一般の関心が高まり，基礎研究，介入プログラムの開発と効果検証が積み上げられ，いじめ防止を目的とした法整備も進められてきた。日本でも1980年代中頃に，仲間からのいじめを理由とした子どもの自殺が相次ぎ，大きな関心が寄せられるようになった。以後1994年の愛知県西尾市の中学生いじめ自殺事件，2005年の北海道滝川市の小学生いじめ自殺事件，2011年の滋賀県大津市の中学生いじめ自殺事件と，後の裁判で明らかになった県教委等による不適切な対応の問題等，いじめによる悲劇を何度も経験しながら，多くの研究と克服のための取り組みがなされた。2013（平成25）年「いじめ防止対策推進法」が施行され，今日に至っている。

2．いじめの定義

　いじめ（bullying）という現象にはさまざまな定義がある。イギリスのスミスは

「組織的な力（power）の乱用」(Smith & Sharp, 1994) と定義し，ノルウェーのオルヴェウスは「危害を与えようという意図をもって行われる攻撃的な行為で，力の不均衡によって引き起こされ，繰り返し，持続的に行われる」と定義している (Olweus, 1999)。研究者の間では世界的に，意図性，反復性，力の不均衡の3点がいじめという現象を特徴づける要素とされている。力関係で優位に立つ加害者から被害者に対して行われるため，一方的になり，繰り返され，持続しやすくなる。対等な力関係の下で行われ，優劣が明確になれば終わる「けんか」とはこの点で大きく異なる。

　日本の教育行政機関でも，いじめの調査を始めた1985年度には，「自分より弱いものに対して一方的に身体的・心理的な攻撃を継続的に加え，相手が深刻な苦痛を感じているもので，学校としてその事実（関係児童生徒，いじめの内容等）を確認しているもの」（文部科学省，2009）というように，力関係のアンバランスとそれに伴って生じる「一方的」，「継続的」といった言葉を含む定義が採用されていた。しかし現在日本の教育行政では，「児童等に対して，当該児童等が在籍する学校に在籍している等当該児童等と一定の人的関係にある他の児童等が行う心理的又は物理的な影響を与える行為（インターネットを通じて行われるものを含む。）であって，当該行為の対象となった児童等が心身の苦痛を感じているもの」（いじめ防止対策推進法第2条）という定義が用いられており，起こった場所は学校の内外を問わないとされている。かつての定義に比べると，被害者の苦痛を重視する点は変わらないが，力関係のアンバランスを示す言葉や，「一方的」，「継続的」という文言がなくなり，代わりに「一定の人間関係にある他の児童等が行う」という要素が加わっている点が異なる。仲間集団内で攻撃的なやりとりがあり，誰かが傷ついて心身の苦痛を感じていればいじめと認定される可能性が高く，世界的な標準から離れ，以前よりも幅広い概念になっている。

3．ネットいじめ

　ネットいじめ（cyber bullying）は「他者に対して危害又は苦痛を与えることを意図して，繰り返し敵意的又は攻撃的なメッセージを伝達する，個人または集団によって電子的メディアを通じて遂行される行動」等と定義される (Tokunaga, 2010)。伝統的ないじめとは以下の4点で異なる。

①匿名性：インターネットや携帯・スマホではハンドル・ネームを用いれば，個人が特定されずに誰かを攻撃できる。

第9章　いじめの理解と援助

②反復性の質：誰かを中傷する情報をネット上に一旦書き込めば，削除されない限り，何度でも閲覧可能で，被害はいつまでも続く。
③被害が及ぶ範囲：ネット上の特定個人の否定的な情報は，アクセス可能な無数の人々から閲覧され，転送によってさらに多くの人々に拡散するため，被害の及ぶ範囲は無限に広がる。
④「力の不均衡」の意味：現実場面のいじめでは，加害者の体格や腕力，社会的地位や友人の数等，個人がもつ具体的な資源の多寡が力関係の不均衡の基盤となるが，ネットいじめでは，これらの資源は関係なく，ネット上での情報操作について一定の知識と技術さえあれば，誰もが加害者になり得る。

ネットいじめの代表的な手口は表1の通りである。

表1　ネットいじめの主な手口

ネットいじめの形態	定義
炎上	特定の人物を挑発する目的で，侮辱的な発言の応酬をしたり，怒りに満ちた，敵意的な，粗野なまたは迷惑なメッセージを送信したり，書き込んだりすること
ネット上でのハラスメント	特定の人物に侮辱的な，または攻撃的なメッセージを繰り返し送りつけること
サイバー・ストーキング	電子的なメッセージを使用して，危害を加えると脅したり，ひどく怖がらせたり，悩ませたりすることを繰り返すことにより，特定の人物を迫害すること
ネット上での身体的脅迫	特定の人物の身体的安全を脅かすメッセージを送ったり，書き込みをしたりすること
ネット上での名誉棄損	特定の人物についての有害な，真実ではない，名誉を損なう情報をまき散らすこと
タグづけ	否定的な内容の写真，動画，ステートメントに特定の人物を結びつけること（例，特定の犯罪を示唆する写真に特定の人物名のタグをつけ，「これは●●××（人名）みたいだ」等という書き込みをつける）
なりすまし	ネット上で特定の人物になりすまし，あたかもその人物であるかのように装って，否定的で不適切な内容の情報を送信したり，書き込んだりすること。そのことによってその特定の人物が潜在的な危険にさらされる
晒し	私的で扱いに配慮が必要な情報（住所，電話番号，性的指向など）や個人の写真や動画を送信したり，掲示したりすること
排除	特定の個人を故意にネット上のグループから排除すること（友達リストから削除する，パスワードでプロテクトしてブロックするなど）

II 日本の学校でのいじめの実態

1. いじめの認知件数

　文部科学省の統計によれば，2022（令和4）年度に日本全国の国公私立小・中・高・特別支援学校 36,366 校の 82.1％にあたる 29,842 校で総計 681,948 件に及ぶいじめの発生が認知されているという。これは，子ども 1,000 人当たり 53.3 件の発生認知率である。これは学校が把握しているだけでも，子ども 19 人に 1 件，つまりほぼ 1 学級に 2 件弱の割合でいじめが発生していることを意味する。なお，公立に国立と私立の学校を加えて調査し始めた 2006（平成 18）年度以来 1 番目の多さとなっている（図 1）。

　認知件数増加の背景には，2012（平成 24）年に大津市中学生いじめ自殺事件で学校・教育委員会の隠ぺいが発覚して社会的非難が集中したことや，2013（平成 25）年のいじめ防止対策推進法の発布・施行等により，学校教育現場でいじめ

図1　日本の学校におけるいじめの認知件数の推移（文部科学省，2023）

第9章 いじめの理解と援助

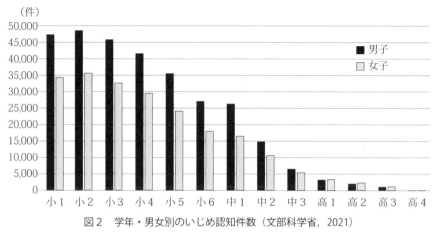

図2 学年・男女別のいじめ認知件数（文部科学省，2021）

への意識が高まったことがあると思われる。

　学校種別で見ると，いじめ認知件数の最多は小学校（総数551,944件：1000人当たり89.1件）で，中学校（総数111,404件：1000人当たり34.3件），高等学校（総数15,568件：1,000人当たり4.9件），特別支援学校（総数3,032件：1,000人当たり20.7件）が続いている。

　いじめの認知件数を学年・性別で見ると（文部科学省，2021），①小1から中3までは男子の方が女子より多いが，高校では女子の方が男子よりも多い，②小学1から3年生の頃に最高で，4から6年生にかけて減少する，③中1から中3にかけて急速に減少し，④高校1から3年生にかけてさらに緩やかに減少する，という特徴が見られる（図2）。

2．いじめの態様

　次にいじめの具体的な手口を見てみよう。図3に示すように，すべての学校種で「冷やかし・からかい・悪口・脅し文句」といった言葉による暴力が圧倒的に多い（全体で57.4％）。2番目に多いのが「軽くぶつかられたり，遊ぶふりをして叩かれたり，蹴られたりする」という軽度の暴力（23.4％），3番目が「仲間はずれ，集団による無視（11.7％）」といった関係性攻撃である。これら3種の攻撃行動がいじめの3大手口で，他に，嫌なことをされる・させられる（10.0％），金銭や物品の被害（6.3％），ひどい暴力（6.5％）等が続く。パソコンや携帯・スマホでのいわゆる「ネットいじめ」は，全校種合わせた中では3.5％と低率だが，中学生（10.2％）から高校生（16.5％）にかけて上昇しており，近年，その悪影

第2部　実践編：子どもと学校を援助する

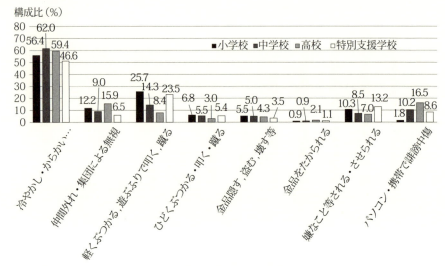

図3　いじめの態様（文部科学省，2023）

響が懸念されている。

　ところで，2020年に新型コロナウイルス感染症が世界規模で拡大して以来，新型コロナウイルスの感染者やその家族，医療従事者などに対して，科学的根拠のない不当な差別・偏見・ハラスメントがしばしば生じ，社会問題となった。学校でも，新型コロナウイルス感染に関連するいじめが児童生徒間に拡大した。具体的には，感染した児童生徒を特定してSNS上で拡散する，回復して再登校したら他児から排除される，家族が医療従事者という理由で非難・排除される，感染してもいないのにくしゃみをしただけで感染を疑われて非難・排除される等さまざまな態様がある。これは新型コロナウイルス・パンデミックによる新しいいじめの態様である。文部科学省は事態を重く受け止め，「新型コロナウイルス"差別・偏見をなくそう"プロジェクト」を立ち上げ，新型コロナウイルス感染症に対する啓発とこれに関連するいじめの防止活動を行った。

III　いじめ役割の関連要因

　教育社会学者の森田洋司は，「いじめ集団の四層構造論」を唱え，学校でのいじめは，加害者と被害者の他にも，自分では手を下さないが，周囲で面白がりはやし立て，積極的にいじめに加担する観衆，見て見ぬふりをしていじめを暗黙裡に支持する傍観者といった役割によって展開される集団の病理現象であると主張

第9章 いじめの理解と援助

した（森田・清永，1994）。彼はこの4役割にさらに，被害者であると同時に加害者でもある被害・加害者，被害者を救い出そうとする仲裁者の2つの役割を加え，学級集団でのいじめの消長は，いじめを積極的に促進する加害者，観衆，消極的に支持する傍観者の促進的作用と，いじめに抵抗する仲裁者の反作用力の関係次第であるとした（図4）。森田・清永（1994）は，観衆と傍観者を仲裁者へと変え，学級集団内のいじめの反作用力を強化することで，いじめの抑止が可能と主張している。

　森田の四層構造論の影響もあり，実証的研究ではいじめにおける役割，特に，加害者，被害者，加害・被害者の3つの役割になりやすい促進要因が検討され，明らかにされてきた。

　代表的な促進要因には，子どもの攻撃的行動傾向がある。攻撃行動には，自己の目標達成のための手段として故意に人を傷つける傾向の強い能動的攻撃（proactive aggression）と不快・有害な刺激によって喚起された怒りを表出させ，その原因となった対象を故意に傷つける反応的攻撃（reactive aggression）の2種類がある。フィンランドの小学生4～6年生の研究では，加害・被害者が能動的攻撃，反応的攻撃ともに最も高く，加害者がそれに次いで高い。被害者は能動的攻撃については局外者と同様に低いが，反応的攻撃のみ局外者より高い。これはいじめ被害によって怒りが高められているためと解釈されている（図5：Salmivalli & Nieminen, 2001）。

　Cookら（2010）は，1970年から2006年までの間に英語の学術雑誌に公表され，幼稚園から高校までの子どもを対象とした153の実証的研究をメタ分析することにより，いじめ役割への子ども個人の要因と社会文脈的要因（表2）の効果を検討している。促進要因にはいじめの役割に共通のものと，各役割に特異的

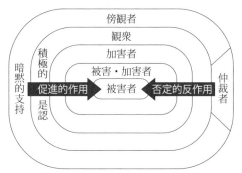

図4　いじめ集団の構図（森田・清永，1994より作成）

129

第2部 実践編：子どもと学校を援助する

表2 いじめ役割の要因

	変数名	定義
個人的要因	外在化問題	反抗的，攻撃的，妨害的，不従順な反応により特徴づけられる統制されていない性質の行動
	内在化問題	ひきこもり，抑うつ，不安，回避的反応を含む過剰に統制された内向きの反応
	社会的コンピテンス	他者と効果的に相互作用し，社会的に受け入れられない行動の回避・抑制を可能にする社会的スキルに関する個人の包括的な評価的判断
	自己関連認知	自尊感情，自己効力等子ども自身についての思考，信念，感情，態度
	他者関連認知	他者についての規範的信念，共感，視点取得等，他者についての子どもの思考，信念，感情，態度
社会的要因	家族・家庭環境	親の葛藤，家族の凝集性，親の監督，家族の社会経済的地位，養育態度
	学校風土	教師と学校管理者が生徒を尊重し，公正に対応している程度と学校に対する生徒の帰属意識の程度
	共同体要因	社会経済的水準，暴力・犯罪発生率，薬物売買等，子どもの居住地域の共同体の特徴
	仲間内地位	仲間による拒否，孤立化，人気度，好感度等の仲間関係の質
	仲間の影響	逸脱したグループへの加入，向社会的な仲間集団での活動，不適切な行動への仲間による強化等，子どもの適応に影響する肯定的または否定的行動

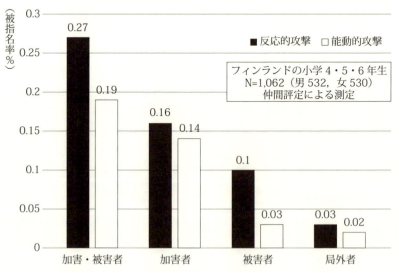

図5 いじめ役割ごとの能動的・反応的攻撃傾向（Salmivalli & Nieminen, 2001 より作成）

に働くものがある。加害者，被害者，加害・被害者3役割共通の促進要因には，性別（女子より男子），社会的コンピテンスの低さ，社会的問題解決能力の低さ，不遇な家族・家庭環境，学校風土の悪さ，仲間内の地位の低さがあげられている。一方，外在化問題の多さ，否定的な他者関連認知，学業成績の低さ，仲間による否定的な影響は，加害・被害者と加害者の両役割に特有の促進要因であり，否定的な自己関連認知は加害・被害者と被害者役割に特有の促進要因であることがわかっている。さらに，否定的な地域要因は加害者と被害者に特有の促進要因である。総じて，加害・被害者役割の促進要因は他の役割より多岐にわたり，関連の度合いも強く，3役割の中で最も不適応的である。

IV いじめ被害の影響

　いじめ被害の経験は，子どもにさまざまな精神的影響を与える。過去にいじめ被害を経験した学生・社会人対象の調査では，他者尊重思考，精神的強さ，前向きな進路選択などの肯定的な影響も指摘されているが（香取・石隈，2021），「学校に行きたくなくなった」，「死にたいほどつらい」等の感情が高まること，睡眠障害や集中力の低下，心理的ストレス反応の増加，自尊感情の低下，特性不安や抑うつ感の増加等の否定的な心理的影響が多く報告されている（伊藤，2017；水谷・雨宮，2015；岡安・高山，2000；Schäfer, et al. 2004; Slee, 1995）。また特に深刻ないじめ被害によってもたらされた心理的不適応は，適切な治療的介入が行われなければ，長期におよび（Olweus, 1993），不安障害や大うつ病性障害等の精神疾患を引き起こしやすいことが知られている。例えば，アメリカで行われた1,420名の子どもを対象とした大規模な縦断調査では，児童期の精神疾患の病歴や家族の問題（低収入，不安定な家族構造，児童虐待など）の要因を統制してもなお，9歳から16歳の間にいじめ被害を受けた子どもは，いじめ被害・加害ともに経験のない子どもに比べて，19歳から26歳の間にパニック障害，全般性不安障害，広場恐怖といった不安障害を発症する率が高く，いじめ加害経験のある子どもは反社会性パーソナリティ障害になる率が高いこと，さらに被害経験も加害経験もある子どもは，うつ病性障害とパニック障害の発症率が高く，男子については自殺企図，女子については広場恐怖の発症率が高いことなどがわかっている（Copeland et al, 2013）（図6）。

第2部 実践編：子どもと学校を援助する

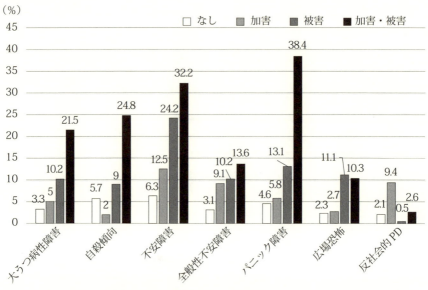

図6 いじめ被害・加害経験が後の精神疾患に及ぼす影響（Copeland et al., 2013 より作成）

V いじめ防止対策推進法

　「いじめ防止対策推進法」（文部科学省，2013）は，いじめを，被害を受けた児童生徒の教育を受ける権利を著しく侵害し，心身の健全な成長と人格の形成に重大な影響を与え，生命・身体に重大な危険を生じさせるものと位置付け，いじめ防止対策を総合的・効果的に推進することを目的とした法律である（第1条）。この法でのいじめの定義はすでにⅠの2で紹介したが，この法では，①学校の内外を問わずいじめをなくすこと，②全ての児童生徒がいじめを行わず，いじめを認識しながら放置することがないようにすること，③被害を受けた児童生徒の心身・生命の保護の重要性を認識し，国・地方公共団体・家庭・地域などが連携していじめを克服することの3点を理念としている（第3条）。この理念にのっとり，児童生徒にはいじめを禁止し（第4条），国と地方公共団体にはいじめ防止のための対策の策定と実施を義務づけ（第5条，第6条），学校と教職員には，学校全体でのいじめの防止・早期発見への取り組み，在籍児童等のいじめ被害に対する適切かつ迅速な対処（第7条）を義務づけている。また保護者についても，児童等がいじめをしないよう指導すること，いじめを受けた場合には保護すること，国・地方公共団体・学校のいじめ対策に協力することを義務づけている（第9条）

第9章 いじめの理解と援助

　さらに，いじめの重大事態を，いじめによって，①被害者の生命，心身又は財産に重大な被害が生じた疑いがある場合，②被害者が相当の期間学校を欠席せざるを得なくなっている場合と定義し，速やかに，質問票の使用など適切な方法で事実関係を明らかにするよう学校設置者に義務づけている（第 28 条）。この他，校長と教員はいじめ加害者に対して教育上必要であれば懲戒を加えられること（第25 条），市町村の教育委員会は，加害児童の保護者に対して加害児童の出席停止を命じ，被害児童・その他の児童が安心して教育を受けられるよう必要な措置を講じることが定められている（第 26 条）。

VI　いじめの予防教育

　『生徒指導提要』（文部科学省，2022）でも，いじめの未然防止，早期発見，対処のプロセスとして，生徒指導の重層的支援構造（3段階の心理教育的援助サービス）の意義が強調されている。学校で行われる予防教育（1次的援助サービス，2次的援助サービス）の中でいじめに焦点を当てたプログラムが開発され，成果をあげている。ノルウェーの「オルヴェウスいじめ予防プログラム」，イギリスの「シェフィールド・プロジェクト」，フィンランドの「キヴァ・プログラム」などが代表的なものである。これらはいずれも構造化された内容と一連の活動をもち，プログラム実施前後でいじめ被害者・加害者の発生率を測定し，プログラム実施による効果を客観的に検証している。

　「オルヴェウスいじめ予防プログラム」は，オルヴェウス Olweus, D. を中心に，ノルウェーで実施されたプログラムである。大人は生徒に対しては温かく支持的であるが，いじめに対しては毅然として許さない姿勢を一貫して示し，いじめに対しては非身体的で敵意のない懲罰を一貫して与えるという基本理念をもっている。このプログラムには，学校レベル（いじめ予防調整委員会，いじめ対策の校則，アンケート調査，休み時間の監督，魅力ある校庭づくりなど），学級レベル（学級会でのいじめ防止のルールづくり，ロール・プレイ，共同学習，親との懇談会など），個人レベル（教師といじめ当事者との話し合いなど），地域社会レベル（地域住民による支援的関係）の対策が含まれている。1983 年から 1985 年にかけて行われた 42 校の小・中学校の実践では，いじめ加害・被害の発生率が半減し，他の反社会的行動も大幅に減少した。このプログラムはその後もノルウェーを中心に欧米諸国で実施され，成果をあげている（Smith, 2014）。

　「シェフィールド・プロジェクト」は，スミス Smith, P. K. を中心に，イギリス

第2部　実践編：子どもと学校を援助する

で実施されたプログラムである。このプログラムは、いじめに対する全校的方針の策定と、いじめ予防をねらいとする多様な教育活動のオプションから構成されている。授業の一環として取り組まれるカリキュラム活動には、いじめに関するビデオ・ドラマの視聴、文学作品の鑑賞、クオリティ・サークル（生徒参加のプロジェクト・チームが、いじめについての情報収集と解決策の提案を行う）、自己主張トレーニング、ピカス法（カウンセリングに基づくいじめ当事者に対する非懲罰的な話し合い。いじめ被害者の傷つきに気づかせ、状況を改善する提案を考え実行させる方法）、運動場環境の改善、休み時間指導員の訓練、ピア・サポート（共感性、コミュニケーション・スキル、対人葛藤解決スキル等の訓練を受けた生徒がサポーターとなり、教師やカウンセラーのスーパービジョンの下で、いじめ被害者に対して、相談相手や友達になるなどの支援活動を行うこと）などが含まれている。1991年から1993年にかけて実施され、小・中学校とも約12%のいじめ加害者の減少が見られた（Smith, 2014）。

キヴァ（KiVa）・いじめ対策プロジェクトはサルミヴァリ Salmivalli, C. を中心にフィンランドで開発されたプログラムである。このプログラムでは、いじめは仲間集団内で起きる現象で、いじめの目撃者がとる対応によっていじめの制止や維持が大きく左右されるという考えに立ち、仲間集団での人間関係の変化に力点が置かれている。プログラムは全生徒を対象としたユニバーサル教育と、事例に応じた介入策の2本立てである。ユニバーサル教育は義務教育全期間をカバーし、小学1～3年生、4～6年生、中学1～3年生の3グループごとに年齢段階に応じた内容で構成されている。①いじめの維持に対する集団の役割への気づき、②いじめ被害者への共感の促進、③いじめに立ち向かい、被害者をサポートすることで生徒の自己効力感を高めること、の3点を目的としている。教師が学級単位で、年間10回（2コマ連続、月1回）の授業を行い、話し合い、グループ・ワーク、いじめについての短い映画、ロール・プレイなどを通じて、相互尊重の大切さ、いじめのメカニズムやいじめのもたらす影響、集団でのコミュニケーションについて学ぶ。授業を重ねる中でいじめについてのクラスの約束をつくり、最後に「キヴァ契約」としてクラス全員が署名する。このプログラムには「キヴァ・ゲーム」という仮想空間でのロールプレイング・ゲームが含まれており、子どもたちは自分のペースで遊び感覚で主体的にソーシャルスキルを学べる。2007～2008年に無作為化統制実験による効果検証が実施され、特に小学生で効果的で、いじめ被害者が30%、加害者が17%減少したこと、いじめの助手役割・強化役割の生徒も減少し、仲裁に対する自己効力感が向上するという効果が報告されて

第9章 いじめの理解と援助

いる（北川ら，2013；Smith, 2014；戸田，2013）。現在はフィンランド全土で広く実施されている。

欧米諸国では上記以外にも子どもたちの攻撃行動の適正化やいじめ抑止をねらいとした教育プログラムが開発・実施され，多くの効果が挙がっている。日本でも近年，いじめ予防教育の試みが多く行われ，独自の教材や教員研修体制も備えた効果的なプログラムも報告されている（勝間ら，2011）。

VII いじめへの事後的対応

いじめ防止対策推進法には，いじめが発生した際の事後的な対応[注1]の指針が明記されている（第23条）。まず，学校の教職員，児童生徒の相談にあたる立場の者，保護者等は，児童生徒からいじめの相談を受け，いじめがあると判断した場合には，その児童生徒が在籍する学校に通報しなければない。通報を受けたら学校は速やかに事実確認を行い，いじめが確認された場合は，いじめの停止と再発防止のために，心理・福祉の専門家の協力を得ながら，複数の教職員によって，いじめ被害者とその保護者への支援，いじめ加害者への指導とその保護者への助言をしなければならない。この時，いじめを受けた児童生徒の保護者といじめを行った児童生徒の保護者との間で争いが起きないよう必要な措置を講じなければならない。また，必要がある場合には，いじめを行った児童生徒に対して，被害を受けた児童生徒が使用する教室以外の場所で学習させる等，いじめを受けた児童生徒等が安心して教育を受けられるよう必要な措置を講じなければならない。また犯罪行為として扱うべき場合には警察署と連携して対処しなければならない。特に，児童等の生命，身体・財産に重大な被害が生じるおそれがある場合は，すぐに警察署に通報し，援助を求めることが求められている。

上記の対応の中で特に重要なのは，教師またはSC等がいじめの当事者と話し合いをもち，いじめの停止や再発防止を実現する方法である。欧米諸国では，直接的処罰，修復的アプローチ，ピカス法，援助グループ法などが採用され，それぞれ効果的であることが示されてきた。

直接的処罰は，校長や教員といじめ加害者が真剣な話し合いを行い，加害者に何らかの懲罰を与える方法である。懲罰には，特権の取り消し，ごみ拾い，短期間の停学など，厳しさに幅がある。修復的アプローチは，修復的司法の手法を児

注1）事後的な対応は，学校心理学では3次的援助サービスにあたる。

第2部　実践編：子どもと学校を援助する

童生徒の学校でのいじめに適用したもので，教員やカウンセラーが，いじめ加害者に被害者の気持ちに気づかせ，自分のしたことの影響を認めるよう促し，償う機会を与えるものである。ピカス法は，カウンセリング的な非叱責的方法で，カウンセラーが，いじめ加害者達との個別面談（直接非難はせず，いじめ被害者の傷つきに気づくよう促し，状況を改善する方法を提案するよう求める），被害者との個別面談（加害者が，行動を変えようとしていることを伝えて安心させ，いじめを引き起こす原因が被害者の行動にあれば，それを変えるよう提案する）を行ったのち，加害者とのグループミーティング，加害者と被害者の話し合いを通じて，いじめの状態を改善するための具体的な取り決めを当事者間でさせ，その実行を一定期間あけてモニターする。

援助グループ法は，いじめ被害者が指名した何人かの向社会的な子どもといじめ加害者を一緒にして集団を構成し，被害児童生徒の問題を共有した上で，被害者の幸福と安心のために，全員の共同責任でアイディアを出し合い，実行し，モニターするようファシリテーター（話し合いを促進し進行する役）が導く方法である。

以上のように，教員やSC等の対応には，懲罰的なものから非叱責的なものまで多様な幅がある。どの方法で対応するかは，いじめ事件の深刻度，いじめ当事者の特性やいじめ経歴によって異なる。

ワーク

〈A子。クラスの女子数名のグループの中心的存在。教師達に対して礼儀正しく，学業成績も良好。転校生のB子に対して，A子は親しげに近づき，B子をグループに入れて仲よくやっているように見えていた。

ある日，担任はクラスの生徒から相談を持ちかけられた。A子が，B子に言うことを聞かせるために，B子を無視するよう仲間に呼びかけているメールを，A子のグループのある女子から見せられたという。

なぜA子はこのような行動をとるのでしょうか。〉

① グループを作り，上記についてできるだけたくさんの多様な要因をあげ，それらを図にまとめよう。
② あなたが担任教師として，A子がなぜそんな行動をしたのか理解を深め，指導する際，あなたならどのようにするか。行動の観察，他からの情報収集，生徒との対話の3つの方法の活用を念頭に置いて考えよう。
③ ①，②についてグループで発表し合い，全体でシェアリングしよう。

第9章　いじめの理解と援助

◆学習チェック表
□　いじめの定義を説明できる。
□　いじめ役割の関連要因を理解した。
□　いじめ被害の影響を理解した。
□　いじめ防止対策推進法を説明できる。
□　いじめの予防教育と事後的対応について理解した。

より深めるための推薦図書

Smith, P. K.（2014）Understanding School Bullying. Sage Publications.（森田洋司・山下一夫総監修，葛西真記子・金綱知征監訳（2016）学校におけるいじめ—国際的に見たその特徴と取り組みへの戦略．学事出版．）

山崎勝之・戸田有一・渡辺弥生編著（2013）世界の学校予防教育．金子書房．

加納寛子編著（2016）ネットいじめの構造と対処・予防．金子書房．

文　献

Copeland, W. E., Wolke, D., & Angold, A., & Costello, E. J.（2013）Adult Psychiatric Outcomes of Bullying and Being Bullied by Peers in Childhood and Adolescence. *JAMA Psychiatry*, 70(4); 419-426.

Cook, C. R., Williams, K. R., Guerra, N. G., Kim, K. R., & Sadek, S.(2010)Predictors of Bullying and Victimization in Childhood and Adolescence: A Meta-analytic Investigation. *School Psychology Quarterly*, 25(2); 65-83.

伊藤美奈子（2017）いじめる・いじめられる経験の背景要因に関する基礎的研究—自尊感情に着目して．教育心理学研究, 65; 26-36.

勝間理沙・津田麻美・山崎勝之（2011）学校におけるいじめ予防を目的としたユニバーサル予防教育—教育目標の構成とそのエビデンス．鳴門教育大学研究紀要, 26; 171-185.

香取早苗・石隈利紀（2021）青年・成人を対象としたいじめの影響尺度の改訂といじめ体験の立場の影響．心理臨床学研究, 39; 419-430

北川裕子・小塩靖崇・股村美里・佐々木司・東郷史治（2013）学校におけるいじめ対策教育—フィンランドの KiVa に注目して．不安障害研究, 5(1); 31-38.

水谷聡秀・雨宮俊彦（2015）小中高時代のいじめ経験が大学生の自尊感情と Well-Being に与える影響．教育心理学研究, 63; 102-110.

文部科学省（2009）生徒指導上の諸問題の推移とこれからの生徒指導．https://www.nier.go.jp/shido/centerhp/1syu-kaitei/1syu-kaitei090330/1syu-kaitei.5ijime.pdf

文部科学省（2013）別添3　いじめ防止対策推進法．http://www.mext.go.jp/a_menu/shotou/seitoshidou/1337278.htm.

文部科学省（2021）令和2年度児童生徒の問題行動・不登校等生徒指導上の諸課題に関する調査．

文部科学省（2022）生徒指導提要．

文部科学省（2023）令和4年度児童生徒の問題行動・不登校等生徒指導上の諸課題に関する調査．https://www.mext.go.jp/content/20231004-mxt_jidou01-100002753_1.pdf

森田洋司・清永賢二（1994）新訂版いじめ　教室の病．金子書房．

岡安孝弘・高山巖（2000）中学校におけるいじめ被害者及びいじめ加害者の心理的ストレス．

教育心理学研究, 48; 410-421.

Olweus, D.（1993）*Bullying at School: What We Know and What We Can Do.* Blackwell.（松井賚夫・角山剛・都築幸恵訳（1995）いじめ こうすれば防げる―ノルウェーにおける成功例. 川島書店.）

Olweus, D.（1999）Sweden. In: Smith, P. K., Morita, Y., Junger-Tas, J., Olweus, D., Catalano, R., & Slee, P. (eds), *The Nature of School Bullying: A Cross-national Perspective.* Routledge, pp.7-27.（森田洋司総監修・監訳（1998）世界のいじめ―各国の現状と取り組み. 金子書房, pp.90-117.）

Salmivalli, C. & Nieminen, E.（2001）Proactive and Reactive Aggression among School Bullies, Victims, and Bully-victims. *Aggressive Behavior*, 28; 30-44.

Schäfer, M., Korn, S., Smith, P. K., Hunter, S. C., Mora-Mercha'n, J. A., Singer, M. M., & van der Meulen, K.（2004）Lonely in the Crowd: Recollections of Bullying. *British Journal of Developmental Psychology*, 22; 379-394.

Slee, P. T.（1995）Peer Victimization and Its Relationship to Depression among Austrarian Primary School Children. *Personality and Individual Differences*, 18(1); 57-62.

Smith, P. K. & Sharp, S.（1994）*School Bullying.* Routledge.（守屋慶子・髙橋通子訳（1996）いじめととりくんだ学校. ミネルヴァ書房.）

Smith, P. K.（2014）*Understanding school bullying.* Sage Publications.（森田洋司・山下一夫総監修, 葛西真記子・金綱知征監訳（2016）学校におけるいじめ―国際的に見たその特徴と取り組みへの戦略. 学事出版.）

戸田有一（2013）欧州の予防教育. In：山崎勝之・戸田有一・渡辺弥生編著：世界の学校予防教育. 金子書房, pp.139-186.

Tokunaga, R. S.（2010）Following you home from school: A critical review and synthesis of research on cyber bullying victimization. *Computer in Human Behavior*, 26; 277-287.

第 10 章

非行の理解と非行をする子どもの援助

押切久遠

| Keywords　非行への3段階の対応モデル，非行に関する心理教育的アセスメント，チーム学校による非行をする子どもへの対応，学校内における3層の援助サービスのシステム，学校外の非行関係機関との連携

I　はじめに

1．非行等の状況

　非行をして警察に検挙・補導される刑法犯少年の数は，近年，大幅な減少傾向にあるが，2023（令和5）年は前年よりも約5千人増加し，約2万6千人となった。強盗等の凶悪犯も増加しているほか，大麻乱用や校内暴力などの非行で検挙・補導される少年の数も増加傾向にある。また，深夜はいかいや喫煙などの不良行為により警察に補導される少年の数も，非行と同様に急減していたものの，2023年は増加に転じ，約32万人となっている。

　少年の校内暴力として警察が取り扱った事件は約800件（2023年。そのうち，対教師暴力は約240件）であるが，文部科学省の統計によれば，小・中・高生の暴力行為の件数は約9万5千件（2022［令和4］年度。そのうち，対教師暴力は約1万2千件，生徒間暴力は約7万件，器物損壊は約1万3千件）に及んでおり，学校内暴力のほとんどが，警察沙汰にならずに処理されていることが推測される。この児童生徒の暴力行為については，小学生によるものが急増している。

　その他に，子どもの被害に関するデータとして，児童が主たる被害者である不同意性交等や不同意わいせつの検挙件数が増加傾向にある。また，児童虐待として警察が検挙した事件は約2,400件（2023年）であるが，警察が児童虐待の疑いがあるとして児童相談所に通告した児童数は約12万3千人（2023年），児童相談所が対応した児童虐待の件数は約21万9千件（2022年度）に上っており，児童虐待についても，学校内暴力と同様に警察で事件として扱われるケースはごく一部であることが推測される。

第2部　実践編：子どもと学校を援助する

さらに，SNS に起因する事件の被害児童の数は約 1,700 人（2023 年）で，被害児童の SNS へのアクセス手段のほとんどはスマートフォンであるが，フィルタリングの利用がない場合が多く，子どもの安全への保護者の関心の低さもうかがわれる。

2．非行をする子どもの定義

「狭義の非行」とは少年法上の非行であり，20 歳未満の少年が犯罪，触法，ぐ犯にあたる行為をした場合を指す。少年法上の非行少年は，14 歳以上（刑事責任年齢）で罪を犯した「犯罪少年」，14 歳未満で刑罰法令に触れる行為をした「触法少年」，犯罪や触法に至るおそれの高い「ぐ犯少年」の 3 種類に分けられる。具体的には，窃盗，傷害，恐喝等の刑法に定められた罪を犯したり，道路交通法，大麻取締法，軽犯罪法等の特別法に違反したりした少年が，犯罪少年および触法少年であり，理由もなく家出を何度も繰り返したり，犯罪性のある者と深く関わったりして，将来犯罪や触法行為をするおそれの高い少年が，ぐ犯少年である。これらの少年は，少年法の適用対象となり，家庭裁判所に送られて保護処分を受ける可能性がある。

なお，2022（令和 4）年 4 月施行の改正少年法においては，民法上の成年となる 18 歳・19 歳の者について，成長途上にあり可塑性を有する存在として少年法の適用対象としつつ，「特定少年」として特例規定を設けている。その特例には，ぐ犯対象からの除外（特定少年はぐ犯少年として扱われることはない），原則逆送（検察官送致）事件の対象拡大（不同意性交等罪や強盗罪などの事件も原則逆送の対象となる），保護処分の特例（6 カ月の保護観察，2 年の保護観察，3 年以下の期間を定めた少年院送致の 3 種類が設けられた），推知報道の禁止の解除（特定少年のときに犯した罪により起訴（公判請求）された場合には，本人であることを推知できるような報道が禁止されない）などがある。

「不良行為」については少年警察活動規則に定められており，飲酒，喫煙，深夜はいかい等の行為を指す。未成年者の飲酒および喫煙は法律で禁止されているが，違反行為に対する罰則がない（刑罰法令がない）ため，少年法上の非行にはあたらず，不良行為にあたる。不良行為少年は，警察等による補導の対象となるが，不良行為だけをもって家庭裁判所に送致されることはない。

この章においては，「非行」を不良行為をも含む広義のものとしてとらえ，また，「非行をする子ども」を，警察に認知されたか否かにかかわらず，非行や不良行為をする児童生徒と幅広くとらえて概説する。

第10章　非行の理解と非行をする子どもの援助

■ II　非行と学校心理学

　非行を理解し，非行をする子どもを援助するに当たっては，学校心理学の枠組み（石隈，1999）が非常に有効である。中でも特に「3段階の心理教育的援助サービス」「心理教育的アセスメント」「3層の援助サービスのシステム」といった概念が重要であり，これらを用いて，非行をする子どもへの主に学校における対応について考察したい。

1．非行への3段階の対応モデル（3段階の心理教育的援助サービス）

　学校心理学における3段階の心理教育的援助サービス（石隈，1999；水野ら，2018）を基に，学校における非行への3段階の対応を図式化したものが，図1である（國分・押切，2001）（第6章参照）。『生徒指導提要』（文部科学省，2022）においても，暴力的行為に関する生徒指導に関する3段階の対応が図示されている。

　第1段階の対応とは，すべての子どもを対象に，非行予防教育を行うことである。多くの学校で実施されている非行防止教室，薬物乱用防止教室などはこれにあたる。また，非行を中心的なテーマとしていなくとも，他者の痛みについて考えさせたり，社会のルールを守ることの大切さを教えたりする教育も，広い意味での非行予防教育である。

　第2段階の対応とは，非行の兆し（髪型や服装の変化，生活時間の乱れなど），不良行為，初発型非行（万引，自転車盗，占有離脱物横領など）のある子どもを対象に，早期の発見と指導・援助を行うことである。この段階で有効な働きかけが行われれば，多くの子どもが非行の進む手前で引き返すことができる。

　第3段階の対応とは，非行の進んだ子どもを対象に，関係機

図1　非行への3段階の対応
（3段階の対応，その対象，および対応の例）

関と連携して,つまり学校外の専門家等との援助チームを組織して,子どもが立ち直り成長していくよう,密度の高い指導・援助を行うことである。非行の進んだ子どもは,子ども自身の資質的な問題の他,家庭や交友などの環境にも深刻な問題を抱えている場合が多く,手厚い関わりが求められる。そのため,関係機関としては,警察,児童相談所,家庭裁判所の他に,少年鑑別所,保護観察所,少年院などの機関も関わってくる可能性がある。

公認心理師法第2条第4号には,公認心理師の役割として「心の健康に関する知識の普及を図るための教育及び情報の提供を行うこと」との規定があり,第1段階の予防教育への関与が期待されている。また,文部科学省の調査研究協力者会議による教育相談の充実に関する報告(2017)によれば,スクールカウンセラー(以下,SC)の仕事には学級・学校における問題対応と予防開発的援助があるとされ,第2・第3段階の対応と並んで第1段階の対応が重要視されている。

筆者は,保護観察官としての経験から,非行を生まないための第1段階の対応が重要であると考え,具体的な非行予防教育を提唱してきた(國分・押切,2001)が,本章では,非行が生じた後の対応,つまり,第2・第3段階の対応を中心に述べていきたい。

2.非行の理解(心理教育的アセスメント)

より的確な対応のためには,多面的で生態学的なアセスメントが不可欠である。石隈(1999,2004)は,学校心理学におけるアセスメントの対象として,個としての子ども,子どもと環境の関係,援助者自身の3つをあげている。ここでは,子どもについてのアセスメントおよび子どもと環境の関係についてのアセスメントを取り上げ,それに基づく対応のポイントについてふれたい。

①子どもについてのアセスメント

学校心理学においては,子どもを学習面,心理・社会面,進路面,健康面からトータルにとらえようとするが,非行をする子どもについてもこの視点が大切である。

・学習面:非行をする子どもと面接していると,「学校の勉強についていけなかった」,「授業中,先生の言っていることが全然わからなかった」といった話がよく出る。非行をする子どもは,学習面でかなり苦戦してきた様子である。

内閣府(2010)の調査でも,非行をする子どもの方がそうでない子どもに比べて,クラス内の成績が悪い,学校の授業(勉強)がつまらない,家ではほとんど

第10章　非行の理解と非行をする子どもの援助

勉強しないと答えた割合が高かった。

　学習面の遅れが，自己イメージや意欲の低下を招き，さらには非行へとつながりやすい状況を用意している可能性がある。また，遅れの背後に学習障害などの発達障害の問題がないか，そこから派生した二次的な問題としての非行ではないかという点にも留意する必要がある。

　・心理・社会面：いわゆる非行原因論の多くは，この側面から非行をとらえようとしてきた。

　心理面では，情緒や考え方（ビリーフ）が一つのターゲットとなるが，例えば，非行をする子どもは，自らの非行について反省することができず，正当化したり他に責任を転嫁したりする傾向があるとされている（Sykes & Matza, 1957；小林，1989）。筆者の経験からも，非行をする子どもの中には，こういった認知傾向のある子どもが多いと感じる。この責任回避・転嫁が問題なのは，「今回の行動でどのような点が問題だったのか。今後気を付けるべき点は何か」と内省する機会を奪ってしまうことである。

　また，生島（1999）は，非行をはじめとする少年の問題の背景には「悩みを抱えられない」ことがあると指摘している。生島によれば，非行少年に対する心理的援助の大きな目的は，外罰的で内省に乏しい少年に，うまくいかない原因は自分にも幾分かはあると気づかせ，「悩みを抱えられる」までに成長を図ることである。非行をしたことによって，本人に葛藤が生まれているか否かという点も，重要なアセスメントのポイントである。

　社会面を中心に総合的に非行を考察するに当たっては，アメリカの犯罪学者・ハーシ Hirschi の社会的絆の理論が役に立つ。そこでは，両親や学校や仲間への愛着（attachment），損得勘定をした上での将来（進学や就職）への投資（commitment），宿題・スポーツ・地域活動など日常の諸活動の忙しさ（involvement），社会的ルールを守らなければならないとする規範意識（belief）の4つが大切であるとされ，この4つの社会的絆が弱くなったり，失われたりした時に非行は発生するとされている（Hirschi, 1969）。

　・進路面：非行をする子どもには，中学卒業後あるいは高校中退後にブラブラしていたり，短期間で仕事を転々としたりと不安定な生活を送る中で事件を起こしている者が多い。面接の際に，彼ら・彼女らと今後の生活計画を話し合っても，「よくわかんないけど……」とか「とりあえずは……」とか，進路について煮え切らない返事が戻ってくることも多い。「将来どうしたらいいかなんて聞かれても，自分でもよくわからない」というのが本音なのだろう。

第2部 実践編：子どもと学校を援助する

前述のハーシのcommitmentのように、「自分は将来の進学や就職のために、今、我慢や努力をしなければならない」と思えれば、非行に走る可能性は低くなるであろうし、「将来なんて考えられないから、今がよければそれでいい」と思ってしまえば、安易に非行へと走ってしまう可能性が高まるであろう。

・健康面：非行をする子どもには概して、昼夜逆転の暮らしを送っている者や、食生活が乱れている者や、タバコ・アルコールになじんでいて健康に気を使わない者が多い。薬物（大麻、覚せい剤、麻薬等）使用のある少年の場合は、特にその身体が蝕まれている。その子の生活時間が急に乱れてきている様子はないか。ソワソワしたり、トロンとしたり、目つきが変わったりしていないか。こういったこともアセスメントのポイントの一つである。

②子どもと環境の関係についてのアセスメント

子どもと環境の関係、つまり、環境の中にいる子どもに焦点を当てることも学校心理学の特徴である（石隈、2004；石隈・家近、2021）。ここでは、子どもの環境として、家庭、友達集団、学校・地域を取り上げる。

・家庭：非行をする子どもの家庭環境を見ると、親の離婚など何らかの事情により、片親家庭で育った者が比較的多い。実務上も、家庭を一人で支えながら、我が子の非行に疲労困憊している母親によく出会う。

また、非行をする子どもの保護者の問題点としては、「子どもの行動に対する責任感がない」「子どもの言いなりになっている」「子どもの行動に無関心である」「子どもの問題を他人のせいにする」などが指摘されている（法務省、2005a、2005b）。親の「放任」や「無関心」も、非行を考える際の一つのポイントである。

さらに、法務省（2023）が少年院在院者約600人を対象に行った実態調査によれば、児童期に「家族から、殴る蹴るといった体の暴力を受けた」経験のある者は、調査対象者の約6割にも上った。非行の背後に家庭における被虐待の問題が隠れていないかということも、よく注意しておく必要がある。

・友達集団：アメリカの犯罪学者・サザランドSutherland, E. H.は、「犯罪行動の学習の主要部分は親密な私的集団の中でなされる」とした（瀬川、1998）が、確かに経験上も、非行と不良交友とは切っても切れない関係にある。どうも非行をする子どもには、自ら主体的に行動する者よりも、何となく仲間につられる形で行動する「付和雷同」型の者が多いと思われる。

そこで、どのような友達やグループと、どの程度付き合っているのか、そのグ

ループにおいて本人はどのような地位にあるか，不良仲間以外の友達はいるかなども，アセスメントの際の重要な着眼点となる。

非行の進んだ子どもについては，学校の不良グループ－暴走族－暴力団というつながりの中に居ないか注意してみる必要がある。このつながりに深くからめとられていると，学校のみの対応でそこから離脱させることは非常に困難である。また，暴走族とは別に，地域にはさまざまな非行グループが存在し，それが少人数であったり，それほど凝集性が高くなかったりするうえに，SNS を通じて多様なメンバー構成で離合集散を繰り返すため，関係機関が迅速に情報を共有しなければそれをとらえにくいという点があることにも留意する必要がある。

・学校・地域：加藤・大久保（2005）の調査研究によれば，荒れている学校の生徒は，落ち着いている学校の生徒に比べて，非行をする子どもがやっていることを肯定的に評価し，特定の生徒が問題行動を起こすと，それを面白がったり，心情的に支持したりする雰囲気があり，こうした生徒文化が問題行動のエスカレート，さらには学校や学級全体の荒れを引き起こす一つの要因となっている。

また，非行をする子どもたちは，時間をつぶすためにたむろする場所を作ることが多く，それは，保護者の不在がちな仲間の家であったり，特定の店舗または店舗の近くであったり，公園や河川敷や駅前であったりする。日頃（特に夜間）地域で子どもたちがたむろしそうな場所について，情報を集めたり，注意深く観察したりしておくことは，アセスメントを行ううえで役に立つ。

③自助資源・援助資源と非行対応のポイント

非行をする子どもをとらえようとする場合，われわれはついその問題点（悪い点）を見つけ出すことに躍起になってしまう傾向があるが，これまで述べたようなアセスメントのポイントを押さえつつ，子どもの自助資源と援助資源を明確にしていくことも重要であり，そこにこそ学校心理学における心理教育的アセスメントの特徴がある。

非行対応については，これまで見てきたアセスメントのポイントが，対応のポイントとペアになっている。例えば，学習面においては，学習のつまずきをなるべく早期にフォローするための配慮が，心理・社会面においては，責任回避・転嫁のビリーフを見直させたり，葛藤を育てたり，人間関係形成のスキルを身に付けさせたりするための働きかけが，進路面においては，進学や就職に関して具体的なイメージを持てるようにするためのキャリア教育や実際の支援が，健康面においては，保健・栄養指導，薬害教育，保健医療・福祉的な支援が，対応として

重要である。

また，子どもの環境の調整を図っていくという視点も大切であり，例えば，家庭訪問や保護者面談を通じた家庭の状況把握と保護者（特に母親）へのサポート，関係団体や地域住民と協働しての学校外での声かけ，子どもの居場所づくりなども効果的な対応である。

さまざまな対応が，非行をする子どもたちの立ち直りのきっかけとなる。元非行少年だった方々の話をうかがっても，転機となったのは，人との出会いや交流を通じて，もっと学びたいという意欲が湧いてきたり，自分を信じてくれる大人の存在に気付いたり，家族を不幸にしたくないという願いが強まったりしたことであった（押切，2021）。

そして，これらのポイントを踏まえた対応の方法には，子どもへのカウンセリング，保護者や教師へのコンサルテーション，チームによる対応などがある。次節においては，この中でもチームによる対応に焦点を当てたい。

III チーム学校と非行をする子どもへの対応

中央教育審議会においては，チームとしての学校の在り方が審議され答申がなされている（文部科学省，2015）。そこには，教職員のチームによる指導体制の充実，SC 等の専門スタッフの参画，そのためのマネジメント機能の強化などが提案されている。チーム学校を具体化するためには「3層の援助サービスのシステム（個別の援助チーム，コーディネーション委員会，マネジメント委員会）」（第13章参照）が重要であり，非行への対応についても同様である。チーム学校は学校内のチームの強化と同時に，学校・家庭・地域の連携強化を重視する。ここでは，非行をする子どもへの対応における地域の関係機関について述べる。

1．学校外の非行関係機関

学校内暴力のように，非行の中には，学校内の援助システムのみによる対応で終結するものが数多く存在するのではないかと思われる。

その一方，非行への第2・第3段階の対応においては，学校外の非行関係機関との連携が必要となるケースも多い。そのため，連携の窓口となる教員やSCは，非行に関してどのような機関があるのかを理解しておくことが重要である。

理解の前提として，法律上の非行少年の処遇を概観するならば，14歳未満の少年は，主に警察署を経て児童相談所で扱われ，14歳以上の少年は，主に警察署や

第10章　非行の理解と非行をする子どもの援助

検察庁を経て家庭裁判所で扱われる。家庭裁判所が審判により決定する保護処分には，少年院送致，保護観察，児童自立支援施設・児童養護施設送致の3種類がある。14歳以上の少年で，刑事処分（実刑や罰金刑等）が相当と判断された者は，家庭裁判所から検察官へ送致（いわゆる逆送）され，成人と同様の扱いを受ける。なお，不良行為少年の場合は，通常，補導の際の注意・助言・保護者への連絡等で終了する（非行少年の処遇の詳細については，本シリーズ第19巻『司法・犯罪心理学』を参照されたい）。この処遇の流れを踏まえつつ，関係機関についてまとめたのが，表1である（第14章参照）。

2．関係機関との連携による非行対応

公認心理師法第42条第1項は「公認心理師は，その業務を行うに当たっては，その担当する者に対し，保健医療，福祉，教育等が密接な連携の下で総合的かつ適切に提供されるよう，これらを提供する者その他の関係者等との連携を保たなければならない」と定めているが，これは非行をする子どもへの対応においても例外ではない。

非行のある生徒に対するチーム援助については，片桐（2002）の貴重な実践報告がある。この事例では，家庭裁判所の試験観察となった女子生徒（援助開始後ADHDの診断を受ける）に対し，学校単位の援助チームを組織して，原学級担任，情緒障害特殊学級担任，学年主任，生徒指導主事，養護教諭，校長，教頭等の学校内メンバーに，家庭裁判所調査官，医師等の学校外メンバーも加わって，援助計画に基づく継続的な指導・援助が行われ，成果を上げている。

この実践においては，学校に，援助チームをコーディネートする役割を担った生徒指導委員会（生徒指導主事，養護教諭，情緒障害特殊学級担任等から構成される）が常設され，その委員会が事案に応じて学級・学年・学校の3つ単位集団のいずれかによる援助チームを組織し，その活動状況を全教員で共有するという仕組みが作られ，よく機能していた。この学校独自の仕組みについて片桐も，「学校にはすでに確立されているシステムがあるので，それを生かしながら援助チームを機能させていく方が学校教育システムとして位置付きやすいのではないかと考える」と述べている。

こういった個別ケースごとの学校と関係機関との連携強化は，学校心理学における援助チームを実践するための場の広がりでもある。「援助チームの概念は，学校心理学に基づく心理教育的援助サービスの中核」（田村，2004）であり，実際に援助チームを運営していく上では，石隈・田村式の「援助チームシート」や「援

第2部　実践編：子どもと学校を援助する

表1　非行対応に関係する機関

機関名	主な役割	所属する主な専門職	協力する主なボランティアや施設
警察署・少年サポートセンター	非行をした少年の検挙・補導と少年事件の捜査・調査，少年に関する相談への対応，街頭補導，継続補導等を行う	警察官，少年補導職員，少年相談専門職員	少年補導員，少年指導委員，少年警察協助員
検察庁	警察から送致された少年事件の捜査を行う	検察官，検察事務官	
児童相談所	児童福祉の専門機関として，非行相談，児童虐待相談等に対応する	児童福祉司，児童心理司，医師	民生・児童委員，主任児童委員，メンタルフレンド
児童自立支援施設	児童福祉施設の1つで，不良行為等のある児童に対して指導を行い，その自立を支援する入所型の施設である	児童自立支援専門員，児童生活支援員，家庭支援専門相談員	自立援助ホーム
家庭裁判所	少年事件について調査・審判を行い，少年の処分を決定する	裁判官，家庭裁判所調査官	補導委託先，少年友の会会員
少年鑑別所（法務少年支援センター）	家庭裁判所の観護措置の決定により少年を収容し，面接，心理検査，行動観察等による鑑別を行う国の施設である。「法務少年支援センター」として，地域における非行防止活動にも取り組んでいる	法務技官，法務教官，医師	
保護観察所（りすたぽ）	家庭裁判所が保護観察の処分をした少年等に対し，地域社会の中で保護観察（再非行防止と更生のための指導や支援）を行う国の機関である。少年院に収容されている少年の帰住先の調整や，「りすたぽ」として関係機関等からの非行相談に応じる活動も行なっている	保護観察官	保護司，協力雇用主，BBS会員，更生保護施設，自立準備ホーム
少年院	家庭裁判所が少年院送致の処分をした少年を収容し，矯正教育（生活指導，職業指導，教科指導等）を行う国の施設である	法務教官，福祉専門官，医師	篤志面接委員，教誨師

助資源チェックシート」が有用である（第5章参照）。

また，学校心理学において指摘するように，「チーム援助が効果を上げるには，チームをまとめ，調整していくためのコーディネーターが必要である」（瀬戸，2004）し，「コーディネーターには，構成員間の信頼関係を構築しつつ援助チームの活動を行うことが求められる」（田村，2004）。国立教育政策研究所も，その

第10章　非行の理解と非行をする子どもの援助

調査研究報告書（2002）において，「関係機関間でコーディネート役を的確かつ迅速に定めることができるかどうかが，サポートチームの実効性・機動性を確保する上で極めて重要なポイント」であるとしている。コーディネーターがより良く機能するよう，その養成も含めて学校心理学の立場からさまざまな提言をしていくことができると考える。

■ IV　事例検討

　最後に，これまで述べてきたような，チーム学校による非行をする子どもへの対応と立ち直りの援助について，事例を基に検討し，理解を深めたい。

1．事例A

・経緯その1

　小学3年生の男子Aは，以前から落ち着きや集中力がなく，授業中に周囲の子に話しかけたり，離席したりすることが度々あった。担任教諭から相談を受けた養護教諭は，時折保健室でAと一対一で話をするようになり，養護教諭から助言を求められたSCも，出勤の日にAの様子を観察したり，面接をしたりするようになった。Aには発達障害が強く疑われたため，担任教諭がAの母親に対して専門の医療機関への受診を勧めたものの，母親はこれを拒否した。また，特別支援学級へ移ることにも強く抵抗している。

　小3の夏休み明けから，Aの様子に異変が見られるようになった。毎日同じ服を着てきて，同級生が「臭い」というと，それに怒って叩いたり蹴ったりする暴力を振るうようになった。担任教諭が暴力行為を厳しく注意しても，養護教諭が話を聴こうとしても，Aは押し黙ってしまう。

・検討その1――公認心理師であるSCとしては，学校に対し，どのようなコンサルテーションを行うことができるか？

　チーム学校の一員として，コーディネーション委員会等の開催を求め，家庭における児童虐待，発達障害，状況への反応としての非行といった観点からの，学校における現状分析と今後の方針決定に協力する。

・経緯その2

　コーディネーション委員会による検討を踏まえて，担任教諭，学年主任教諭と

第2部　実践編：子どもと学校を援助する

SC がA宅の家庭訪問を行ったところ，Aの母親は面談を拒否した。母親とAの二人家庭のはずだが，玄関の奥の部屋からは男性の怒鳴り声が聞こえた。また，母親の顔には殴られてできたような痣が見られた。

　学年主任教諭は直ちにマネジメント委員会の開催を求め，最終的に校長の判断により，児童相談所に虐待通告を行なった。児童相談所の調査により，Aの母親の交際相手によるAへの身体的暴力や，母親によるネグレクトが認められ，Aは一時保護を受けることとなった。その間，Aは児童相談所の児童心理司による検査や児童精神科医による診断によって，発達障害と認められた。

　Aの母親の監護力には著しい問題があったため，Aは児童相談所の措置により児童養護施設へ入所することとなった。その後，Aは施設から別の小学校の特別支援学級に通い，児童精神科医による定期的治療を受けている。落ち着きのなさは残っているが，暴力行為は見られなくなった。

　一方，Aの母親は今回のことを契機に交際相手と別れる決意をし，警察にも相談した。今後，児童福祉司の指導を受けながら，Aと再び同居することをめざしている。

・検討その2―Aの在籍していた学校の今後の対応について，SC はどのような提案ができるか？

　Aの在籍していた小学校の SC は，Aの家庭復帰に備え，校内に援助チーム（担任教諭，学年主任教諭，特別支援担当教諭，養護教諭，SC）を組織し，児童相談所，児童養護施設，Aが通う小学校，児童精神科医，市の要保護児童担当者などと連携していくことを提案した。

2．事例B

・経緯その1

　中学2年生の女子Bは，活発で運動の得意な生徒であったが，秋に部活動を辞めてから急速に生活が乱れ，喫煙や深夜はいかいにより度々補導されたり，校内でいじめ加害や暴言が見られたりするようになった。染髪や化粧について担任教諭に指導を受けても，Bは反抗的な態度に終始した。担任教諭と生徒指導担当教諭が SC に相談し，面接を行うこととなったが，Bは SC にもあからさまに反抗した。

　Bの母親と連絡を取り合っている担任教諭によれば，Bの両親はこの夏に離婚し父親が家を出て，現在は母親，B，Bの弟の三人暮らしであるとのこと。また，

第10章　非行の理解と非行をする子どもの援助

生計を支えるために母親が働き，夜間も家を空けることが多いが，Bの部屋は不良少年の溜まり場のようになっているとのこと。さらに，母親がBに注意をすると怒って物を壊すので，怖くて何も言えないとのことであった。

・検討その1―公認心理師であるSCとしては，学校に対して，どのようなコンサルテーションを行うことができるか？

　コーディネーション委員会を開いてBの状況に関する情報を共有しつつ，担任教諭，生徒指導担当教諭，SCらが役割分担して粘り強く本人に関わっていく。Bによるいじめや暴力行為に注意し，場合によっては，警察への通報も辞さない姿勢で臨む。また，憔悴している母親に対しては，少年サポートセンターまたは児童相談所，市の福祉担当者への相談を勧める。

・経緯その2

　中2の学年末に，Bは他校の生徒と共に恐喝と傷害の事件を起こした。犯行の態様が悪かったため，Bは警察に逮捕され，家庭裁判所で観護措置の決定を受けて，少年鑑別所に収容された。収容中に担任教諭と生徒指導担当教諭が面会に訪れたところ，Bは反省の態度を示し，「助けてください」と涙を流した。

　収容されてから約1月後，家庭裁判所の審判の結果，Bは保護観察の処分を受け，自宅に戻って通学を再開することとなった。

　Bは保護観察所に出頭して保護観察官の面接を受けた後，自宅に比較的近い所に住む女性保護司と毎月面接し，その指導・助言を受けることとなった。保護観察中の約束事を守り，経過が良ければ，保護観察は一定の期間が経った時点で解除される可能性がある。一方，経過が悪く，再非行するようなことがあれば，家庭裁判所の決定により少年院に送致される可能性もある。

　母親は，少年サポートセンターに相談に通っていたが，当面それを継続するとともに，子どもたちとの時間を作れるよう，市の福祉担当者に相談しつつ，仕事を減らすこととなった。

・検討その2―Bの在籍する学校の今後の対応について，SCはどのような提案ができるか？

　SCの提案に基づき，Bの在籍する中学校は，コーディネーション委員会においてBに対する個別の援助計画を立て，マネジメント委員会においてその計画を決定した。Bに対する校内の援助チーム（担任教諭，学年主任教諭，生徒指導担当

151

教諭, 養護教諭, SC) が計画に沿って援助するとともに, 校外の関係者 (保護観察官, 保護司, 少年サポートセンターの少年補導職員, 市の福祉担当者) と定期的に会議を開き, 連携していくこととした。また, その会議の一部には, Bの母親にも参加してもらうこととした。

> **ワーク**
> ① 各自で, 表1の関係機関から3つ程度を選び, 自分の住んでいる都道府県や市町村にあるその機関について, ホームページで調べてみよう。
> ② 3～4人のグループを作り, 調べたことをシェアリングしよう。

> ◆学習チェック表
> □ 非行少年や不良行為少年について定義できる。
> □ 非行への3段階の対応について理解した。
> □ 非行に関する心理教育的アセスメントについて理解した。
> □ 非行対応に関係する機関について理解した。

より深めるための推薦図書

　國分康孝監修・押切久遠著（2001）クラスでできる非行予防エクササイズ．図書文化社．
　水野治久・家近早苗・石隈利紀編（2018）チーム学校での効果的な援助―学校心理学の最前線．ナカニシヤ出版．
　法務省（2023）令和5年版犯罪白書―非行少年と生育環境．

文　献

Hirschi, T. (1969) *Causes of Delinquency*. University of California Press.（森田洋司・清水新二監訳（1995）非行の原因―家庭・学校・社会へのつながりを求めて．文化書房博文社．）
法務省（2005a）平成17年版犯罪白書―少年非行．
法務省（2005b）法務省研究部報告26―保護司の活動実態と意識に関する調査．pp.29-30.
法務省（2023）令和5年版犯罪白書―非行少年と生育環境．
石隈利紀（1999）学校心理学―教師・スクールカウンセラー・保護者のチームによる心理教育的援助サービス．誠信書房．
石隈利紀（2004）学校心理学とその動向―心理教育的援助サービスの実践と理論の体系をめざして．心理学評論, 47(3); 332-347.
石隈利紀・家近早苗（2021）スクールカウンセリングのこれから．創元社．
片桐俊男（2002）情緒障害特殊学級を起点とする心理教育的援助サービス―ADHDを有するとされた非行生徒に対するチーム援助を通して．学校心理学研究, 2; 3-13.
加藤弘通・大久保智生（2005）学校の荒れと生徒文化の関係についての研究―〈落ち着いている学校〉と〈荒れている学校〉では生徒文化にどのような違いがあるか．犯罪心理学研究, 43(1); 1-16.

第 10 章　非行の理解と非行をする子どもの援助

警察庁（2024）令和 5 年の犯罪情勢．
警察庁生活安全局人身安全・少年課（2024）令和 5 年における少年非行及び子供の性被害の状況．
小林寿一（1989）非行の原因帰属に関する研究―1．非行少年の自己及び一般の非行に対する責任帰属．科学警察研究所報告防犯少年編，30(2)；51-67．
国立教育政策研究所生徒指導研究センター（2002）問題行動等への地域における支援システムについて（調査研究報告書）．pp.4-5, 30, 33．
水野治久・家近早苗・石隈利紀編（2018）チーム学校での効果的な援助―学校心理学の最前線．ナカニシヤ出版．
文部科学省（2015）チームとしての学校の在り方と今後の改善方策について（答申）．中央教育審議会．
文部科学省（2017）児童生徒の教育相談の充実について―学校の教育力を高める組織的な教育相談体制づくり．
文部科学省（2022）生徒指導提要．
文部科学省（2023）令和 4 年度児童生徒の問題行動・不登校等生徒指導上の諸課題に関する調査結果について．
内閣府政策統括官（共生社会政策担当）（2010）第 4 回非行原因に関する総合的研究調査．
押切久遠（2021）第 71 回 " 社会を明るくする運動 "．刑政，132(7)；54-63．
瀬川晃（1998）犯罪学．成文堂．p.93．
瀬戸美奈子（2004）コーディネーションとは．In：日本学校心理学会編：学校心理学ハンドブック「学校の力」の発見．教育出版，pp.134-135．
生島浩（1999）悩みを抱えられない少年たち．日本評論社．pp.7-14．
Sykes, G. M & Matza, D.(1957)Techniques of Neutralization: A Theory of Delinquency. *American Sociological Review*, 22; 664-670.
田村節子（2004）援助チームとは．In：日本学校心理学会編：学校心理学ハンドブック「学校の力」の発見．教育出版，pp.122-123．

第2部 実践編：子どもと学校を援助する

第11章

学校における危機対応

窪田由紀

> **Keywords** 学校の危機，偶発的・状況的危機，発達的危機，学校緊急支援，緊急支援プログラム，校内危機対応チーム，予防・準備・対応・回復モデル，チームとしての学校

I はじめに

　今日，学校が災害，事件・事故などの危機的な出来事に遭遇した場合に児童生徒を対象とした，いわゆる心のケアを行う必要性については，社会的なコンセンサスが得られていると言ってよい。そのような場合に，スクールカウンセラー（以下，SC）等が緊急に派遣されたとの報道に触れることも多い。学校における心理支援に携わる者として，学校における危機対応の理論と実践を身に着けておくことは必須のこととなってきている。本章では，学校における危機対応の理論と実際について述べる。

II 学校の危機とは

1．学校の危機

　危機とは，キャプラン Caplan（1961/1968, p.23）によれば，「人が大切な人生の目標に向かう時障害に直面したが，それが習慣的な問題解決の方法を用いても克服できないときに発生」し，「混乱の時期，つまり動転する時期が続いて起こり」，その間「さまざまな解決をしようとする試みがなされるが失敗」した状態とするものであり，有害な出来事への直面と習慣的な方法での解決努力の失敗の結果生じた不均衡な状態を指す。
　危機は，犯罪被害，事故の目撃といった脅威，大切な人の死といった偶発的・状況的危機と，エリクソン Erikson（1959/1973）が示した8つの発達段階において各段階で克服すべき心理社会的課題との関連で人々が体験する発達的危機（第

2章参照）に分類される。

　学校において，児童生徒や教職員など個々の構成員が，個人的な危機に陥ることは珍しくない。「さまざまな背景を持つ人格発達途上にある児童生徒の成長・発達を支援する」という学校コミュニティの機能を考えれば，児童生徒の個人的な危機状態はむしろ日常的と言えるかもしれない。教職員，保護者や友人のサポートを得ることで，危機状態に陥った児童生徒は徐々に回復することができる。危機状態が特定の個人に限られており，またその深刻さの程度が一定範囲に留まっている限り，構成員の個人的危機は，学校コミュニティの日常的な機能の範囲内で十分に対応可能である（窪田，2005）。

　しかしながら，子どもが自ら命を絶つ，子どもが事故に巻き込まれて多数の死傷者が出る，教師の不祥事が大きく報道される，子どもが逮捕される，地域全体が自然災害に襲われる，などといったように，多くの人々が直接・間接に影響を受けるような重篤な出来事が生じると，学校コミュニティそのものが混乱し，構成員のケアという本来の機能を発揮できなくなる。日頃は学校コミュニティの中心となって子どもの教育指導・支援を担っている教職員にも不安や動揺が生じ，冷静な判断ができないような事態にもなり，保護者や地域も，平常時は教職員と協力して事態に取り組んでいるが，このような場合には不安のあまり原因追求に走り，学校の落ち度を指摘するばかりで，さらに教職員を疲弊させることにもなりかねない。

　人生の脅威となるような有害な出来事に遭遇した個人が，それまでの対処方法で対処できない場合に「個人の危機」に陥るのと同様に，コミュニティがその存続を脅かすような有害な出来事に遭遇して，従来の問題解決方法では対処できない状態に陥っている場合を「コミュニティの危機」ということができる。学校コミュニティの危機とは，「構成員の多くを巻き込む突発的で衝撃的なできごとに遭遇することによって，学校コミュニティが混乱し本来の機能を発揮できない状態に陥ること」（窪田，2005）である。

2．学校危機をもたらす出来事

①学校危機をもたらす出来事

　学校に危機をもたらす出来事として，大泉（2006）は，児童生徒が被害者となる事件・事故，児童生徒が加害者となる事件・事故，教師に関わる事件・事故，学校全体に影響を及ぼす不測事態の4タイプに分けて提示している（表1）。

　このような出来事を身近に体験すると，構成員の多くは強い恐怖や喪失を体験

第 2 部　実践編：子どもと学校を援助する

表 1　小中高等学校における不測の事態（事件・事故）の種類（大泉，2006 を基に作表）

児童生徒が被害者になる 主な事件・事故	・犯罪による人質・監禁 ・殺傷，暴行，傷害，恐喝 ・いじめ ・その他	・誘拐・拉致 ・わいせつ行為（強かん） ・交通事故
児童生徒が加害者になる 主な事件・事故	・殺傷，暴行，傷害，恐喝 ・強盗，窃盗，万引き ・いじめ（脅迫含む）	・強かん（わいせつ行為） ・幼児誘拐 ・その他
教職員に関わる 主な事件・事故	・わいせつ行為 ・児童生徒に対する人権侵害 ・児童生徒に対する差別 ・飲酒運転 ・援助交際 ・交通事故	・セクハラ行為 ・体罰，暴言行為 ・万引き，窃盗，空き巣 ・ギャンブル ・保護者との不倫 ・その他
学校組織全体に影響を及ぼす 不測事態	・自然災害（地震，洪水等） ・集団食中毒 ・脅迫行為	・感染症 ・テロ行為 ・その他

する。事件・事故への直接的な遭遇は恐怖体験であり，児童生徒や教師など構成員の死は喪失体験である。構成員の死の現場を目撃するような体験は，恐怖体験でもあり喪失体験でもあり，強い反応を引き起こすことになる。教師の不祥事の中の一部は，直接的に体罰やハラスメント等の被害を受けた児童生徒にとって恐怖体験である一方で，当該教師を慕っていた児童生徒にとっては尊敬と信頼の喪失体験となる。教師の中でも当該教師を擁護する教師と非難する教師に分断されることも少なくないこのような事案では，学校コミュニティの混乱は大きく，回復に時間を要する。また，いじめが背景にあると考えられる児童生徒の自殺や，児童生徒による殺傷事件などで，学校内に被害者とされる者，加害者とされる者双方が存在する場合も，学校コミュニティが受ける打撃は大きい。

②教師の学校危機への遭遇

　私たちの研究グループが 2011 年に A 県内の小中学校教師 3,507 名の協力を得て行った調査では，927 名（26.4％）の教師が過去 10 年間の間に延 1,208 件の学校危機に遭遇したと回答していた（樋渡ら，2016）。また，2015 年に B 市の全小中学校の教師を対象として行った調査においても回答者 2,845 名のうち，994 名（34.9％）が平均 2.3 件，延べ 2,328 件の学校危機に遭遇していた（窪田ら，2016）。回答者の 1/4 ～ 1/3 に上っており，学校危機への遭遇は決して稀なこと

第11章　学校における危機対応

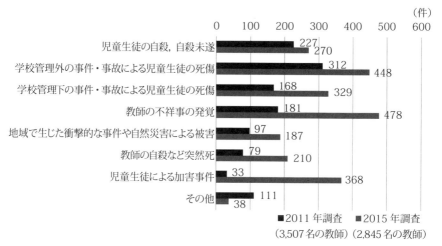

図1　教師の遭遇事案件数

ではないことがわかる。

　図1に，教師の遭遇事案（延件数）を示した。同じ事案を複数の教師が体験している場合も少なくなく，実際の発生件数を反映しているわけではない。

3．学校危機への個人や学校コミュニティの反応

①学校危機への個人の反応

　学校危機に遭遇した個人は，認知面，感情面，身体面，行動面にわたるさまざまな反応を示す。表2にそれぞれの反応の例を示した。

　これらは，学校危機という「異常な事態」に遭遇したことによる「正常な反応」であり，大半は時間とともに軽減される。そのことを知っておくだけで，随分落ち着いて対処することが可能になる。

　このうち，身体面，感情・心理面の反応については，今日，比較的広く知られるようになったが，認知面，行動面の反応については，十分理解されているとは言えない。管理職といえども，突然の学校危機への遭遇で，判断力が低下し，迅速かつ適切な指示を出せなくなることが起こり得る。これらが，危機に遭遇したことによる認知面，行動面の反応であることを知っておくことで，いたずらに管理職を非難したり，仲間同士で責め合ったりするようなことが避けられる。

②危機への学校コミュニティの反応

　危機に遭遇すると集団・組織レベルでは，人間関係の対立，情報の混乱，問題

157

表2 危機に遭遇した個人の反応

認知面	集中困難　判断力の低下　問題解決能力の低下　記憶の欠落　記憶力の低下
感情面／心理面	ショック　不安　混乱　恐怖　イライラ・怒り　悲しみ　抑うつ　無力感　不信　自責
身体面	めまい　動悸　発汗　過呼吸　高血圧　不眠　食欲不振　腹痛　吐き気
行動面	落ち着きのなさ　身だしなみの低下　人を避ける・ひきこもり　多弁　攻撃的言動

解決システムの機能不全（窪田，2005）などが起こる。人間関係の対立は，もともとあった対立関係の顕在化，余裕をなくした個々人が自分と異なる反応を示す他者を受け入れられなくなること，などによって生じる。情報の混乱は，個々人の認知面や感情・心理面の反応による情報の錯綜や，情報不足による不安からの不正確・不適切な情報の蔓延などによって，きわめて容易に生じる。さらに，平常時の学校における問題解決システムが，危機時には機能しない状態が生じる。即時の判断が求められる中では運営委員会や職員会議などでの意思決定は機能せず，体調不良の児童生徒対応のための保健室も多くの子どもたちが押し寄せる学校危機時には，2，3台のベッドと1，2名の養護教諭では対応困難となる。

このように学校コミュニティ自体が機能不全に陥ると，構成員に対して不適切・不十分な対応がなされ，結果として個人や集団・組織の反応を助長するという悪循環に陥る。このような悪循環を断ち切るには外部からの支援が必要となる（窪田，2005）。

4．新型コロナウイルスの世界的な大流行という危機

大泉（2006）においても，学校組織全体に影響を及ぼす不測事態として感染症があげられているが，我々が2020年初頭から経験した新型コロナウイルスの世界的な大流行は，学校組織全体はおろか，世界中に影響を及ぼしている危機である。

感染症の世界的な大流行としては，1918年に世界に広がったスペイン風邪，最近では2002年〜2003年にかけてのSARSや2012年に発生したMERSなどがあるが，日本への影響は小さかったことから，今回の新型コロナウイルスの感染拡大は，ほとんどの日本人が初めて経験する感染症拡大危機である。ここでは，項を改めて，新型コロナウイルスの世界的な大流行が学校コミュニティ，児童生徒

第11章　学校における危機対応

に及ぼした影響（窪田，2020a）とそれに対する対応（窪田，2020b）について触れることとする。

①新型コロナウイルス感染拡大危機が学校コミュニティ，児童生徒に及ぼした影響

1）一斉休業措置

新型コロナウイルスの感染防止措置の一つとして，我が国では2020年3月初旬から小中特別支援学校の休業が急遽決定された。その後，地域の感染状況による若干の違いはあったものの，休業期間は学年末から学期初めをまたいだおおむね3カ月に及んだ。この間，学校は，児童生徒への学習機会の保障，休業期間における卒業・修了や入学・進級というかつてない事態への対応を迫られた。

この間，児童生徒は，3月という学年の締めくくりの時期から新しい学校，学年でのスタートという，1年の中でもっとも重要だといってもよい期間を突然奪われた。学校は児童生徒にとって，学習のみならず，学校行事，部活動，友人との交流といったさまざまな機会を通して児童生徒を支える家庭に次ぐ最重要の生活の場であったが，長い休業措置により，児童生徒はそこから疎外されることになった。

2）児童生徒の家庭環境の格差拡大

この間，児童生徒の保護者の状況は，テレワーク中心で在宅勤務となる，エッセンシャルワーカーとして緊急事態宣言下でも通常勤務が強いられる，失業や休業などによって直接的に経済的なダメージを受けるなどさまざまであり，それに応じて，児童生徒の家庭環境の格差が拡大した。PCやWiFiの整備状況の違いによる教育格差に留まらず，保護者自身が抱える困難が背景にあるDVや虐待の増加は早くから指摘されており，そのような家庭の児童生徒は学校が居場所にならない分，逃げ場を失うことになった。

3）登校再開

約3カ月の休業期間を経て，2020年5月中旬以降，登校児童生徒や在校時間を制限しての分散登校の期間を経て，6月頃から多くの小中特別支援学校で，感染予防に努めながらの登校が再開された。学習の遅れに対処するための，土曜授業，夏休みの短縮，行事の中止・縮小などが早々に示された。

多くの児童生徒は久しぶりの学校生活で友人との再会を喜び，早急に日常生活を取り戻していった一方で，早いペースで進む授業や学年初めの担任や級友との関係作りが不十分なままのスタートに不安を抱えていたのも事実である。もとも

と学校生活で苦戦していた児童生徒にとっては，長い休業明けの登校へのハードルは高く，また，休業期間中に生活リズムを崩した児童生徒が規則正しい生活リズムを取り戻すのは困難であった。

4）教職員・児童生徒の感染

登校が再開され，社会全体の経済活動も活発化する中で感染が拡大し，2020年7月以降，教職員や児童生徒の感染が少なからず生じるようになった。感染者が確認された学校の教職員は，消毒や再びの休業措置，保護者や地域，メディア等，各方面からの問い合わせに追われた。感染者を特定しようとする動きや，感染者のみならず学校全体への誹謗中傷も少なくなかった。当該校児童生徒も，自身の感染への不安や，ようやく取り戻しかけた日常が再度の休業等で失われることへの怒りを，それらを感染者への非難といった形で表現する可能性もあり，いじめ防止の視点からの取り組みも求められた（災害，事件・事故後の子どもの心理支援研究会，2020）。

2021年7月からは，感染力の強いデルタ株の蔓延で，児童生徒への感染も増加したが，文部科学省から学級閉鎖，学年閉鎖，休業の基準が明確に示されたこともあり，学校は地域の保健所の指導を仰ぎながら迅速に対応する体制が整っていった。この間，急速に進んだギガスクール構想により，登校が困難になった児童生徒に対してはオンライン授業がスムーズに提供されるようになった。

5）新型コロナウイルス感染拡大と児童生徒の不適応

令和2年度児童生徒の問題行動・不登校等生徒指導上の諸課題に関する調査結果（文部科学省，2021）によれば，令和2年度の小中学校における不登校児童生徒数は196,127人で前年度から14,855人（8.2％）増加した。また，小中高等学校からの報告による児童生徒の自殺者数は415人（前年度317人）で過去最高となった。これらの背景には，新型コロナウイルス感染症の影響による生活環境の変化，そのための生活リズムの崩れ，児童生徒間の関係の希薄化，部活動，学校行事などの制限などがあげられている。一方，小・中・高等学校及び特別支援学校におけるいじめの認知件数や，小中高等学校における暴力行為の発生件数は，いずれも前年度より減少している（いじめ：95,333件（15.6％）減少，暴力行為：12,586件（16.0％）減少）。その背景としては，児童生徒の直接的な接触の機会が減少したことのほかに，コロナ禍において教師がこれまで以上に児童生徒に目を配り指導・支援したこと等の効果が窺えるとの指摘もある。

第11章 学校における危機対応

②新型コロナウイルス感染拡大危機への心理社会的支援
 1）新型コロナウイルス感染拡大危機への心理社会的支援
　緊急時のメンタルヘルスと心理社会的サポートに関する機関間常設委員会（IASC）は，2020年3月に新型コロナウイルス感染拡大危機への心理社会的支援に関するガイドラインを公表した（IASC, 2020）。社会全体へのアプローチとして，以下の3点があげられている。

・新型コロナウイルス感染症に関する明瞭で，簡潔かつ正確な情報
・恐怖や不安に関するノーマライゼーションのメッセージ
・呼吸法やリラクセーション，その他の文化的慣習によるセルフケアの向上

　子どもたちに対しては，

・何が起こっているか，これから起こり得るかについて，安心できるような誠実な情報を提供する
・可能な限り学習，遊び，リラックスなど毎日の日課とスケジュールが守られるようにする
・子どもたちが遊んだりリラックスしたりできる機会を作る
・子どもたちが安全で支えのある環境の中で，不安な気持ちを表現したりやりとりしたりできるようにする

　ことが示されている。
 2）新型コロナウイルス感染拡大危機への学校緊急支援
　上記の項目は，これまで学校緊急支援プログラムの概要として提起してきた3点，すなわち，出来事に関する正確な情報の伝達と共有，危機的な出来事体験後のストレス反応と対処方法に関する心理教育，出来事についての各自の体験機会の保障の3点（窪田，2005）にほぼ該当する。
　他の危機に比して，誰もが未経験の危機であったことや対面でのコミュニケーションが困難であったという特徴から，危機に関するその時点での正確な情報の共有と，セルフケア促進のための啓発資料の提供がより重要であった。休校期間中はもとより，その後も対面でのカウンセリングや心理教育，研修実施が困難な中，啓発資料のインターネット配信や動画を用いた研修，オンラインアンケートの活用など，実施方法を工夫したさまざまな支援が行われた（窪田，2020b）。
　各学校の配置SCから児童生徒，保護者への直接的な支援や教職員へのコンサルテーションなどが，都道府県臨床心理士会等のSC組織，日本臨床心理士会等

161

の全国レベルの職能団体からのバックアップの下になされた。また，各地域の臨床心理士会等は当該地域の教育委員会等と，日本臨床心理士会等の職能団体は文部科学省と必要に応じて情報交換・協議を行い，時期に応じた適切な支援が提供されるような体制が取られていた。

その詳細については，窪田（2020b）を参照いただきたい。

III 学校における危機対応

1 学校における危機対応の発展過程

①欧米における発展過程

欧米では，1980年代頃から，学校危機への組織的な介入の必要性が議論されるようになり，90年代初頭に英国のユール Yule（1993/2001）は，大きな自然災害や死亡事故，銃撃事件などに遭遇することによる子どもたちのさまざまなストレス反応や学校生活への適応，学業への影響などを明らかにしたうえで，短期的，中期的，長期的な対応について提示している。また，ほぼ同じ時期にアメリカでは，ピッチャーとポランド Pitcher & Poland（1992/2000）が，80年代から学校で児童生徒が呈する問題が深刻化してきた中でスクール・サイコロジストが危機介入のスキルをもつと共に，銃乱射事件のような学校，地域に影響を与えるような危機に備えて学区規模の包括的な危機対応システムを開発する必要性を指摘し，具体的な対応メニューを提示している。その後，アメリカ学校心理士会 National Association of School Psychologists（NASP）は，予防から準備，初期介入，中長期的な介入から評価にわたる包括的な学校危機対応プログラムであるプリペア PREPaRE（Brock et al., 2009）を開発し，体系化されたトレーニング・プログラムを提供している。

②我が国における発展過程

一方，我が国においては，増え続ける不登校やいじめといった児童生徒の個人的危機に外部の専門家である臨床心理士等が SC として，公立小中学校に派遣されるようになったのが1995年4月からであった。同年1月に阪神淡路大震災が発生したこともあり，大規模自然災害後の心のケアは当初から SC の重要な役割の一つと位置付けられた。その後，1997年の神戸連続児童殺傷事件，1998年の栃木県教師刺殺事件，1999年の京都市小学生殺害事件など，学校を現場とした命にかかわる悲惨な事件が続き，その都度 SC の追加配置や地元の臨床心理会等

第11章 学校における危機対応

からの心理士の派遣等が行われた。2001年の大阪教育大学附属池田小学校事件に際しては，当初から大学関係者を中心とした多職種チームが支援にあたり，その後設立された専門機関，学校危機メンタルサポートセンターが中心となって長期にわたる支援を行っている。

　一方，これほどの規模ではなくても，児童生徒の自殺，学校の管理内外の事故による児童生徒の死傷，教師の不祥事の発覚などによって生じる学校危機後の支援に関して，2000年頃から全国各地で都道府県臨床心理士会が学校・教育行政の要請を受けて支援に入る体制（福岡県臨床心理士会，2001；京都府臨床心理士会，2005など）や自治体が多職種チームを派遣する体制（河野，2009）が整備されてきており，学校危機後の心理学的支援は広く普及してきている。2011年の東日本大震災では，日本臨床心理士会，日本学校心理士会等が，子どもと学校の危機対応と回復の支援を行った（松浦・石隈，2018）。日本学校心理士会（2011）は，「震災に関する子どもや学校のサポート」資料を作成し，被災地の学校に配布した。

2．学校における危機対応

①危機対応と学校緊急支援

　前項で述べたように，危機的な出来事に遭遇すると学校コミュニティが機能不全に陥り，児童生徒への適切なケアを提供できない状態に陥る。このような場合に，学校コミュニティが本来の機能を回復するために，危機遭遇直後に外部の専門家が学校に入って行う援助活動が学校緊急支援（福岡県臨床心理士会，2001）である。

②緊急支援プログラムの概要（窪田，2017）

　・出来事についてのできるだけ正確な情報の提供：正確な情報の共有によって情報不足による不安や混乱，噂の蔓延を防ぐことは，二次被害を予防するためにも，構成員の信頼回復のためにも重要である。ただし死について詳細を伝えることや自死の場合に手段等を明示することは禁忌とされる（高橋，1999）。心理の専門家が直接的に情報提供を担うことは少ないものの，心理的な混乱の収束や回復における情報伝達の意味や具体的な伝え方について，教育行政担当者と共に管理職に助言するコンサルタントの役割を担うことがある。

　・心理教育：危機的な出来事に遭遇した際の心身の反応についての知識やリラクセーションなどの具体的な対処スキルを提供する心理教育は，危機時の心理支

援の中核をなすものであり，構成員のセルフケアを促進する役割をもっている。

・出来事に関する各自の体験を表現する機会の保障：出来事に関して感じたり考えたりしたことを，一人で抱え込むことなく，周囲の人と分かちあえるよう，ありのままに表現する機会を提供する。「話すことがない」「話したくない」という構成員には，無理に話させるようなことはせず，いつでも話を聞く用意があることを伝えるだけで意味がある。

③緊急支援プログラムの流れ

図2に緊急支援プログラムの標準的な流れを示した。まず初めに学校コミュニティの主たる担い手である教師が落ち着いて児童生徒に対応できることを目的に教員研修を行う。確認された事実の共有，ストレス反応と対処方法についての理解およびそれらに基づく児童生徒対応についての共通理解を図る。その時点で事件・事故への関わりが深いなどで特別な配慮を要する教職員については，並行して個別の支援を行う。児童生徒対象プログラムは基本的には学校（教師主体）が行えるよう，心理の専門家はバックアップする。特別な配慮が必要な児童生徒については心理の専門家が早い段階から個別支援を行う。また，担任等身近な教師が対応する中で，配慮が必要だと思われた児童生徒については，心理の専門家が直接会うことでアセスメントを行い，その後の支援についての助言を行う。保護者会においては，学校における事実報告，児童生徒への対応の説明に続いて，心理の専門家から児童生徒の反応と対処方法についての情報提供（心理教育）を行い，学校・保護者が協力し合って児童生徒を支援する体制づくりを進める。

このように，学校緊急支援に携わる心理の専門家は，管理職や教育行政担当者

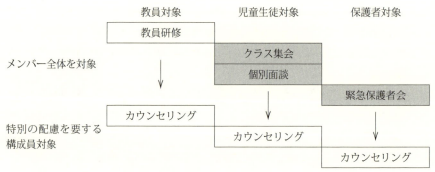

図2　緊急支援プログラムの流れ（福岡県臨床心理士会，2005）

第11章 学校における危機対応

等との対応全般についての検討や助言，教員対象の研修や個別のカウンセリングと児童生徒対応についての助言，児童生徒対象の心理教育や個別カウンセリング，保護者対象の心理教育や個別カウンセリングなど，幅広い役割を担うことになる。

3．学校緊急支援の実際 〜架空事例から

次に学校緊急支援がどのように行われるかについて，架空事例を通して具体的に示す。なお，ここでは学校コミュニティの被るダメージが大きく，近年支援要請が多くなってきた教師の不祥事発覚後の支援について述べる。

①事案の概要
・事案の概要：X月Y日（水）午後9時前後の各局のテレビニュースでC中学校のD教諭が飲酒運転で逮捕されたとの報道がなされた。比較的多くの人が触れる時間帯の報道であり，当夜のうちに多くの構成員がこの事実を知り得たと思われた。
・背景：C中学校は，各学年5クラス，比較的落ち着いた学校で，教育熱心な保護者が多く，進学実績も市内で上位に位置していた。バスケットボール部顧問であったD教諭は指導者として評価が高く，同部はD教諭が顧問に就任して後，県大会連続出場を果たしていた。
・緊急支援の要請：校長は，この件ではD教諭の担当学級やバスケ部の生徒を中心に動揺する生徒が少なくないのではないかと危惧した。しかしながら，本事案は学校の責任が問われる性質のものではないため，当初は学校全体としての特別な対応が必要だとは考えなかった。ところが，この件が発覚後，学校にはマスコミ，地域，卒業生を含む生徒や保護者からの電話がひっきりなしに入り始めたことから，予想を超えた混乱が生じていることを実感した。

そこで，校長はD教諭の当面の処遇をめぐってやり取りを開始していた教育委員会に相談し，学校の安定と生徒の心のケアのために臨床心理士会に緊急支援を要請することにした。なお，C中学校のSCからも校長に是非緊急支援を要請してほしいとの連絡が入った。

教育委員会指導主事を通じて要請を受けた臨床心理士会当該地区担当役員Eは，当面，翌日木曜日，翌々日金曜日にコーディネーターとしての自分自身と当該校SCを含む4名の心理士のチームで学校に入れるよう連絡・調整を行った。

165

第2部　実践編：子どもと学校を援助する

②緊急支援1日目　X月Y+1日（木）

・**校内危機対応チームでの検討**：教育委員会指導主事，心理士チームは学校に入り，校長，教頭，生徒指導，教務，保健主事からなる校内危機対応チームに加わった。校長からの事案発覚以後の経緯の説明を受けて，心理士チームのコーディネーターEより，このような不祥事事案は，バスケ部の生徒，担任クラスの生徒など，当該教師との関係が深く慕っていた生徒は尊敬と信頼の対象を突然失って喪失に伴う種々の反応を示すことが予測される一方で，当該教師と距離が遠い生徒たちは冷ややかに反応することが予想され，場合によっては両者が対立する可能性があることを伝え，まずは教職員研修でこれらのことを共有した上で生徒への対応を考える必要があることを確認した。

・**教職員研修**：引き続き，朝の職員朝礼の中で，30分程度の時間を取って教職員研修を行った。コーディネーターより，突然の衝撃的な出来事に遭遇した際の一般的反応およびこのような事案特有の反応と対処方法についての説明を資料に基づいて行った。生徒はさまざまな反応を示すが，どのような反応であってもまずはありのままに受け止めることが重要であることを確認した。教職員の表情からも，D教諭との日頃の関係性によって反応が異なることが窺えた。この後，全校集会，学級集会と進む生徒対象プログラムの概要と具体的な生徒への伝え方ややり取りについて確認した。日頃からD教諭を慕っていた新任教員Fの動揺が激しかったことから，この間，心理士の一人が別室で話を聴いた。

・**生徒対象プログラム**：全校集会において，校長より現時点で確認済みの事実の報告がなされた。すでに大半の生徒はこのことを知っていたようで沈痛な面持ちで聞いていたが，一部の男子生徒がふざけて大声を上げて近くにいた教師に注意されていた。

終了後，各学級で担任は説明を繰り返した上で，「自分自身，突然の出来事に大きな衝撃を受けている。信じられない思いと残念な思いがある。皆さんもいろいろな思いがあると思う。このようなことがあると心や体にいつもと違ったさまざまなことが起こるのはおかしなことでも何でもない。一人で抱え込まずにありのままに表現してほしい」と伝え，現時点での心身の反応を表現するためのツールとしての「こころの健康調査票」（福岡県臨床心理士会，2005）を実施した。それに続いて，回答済みのアンケートを基に担任による個別面談が行われた。

D教諭の担当学級では，泣きじゃくっている生徒，憮然とした表情で黙り込んでいる生徒，固まって不安そうに小声で話している生徒，黙々と自習をする生徒などさまざまな反応を示す生徒が混在し，落ち着かない雰囲気であった。校長が出

第 11 章　学校における危機対応

向いて改めて事実を説明すると，生徒たちから「D教諭はいつ戻ってくるのか」，「担任はどうなるのか」といった切実な質問が寄せられた。校長は「現時点ではわからないが，わかり次第きちんと伝える」，「当面副担任，学年主任を中心に態勢を整えていく」と伝えた。他にも「どうしてこうなったのか」「何かの間違いでは」といった声も上がった。個別面談は副担任と学年主任が担当したが，「先生を尊敬していたのに」「これから何を信じて生きていけばよいかわからない」と号泣する生徒，「いつも自分たちを厳しく指導していたのに自分は何をやっているのか」と怒りを露わにする生徒，「別に何も感じない。早く通常授業をしてほしい」と冷たく言い放つ生徒など，表現形は違うものの傷つきの大きさが窺えた。

　学級集会の間，心理士チームのメンバーは校内を巡回し，生徒の様子を観察した。その後，メンバーは分担して個別面談を終えて職員室に戻ってきた担任教師から話を聴き，継続的な支援が必要な生徒の抽出を行った。バスケ部，現担任学級，前年担任学級の生徒の動揺が大きかったほか，不登校傾向がある生徒，日頃から保健室利用が多い生徒なども不安定となっていることが確認された。それらの生徒については翌日心理士が会い，その後の対応を再度検討することになった。

　・緊急保護者会：この間，校内危機対応チームの主たるメンバーはPTA役員とともに，保護者会について打ち合わせた。D教諭は部活顧問のほか，担任としても信頼が篤かっただけに保護者の動揺も大きく，役員の下にはさまざまな声が寄せられているようだった。コーディネーターより，この時期の保護者会の目的は「学校と保護者が事実を共有した上で揺れている生徒を共に支える協力体制を作ること」であることを伝え，具体的な進め方や役割の確認が行われた。

　緊急保護者会には急な開催であったにもかかわらず，多くの保護者が集まっていた。校長からは事実報告と当日朝からの学校としての対応の説明がなされ，それに続いてコーディネーターはこのような出来事に遭遇した際の生徒の反応と家庭での留意点などを提示した。その後司会のPTA会長が質問を受けようとすると，「担任はどうするのか」，「顧問はどうするのか，夏の大会の引率はどうするのか」など，関係の保護者からの質問が相次いだほか，「教育者が法を犯すなど言語道断」「子どもに示しがつかない」といった非難や，「C中生は高校受験に不利になるのでは」「塾で他校の生徒にからかわれるのでは」といった過剰な不安までが口々に語られた。校長は学校が混乱し学習環境が損なわれていることについて責任者として謝罪した上で，「通常の学校生活を回復し生徒が学習や部活動等に集中できる環境の保障を最優先事項として取り組んでいくので，保護者の皆さんにも是非協力いただきたい」と頭を下げた。保護者の中からも「こういう時は学校と

167

第2部 実践編：子どもと学校を援助する

保護者の信頼関係が何より重要」という声が挙がり，一時は騒然とした保護者会は収束に向かった。

③緊急支援2日目　X月Y+2日（金）
・特別の配慮を要する生徒への支援：前日の担任等の対応の中で抽出された生徒について，心理士が分担してカウンセリングを行った。当該学級の生徒で，前日教師との面談で号泣した生徒は，前夜もよく眠れなかったと目を赤くして現れた。一方，D教諭への激しい怒りを表現していた生徒は，「もうどうでもいい，話すことなんかない」と当初，面接自体にも拒否的であったが，「驚いたでしょう。こんなこと，予想もしませんでしたよね？」と問いかけると，「ショックだった」「信じられない」と怒りの奥の強いショックと傷つきについて，ぽつぽつと語った。

・教師等との情報共有・協議：放課後に学年会が開催され，各学級の状況の共有と今後の対応についての協議がなされた。授業中落ち着かない生徒や体調不良を訴える生徒も散見される一方で，全体としては落ち着いて授業に臨んでいたとの報告がなされた。心理士からは，面談した生徒の様子と今後の見通しとともに，事案の性質上，生徒たちは種々の思いを抑え込む可能性が高いので，一見落ち着いて見えても注意深く見守り，適宜教師の方から声をかけることが重要であると伝えた。

一通り生徒に関する話が出尽くしたところで，自身の思いを語り始める教師もいた。教師の反応もさまざまで，「信じられない」「ショック」だという反応のほか，「D教諭の飲酒ぶりに若干危惧を感じていた」，「高圧的な部活動の運営には違和感があった」が，管理職の信頼も篤くリーダー的な立場のD教諭に対して「何も言えなかった」と自責を口にする教師もいた。

④緊急支援3日目　X月Y+5日（月）
翌週月曜日には，教育委員会指導主事，心理士チームのコーディネーターと当該校SCが学校に出向き，管理職等と，これまでの状況の振り返りと今後のフォローアップ体制についての検討がなされた。全体としては通常の学校生活が取り戻せてきていること，一部支援継続が必要な生徒についてはSCがフォローすることなどを確認し合った。コーディネーターより，このような教師の不祥事事案の発覚後は，教師が毅然とした生徒指導ができなくなって学校の荒れを招く可能性があるため，これまでにも増して教員間での情報共有・協議に基づく一貫した

第11章 学校における危機対応

指導が重要になることを伝えた。

Ⅳ これからの学校危機対応

1．予防・準備・対応・回復モデルに基づく包括的学校危機対応

①予防・準備・対応・回復モデル

　先に示した PREPaRE においては，学校危機対応を包括的にとらえている。予防段階では，情報収集と予防教育，準備段階では，体制づくりと訓練，対応段階では危機発生直後の対応，回復段階では中長期的な支援とそれまでの取り組み全体の検証を行い，次の予防に生かす循環モデルである。本章で述べてきた学校危機対応は，対応段階に位置付けられるが，当然ながらより効果的な事後対応がなされるためには，予防，準備，および実施後の検証が必要である。これまでそれぞれ別途取り組まれていた可能性があるこれらの取り組みを，今後は体系づけて行うことが求められる。

②学校危機への予防的な取り組み

　中でも，今日学校教育の中でさまざまな形で展開されている心理教育は，予防段階の重要な取り組みである。危機の発生自体を予防することは難しいが，危機に遭遇した個人の傷つきや学校コミュニティの混乱を少しでも予防・緩和する上で，学級の人間関係づくり，コミュニケーションスキルの向上，ストレス対処能力の育成，心の健康の保持増進をねらいとした心理教育を1次的援助サービスとして，平常時から体系的に行っておくことが重要である。窪田（2013）はこのような全般的な心の健康教育と，いじめや自殺，薬物乱用といった特定の問題の予防や解決スキルを育成する教育を体系的に行う「包括的心理教育推進モデル」を提起している。

2．チーム学校時代の学校危機対応

　2015年12月の中央教育審議会答申「チームとしての学校の在り方と今後の改善方策について」において，学校は教員に加えて心理の専門家であるカウンセラーと福祉の専門家であるソーシャルワーカーを活用して教職員がチームで子どもたちの支援を行っていくことが提言されており，それを受けて学校教育法施行規則において SC とスクールソーシャルワーカー（SSW）は学校における心理と福祉の専門家として正式に位置付けられた。

169

第 2 部　実践編：子どもと学校を援助する

　各地で常駐化・常勤化の動きも活発化している中，今後の学校危機対応について，前項で触れた平常時からの包括的な予防・準備と危機発生後の対応・回復に，より体系的に取り組む素地ができつつあると言えよう。一方で，仮に SC や SSW が常勤化されたとしても，危機後の学校コミュニティ全体の混乱に際しては外部からの支援を必要とするケースも少なくないことも再度指摘しておきたい。いずれにしろ，チーム学校時代に向けた包括的な危機対応について改めてそれぞれの職種の役割や連携・協働体制について検討し，備えることは喫緊の課題だと言えよう。

　また，『生徒指導提要』（文部科学省，2022）においては，2 類 3 軸 4 層からなる生徒指導の重層的支援構造が示された。すべての児童生徒を対象とする常態的・先行的生徒指導としての発達支持的生徒指導と課題未然防止教育（1 次的援助サービス），即応的・継続的生徒指導としての課題早期発見対応（2 次的援助サービス）と困難課題対応的生徒指導（3 次的援助サービス）のうち，学校緊急支援は，リスクマネジメントとしての発達支持的生徒指導と課題未然防止教育，クライシスマネジメントにおける課題早期発見対応と困難課題対応的生徒指導と位置付けられよう。学校危機管理体制については，生徒指導提要の第 3 章に節を設けて記載されているほか，いじめ，暴力行為，自殺などが生じた際の困難課題対応的生徒指導の実際については，第 4 章，第 5 章，第 8 章に詳細に述べられている。併せて参照していただきたい。

ワーク

　小中高等学校時代に経験した学校危機について，本章の学びを通して改めて考えてみよう。
　① 以下について，まず，ひとり一人で考え，書き出してみよう。
〈学校危機を経験したことがある場合〉
・それはどのようなものでしたか。
・危機が起きたこと／出あったことによって自分自身，周囲の児童生徒，先生方や学校全体はどのような影響を受けましたか。
・危機が起きた後／危機に出あった後に，学校からどのような支援が提供されましたか。覚えていることをあげてください。（例：出来事についての説明，担任による個別面談，スクールカウンセラーによるカウンセリングなど）
・危機による影響から回復し，日常生活を取り戻す上で役に立ったことはどのようなことでしたか。
〈学校危機を経験したことがない場合〉
・本章で学んださまざまな学校危機（表 1）の中で，いずれか一つを選択し，そ

第11章 学校における危機対応

のような危機が起こった／出あったら，自分自身，周囲の児童生徒，先生方や学校全体はどのような影響を受けると思いますか。
・そのような危機が起こった／危機に出あった後に，学校からどのような支援が提供されたらいいと思いますか。
・危機による影響から回復し，日常生活を取り戻す上で役に立つのはどのようなことだと思いますか。
② 6人程度のグループを作り，各自が考えたことを基に話し合おう。
③ 全体でシェアリングしよう。

◆学習チェック表
□ 学校に危機とはどのような状態をさすのかを理解した。
□ 学校に危機をもたらす出来事にはどのようなものがあるのかを理解した。
□ 危機に遭遇した個人や学校全体がどのような状態に陥るのかを理解した。
□ 危機に遭遇した学校に対する外部からの支援の必要性を理解した。
□ 危機に遭遇した学校への具体的な支援の概要を理解した。

より深めるための推薦図書

福岡県臨床心理士会編・窪田由紀編著（2020）学校コミュニティへの緊急支援の手引き［第3版］．金剛出版．

Pitcher, G. D., & Poland, S.（1992）*Crisis Intervention in the Schools*. Guilford Press.（上地安昭・中野真寿美訳（2000）学校の危機介入．金剛出版．）

窪田由紀・松本真理子・森田美弥子・名古屋大学こころの減災研究会編著（2016）災害に備える心理教育．ミネルヴァ書房．

学校コミュニティ危機と心の支援プロジェクト（2017）学校コミュニティ危機への心の支援．http://kinkyusien.info/

文　献

Brock, S. E., Nickerson, A. B., Reeves, M. A., Jimmerson, S. R., Liberman, R. A. & Feinberg, T. A.（2009）*School Crisis Prevention and Intervention: The PREPaRE Model*. National Association of School Psychologists.

Caplan, G.（1961）*An Approach to Community Mental Health*. Crune & Stratton.（山本和郎・加藤正明監修（1968）地域精神衛生の理論と実験．医学書院．）

Erikson, E. H.（1959）*Identity and the Life Cycle*. Psychological Issues1(1), Monograph1. International Universities Press, Inc.（小此木啓吾訳編（1973）自我同一性—アイデンティティとライフサイクル．誠信書房．）

福岡県臨床心理士会（2001）．学校における緊急支援の手引き．

福岡県臨床心理士会（2005）．学校における緊急支援の手引き．In：福岡県臨床心理士会編，窪田由紀ら著：学校コミュニティへの緊急支援の手引き．金剛出版，pp.157-272.

樋渡孝徳・窪田由紀・山田幸代・向笠章子・林幹男（2016）学校危機時における教師の反応と臨床心理士による緊急支援．心理臨床学研究，34; 316-328.

Inter Agency Standing Committees (2020) Interim Briefing Note Addressing Mental Health and Psychosocial Aspects of COVID-19 Outbreak.（前田正治（監訳），瀬藤乃理子・村上道夫・竹林由武訳（2020）ブリーフィング・ノート（暫定版）新型コロナウイルス感染症（COVID19）流行時のこころのケア 1.5　日本語版　https://www.ajcp.info/heart311/wp-content/uploads/2020/03/IASC_BN-on-COVID-MHPSS1.5_Japanese_0323.pdf

河野通英（2009）子どもを守るために専門職の情熱を技を結集しよう—CRT（クライシス・レスポンス・チーム）の活動紹介．児童青年精神医学とその近接領域，50; 378-382.

窪田由紀（2005）学校コミュニティの危機．In：福岡県臨床心理士会編・窪田由紀ら著：学校コミュニティへの緊急支援の手引き．金剛出版，pp.22-44.

窪田由紀（2013）学校にせまる危機．In：速水敏彦編：教育と学びの心理学．名古屋大学出版会，pp.265-280.

窪田由紀（2017）学校コミュニティの危機．In：福岡県臨床心理士会編・窪田由紀編著：学校コミュニティへの緊急支援の手引き　第2版．金剛出版，pp.15-37.

窪田由紀・樋渡孝徳・山下陽平・山田幸代・向笠章子・林幹男（2016）学校危機遭遇体験と教師の危機対処効力感，危機後成長の関連（1）—調査の概要と教師の学校危機遭遇体験の実際．日本教育心理学会第58回総会発表論文集，467．

窪田由紀（2020a）感染症の世界的な流行．In：福岡県臨床心理士会編・窪田由紀編著；学校コミュニティの緊急支援の手引き　第3版．金剛出版，pp.26-30.

窪田由紀（2020b）新型コロナウイルスの世界的大流行に関する支援．In：福岡県臨床心理士会編・窪田由紀編著；学校コミュニティの緊急支援の手引き　第3版．金剛出版，pp.127-133.

京都府臨床心理士会編著（2005）学校における緊急支援—緊急時に携わるスクールカウンセラーに向けて．

松浦正一・石隈利紀（2018）学校危機における緊急支援に関する文献研究—災害による学校危機に関する文献から見えてくる緊急支援のありかた．聖マリアンナ医学研究誌，18．

文部科学省（2021）令和2年度児童生徒の問題行動・不登校等生徒指導上の諸課題に関する調査結果の概要．https://www.mext.go.jp/content/20201015-mext_jidou02-100002753_01.pdf

文部科学省（2022）生徒指導提要．

National Association of School Psychologists　http://www.nasponline.org/professional-development/prepare-training-curriculum/about-prepare

日本学校心理士会（2011）震災に関する子どもや学校のサポート（資料）．

大泉光一（2006）危機管理学総論—理論から実践的対応へ．ミネルヴァ書房．

Pitcher, G. .D. & Poland, S.（1992）*Crisis Intervention in the Schools.* Guilford Press.（上地安昭・中野真寿美訳（2000）学校の危機介入．金剛出版．）

災害，事件・事故後の子どもの心理支援研究会（2020）児童生徒や教職員に感染者が出た場合の学校としての対応について—予め備えておく必要があること．　http://kinkyusien.info/wp/wp-content/uploads/2020/08/b3ff484df78cffd7b245aa76e8b036b3.pdf

髙橋祥友編著（1999）青少年のための自殺予防マニュアル．金剛出版．

Yule, W. & Gold, A.（1993）*Wise Before The Event: Coping with Crisis in Schools.* Calouste Gullbenkian Foundation（久留一郎訳（2001）スクール・トラウマとその支援—学校における危機管理ガイドブック．誠信書房．）

第 12 章　学級づくりの援助

学級づくりの援助
——スクールカウンセラーの役割を中心に

伊藤亜矢子

Keywords　安全・安心の学級，ゼロ・トレランス，スクールカウンセラー，学級の荒れ，学級崩壊，学級風土，学びのユニバーサルデザイン，教育と心理学

I　安全・安心の学級風土

1．安全・安心の学級

　主に 2000 年代以降の米国で，校内での暴力予防の必要性が強く認識されるようになったことを契機に，安全・安心の風土の重要性が教育現場であらためて主張されるようになってきた。

　例えば，1999 年に生じたコロンバイン高校銃乱射事件は，校内で自校生が大量殺人を計画し，その一部が実行されて多くの犠牲者を出した。その衝撃は，学校も安全な場所でないという認識を強め，どうやってわが子を守るかという社会的な関心や学校の安全管理強化の必要性を高めた。この他にも，学校での銃乱射事件は米国で多数みられ，2000 年代にはその予防として，校内の監視カメラや金属探知機の設置，武器の持参をはじめ暴力関連行為を仔細な規則等で排除するゼロ・トレランス（無寛容）に基づく指導などが広まった。

　しかし，こうした方策は，暴力行為を校内から締めだす方向性に偏り，子どもたちに，どう行動すべきかを教育する視点が欠落していた。結果として，米国心理学会での検討においても，ゼロ・トレランスの効果は否定的なものであると結論づけられた（American Psychological Association Zero Tolerance Task Force, 2008）。

　一方，銃乱射だけでなく，いじめやハラスメントなど多様な暴力予防に本質的な力をもつのは，安全・安心な風土（safe climate），支持的で尊重に満ちた風土（supportive and respectful climate）づくりだという認識が広まり，校内での暴力防止にむけた心理学的な方略研究（Sprague & Walker, 2005 など）もなされてき

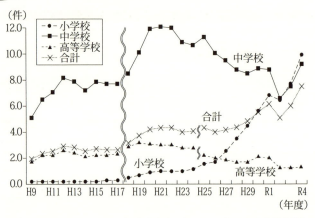

図1 学校の管理下における暴力行為発生率（1,000人当たりの発生件数）の推移

た。

具体的には，暴力的でない方法による葛藤解決や好ましい友人関係づくりをスクールカウンセラー（以下，SC）と教師が協働で行うことや，子どもたちによる適切なルールづくり，生徒指導の工夫，教師・SC・保護者・地域など多様な連携協働による好ましい学校風土づくりなどによって，安全でお互いを尊重できる学習環境を創出しようというものである（Stone & Dahir, 2023）。

文部科学省（2023）の令和4年度児童生徒の問題行動・不登校等生徒指導上の諸課題に関する調査結果では，我が国での小・中・高等学校における児童生徒1,000人当たりの暴力行為（対教師暴力，生徒間暴力，対人暴力，器物破損）発生件数は7.5件（前年度6.0件）で，その推移は図1の通りである。

なおこの調査では，平成8年までは校内暴力の状況を調査しており，現在の「故意に有形力（目に見える物理的な力）を加える行為」という定義と異なる。このため平成8年以前との比較は難しいが，近年では，小学校における暴力行為の急増が見て取れる。なお平成18年からは国私立の学校も統計に加わっている。1,000人に7.5件というと，さほど多くない印象かもしれないが，130人程度に1件と考えれば，学校単位でみた場合，多くの学校で暴力行為を経験する可能性があることが分かる。統計上に表れない事案や，いじめやハラスメント，体罰も暴力と考えれば，学校現場にとって暴力行為は，日本の学校においても，常にその予防に関心を払うべきものであることが理解できる。

米国における安全・安心な風土づくりは，ゼロ・トレランス方策をとる限り，成功しなかった。このことは，心理的な視点からすれば，容易に理解できること

第12章　学級づくりの援助

であろう。禁止だけでは，子どもたちが好ましい行動を学ぶ機会が得られない。監視の雰囲気が強まれば，教師との良好な関係づくりも難しくなる。

　教育の場では，発達途上の子どもたちが，試行錯誤の中から生きた学びを行えることが重要である。そのために，日本では，学級生活の中で子どもたちがどのように自己や他者と向き合うか。それを担任教師がどのように支援するかを重視して，後述のような日本の学級集団づくりが発展してきた。米国では，そのような学級担任の教師が生活指導・学級づくりを行うシステムではないため，SCの役割として，良好な風土づくりが重視されてきた。

　障害の有無や，貧困など社会経済的な背景，ジェンダーなど，さまざまな点で異なる文化的な背景をもつ人への相互理解や，学級での好ましい葛藤解決など，心理的な視点を活かした風土づくりがSCの役割として位置付けられたのである。日本でも，心の健康教育を含む予防啓発的な支援（1次的援助サービス）が心理職にも求められる現代となってきた。米国のSCのように，心理的視点を持って，広く教育に貢献する姿勢が求められているのではないだろうか。

2．学級集団づくり

①日本の学級集団づくり

　日本の学級集団づくりについて照本（2017）は，集団の中でこそ子どもが成長することや，子どもが直面している生活課題や自立課題と，その背景にある子どもたちの願いや苦悩に応答するのが教育であるという立場から，子どもたちが自ら自分達の課題やその背景にある構造を見出し，学級内の子ども同士の関わりから，それを解決していく過程であることを述べている。

　係活動や授業中の話し合い活動，学級対抗の合唱コンクールや運動会などの行事など，子どもたちは学級生活の中で，自ずと，お互いの考え方や価値観の違い，行動の違いなどに直面し，葛藤する。そうした中で，隠された子どもたちの序列や，個々の子どもたちが抱える問題背景などについて，それぞれに思いを言い合い，深く関わらなければ見逃してしまう事柄について子どもたち自身が気づいていく。そうして，学級での相互理解と協働を通して，本質的な意味で，お互いを支え合う学級集団，つまりは安心で互いを尊重する学級風土を創出していくことが，日本の学級集団づくりの根底にあることが理解できる。

　こうした学級づくりは，生活の創造者として主体的存在である子どもを育成しよう，次世代を育成しようという教育学の考えや教育の使命を踏まえたものでもある。深い関わり合いを前提とし，教室内だけでなく，将来の生活者として問題

提起や主体的かつ協働しての問題解決の基礎を養う教師の指導力が求められる。思想や価値観にとらわれず科学的な方法論に依拠する心理学と，教育とは，方法の基盤となるものが異なっているが，子どもたちの行動を生活背景も含めて理解し，主体的な解決者としての力を育成しようとする点は共通している。教育現場や教師が蓄積した学級づくりの考え方や方法を，十分に理解した上での協働が，心理職には求められる。

②学級風土をつくるもの

　ところで学級集団は，明るい学級，落ち着いた学級など，それぞれ独自の性質を帯びてくる。こうした学級の心理社会的側面が学級風土であり，心理学では，観察や児童生徒，教師，保護者対象の質問紙によって，学級風土をアセスメントすることが試みられてきた。

　例えば児童生徒用質問紙による学級風土アセスメント（伊藤，2009；伊藤・松井，2001；伊藤・宇佐美，2017）では，「このクラスは笑いが多い」「このクラスでは友達同士助け合う」など，クラスについての質問項目に生徒が回答し，それら回答の学級平均値から，クラスの"性格"を描き出す。つまり，クラスについての生徒各自の主観的なとらえを，質問紙によって把握し，その総合として，学級の特徴を浮かび上がらせるものであり，学級の性格テストといえば分かりよいかもしれない。こうした多次元的な学級風土尺度の他，学級のアセスメントとしては，例えば児童生徒の学校生活意欲と学級満足度をはかり，学級内の分布から二次元的に学級状況をとらえるQ-Uテスト（河村ら，2008）のような方法や，描画等を用いるもの，学級観察によるものなどもある。

　欧米における学級風土研究では，学級風土が，子どもたちの情動や意欲，学習結果を左右することが多くの研究成果として指摘されている。日本でも近年，学習への情緒的な変数の影響や，学習集団の情緒的な側面の重要性が見直され，肯定的な感情表出の多い学級で所属する子どもたちの学校適応感が高く，否定的な感情表出が多い学級で適応感が低い（利根川，2016）など，学級集団の情緒的な側面が，子どもの学校適応に影響することが心理学研究で実証されてきた。

　学級風土は，子どもたちのもつ性格傾向や，子ども集団のリーダーのあり方，学級を取り囲む学年や学校の風土など，さまざまな要因によって醸成されるが，上記の学級集団づくりの例を見ても分かるように，日本では生活指導を幅広く担う担任の役割は大きく，担任による学級づくりの方針や学級への働きかけは，学級風土に大きな影響を与える。

第12章　学級づくりの援助

③学びのユニバーサルデザインと学級づくりへの心理学の貢献

　近年，障害の有無や年齢，男女，国籍など多様な違いを超えて，誰にでも活用しやすい設計が，ユニバーサルデザインとして推奨されている。学校の授業でも，それぞれの子どもが多様な学びのスタイルを持つことを考慮して，学びのユニバーサルデザインが提唱されている。学びのユニバーサルデザインにおけるユニバーサルとは，「個々に違いを持ったすべての子どもたちが，同じ学習内容に対して平等に公平に学習へのアクセスと機会をそれぞれに最適な方法で得ることができる」ことを意味している（ホールら，2018, p.17-18）。何を（認知），どのように（方略），なぜ学ぶか（感情），という各面において，脳科学的にも子どもたちの学習過程は多様であり，その多様性に応じられる学習環境を用意しようというものである。建物に後から無理矢理にスロープを創るよりも，最初からスロープも含めた美しい階段を用意すれば，より多くの人に快適な玄関ができる。学びのユニバーサルデザインという考え方には，多様性を個人の障害などの問題とみなすのではなく，そもそも学びは多様だから多様性に応じた環境が必要というパラダイムが含まれている。「平均的」なものに人を合わせるのではなく，最初から障壁を除けるように，読むより聞く方がよい子はテキストを音声で聞くこともできるなど，多様な選択肢を用意することで，子ども達の学びを促進するものであり，認知心理学・発達心理学など多様な心理学の考えも反映されている。

④新型コロナウイルス感染症による新たな学校生活を経ての学級づくり

　2019年に発生した新型コロナウイルス感染症によって，休校やその後の密を避けた活動など，学校生活も新たな様式を余儀なくされた。新学習指導要領は，対話的な深い学びが基本となるにも関わらず，密を避けるとグループワークも難しい。学級づくりに欠かせない各種行事も縮小を余儀なくされた。一方で，急速に導入されたオンラインでの学びやギガスクールで配布されたタブレット端末は，課題の出し方や端末の扱いなど学校生活に新たな課題と規則をもたらしている。さらには，新型コロナウイルスの感染を経験した家庭や児童生徒が，学びや児童生徒間関係に不利益を被らない配慮も求められる。コロナ禍のこうした困難な状況下では，児童生徒がお互いを理解し適切に交流しながら，学級集団への帰属意識と愛着をもてるよう校内の大人の工夫と協力がより一層求められた。

　児童生徒達の状況や思いを理解しながら関わる担任教師からの声掛け，直接の接触や感染リスクを低減するタブレットやアプリを利用した意見交換，着席のまま無言や移動なしで可能なゲームなど，いつもの活動にも形を変える工夫などが

コロナ禍では重ねられた。小さな工夫や試行錯誤であっても，子ども達は教師の熱意と配慮を感じるであろうし，工夫の積み重ねは，そうしたプロセスを共に歩む，教師と子どもの関係を深め，子ども達の間にも温かい人間関係が構築される助けになるのではないだろうか。行動制限に関わらず，お互いを大切に思う人間関係があれば，感染による差別なども回避でき，助け合いながら困難な状況を乗り越えていく仲間として子ども達は安心感をもって学び合える。活動が制限されてエネルギーや思いを表出しにくい状況だからこそ，きめ細やかに子ども達の思いをくみ取ることや，教師も立ち止まって考え，教師同士助け合い，新たな取り組みを行うことが強く求められる。心の理解やコンサルテーションを業とするSCは，そうした場面で貢献できるはずである。

米国のSCなどが行う心理教育のアクティビティや，構成的グループエンカウンターなどを応用して，密を避けて行える気持ちの交流を促す活動にアイディアを出すこともできる。潜在的な子ども達のニーズをとらえて，心の支えとなる心理職ならではの力を発揮する機会は増している。そうした機会を積極的に捉えて，アイディアを出していく力量が心理職に求められている。

II 学級の荒れへの対応

1．学級の荒れの予防と対応

①学級の荒れ

「学級の荒れ」は，一般に，児童生徒の行動によって授業等が不成立になる状態をさすが，国立教育政策研究所生徒指導研究センター（2005）の報告書によれば，2000年頃から特に，小学校での私語や離席などによる授業の不成立が「学級崩壊」として問題となってきた。それ以前にも，1980年代の主に中学校での校内暴力など，生徒の荒れによる授業の不成立はあったが，低年齢の子どもたちによる身勝手な行動によって，ベテランの教師の学級でも授業が不成立になるなどの状況が生じ，新たに学級崩壊として注目されるようになった。

上記の報告書では，対応に重要な視点として，（a）多様な視点からの児童理解の深化，（b）学級・学校内の豊かな人間関係の構築，自己指導力を高める取組，（c）学校における生徒指導体制の確立，（d）学校・家庭・関係機関・地域等の開かれた連携と協働，（e）学校評価等の活用，教育委員会のサポート，の5点をあげている。ここで，自己指導能力とは，『生徒指導提要』（改訂版）によると，主体的に問題や課題を発見し，目標を立てて，他者を尊重しつつ自発的・自律的

第 12 章　学級づくりの援助

に行動する力とされる。その育成には，①自己存在感が感じられ，②共感的な人間関係や，③自己決定の場，④安心・安全な風土が，必要とされている（文部科学省，2022）

②荒れの予防に心理職が貢献できること
　上記（a）から（e）の視点を見れば，そこには心理職に貢献できる点が数多く含まれていることに気付くことができる。

- （a）の多様な視点からの児童理解の深化は，まさに教師へのコンサルテーションで最初に行われることである。
- （b）の人間関係構築は，校内での子どもたちとの自然な関わりや子どもたちからの相談を通して，対人関係の支援を行うことが SC には可能である。さらに，アンガーマネジメントなどの心理教育・予防教育を通して，人間関係づくりを支援することもできる。
- （c）の生徒指導体制の確立においても，「チーム学校」の中で，SC がチームの一員として教師と協働しながら自らの役割を果たすことで，生徒指導体制の充実に貢献できる。
- （d）の学校・家庭・地域等の連携においても，特に，保護者面接を通して，学校と保護者の信頼関係や連携を促進できる SC の役割は大きい。
- （e）の学校評価や教育委員会のサポートを活用して，学校全体の教育機能を高めるために，SC の管理職等へのコンサルテーションが役立つ。

　このように，学級への支援は，学級内個人への担任教師ひとりからの支援に留まらず，多様な側面から行うことができる。後述のように，ADHD など特別な支援を要する子どもへの適切な対応を教師と考えることで，学級全体が落ち着いたり，学級内の集団力動を教師と共に読み解くことで，学級全体の動きを変えられたりするなど，心理職の専門性を活かせる場面は多い。さらに，上記（a）から（e）の指摘から分かるように，学級への直接支援だけでなく，保護者への関わりや，学年教師への関わり，学校全体への関わりなど，間接的なものも含めて，多様な形で心理職が行える支援があることや，それが求められていることを知っておくことが重要である。

2．事　例

①小学校 3 年生の A 学級における荒れ
　次のような学級の荒れに，SC として対応するとしたら，どのような方法が考えられるだろうか。前項の（a）から（e）も参考にして考えてみてほしい。

第2部　実践編：子どもと学校を援助する

<A学級の事例>

　小学校3年生のA学級は，4月に新しく編成され，教職について間もない若手女性のA先生が担任となった。4月は子どもたちの緊張もあってか，大きな問題もなく過ぎたが，5月初めから，一部の児童が離席したり，授業中に相次いでトイレに行ったりして，落ち着かない雰囲気になってしまった。そうした雰囲気を嫌う子どもたちの声から，保護者も知るところとなり，保護者会を目前として，連絡帳に教師への不満をあからさまに書いてくる保護者もあって，A先生は職員室でも暗い表情でいることが多くなった。A先生は，落ち着きなく離席する子どもたちをはじから注意するのだが，こちらを注意すれば，あちらが離席，という具合で収まらない。2学級編成のこの学年では，もう一方の学級を中堅の教師が担任していたが，A先生が頼りたくとも，不登校傾向の児童や虐待の疑いのある児童など，配慮の必要な児童がもう一つの学級には多く，中堅教師も，自分の学級を離れてA学級の支援をするのは難しい状況であった。

②教師と学級を支援する基盤

　それではSCとして，A学級を支援するとしたら，どのようなことが行えるだろうか。

　たとえA先生がSCに助けを求めなくとも，SCは定期的に学校を訪れるため，雑談を通して，クラスへのA先生の思いなどを知る機会をつくることができる。また，校内巡回や学級観察を通して，クラスの状況を直接確認することができるし，休み時間の児童とのふれあいを通して，子どもたちがクラスの状況をどう見ているかや，学級の子どもたちが，そもそもどのような特徴をもち，どのような集団力動の中で日々を過ごしているのかを知ることもできる。全校朝会や図工・音楽など専科教員による授業で，A先生以外の大人に対するクラスの動きを観察することも可能である。さらに教室内や廊下に掲示された作品からも，児童たちの特徴や思いを知ることができる。

　このように校内では，多様な場面，多様な視点から，個人のみならず学級をアセスメントする機会が潤沢にある。こうしたアセスメントの機会を活かして，学級についての情報を集積し整理すれば，学級の見立てを行える。この見立てを基に，A先生とクラスについて意見交換をすれば，インフォーマルなコンサルテーションにつながる。

　その際には，「落ち着きのなさ」という課題だけでなく，A学級のもつリソース（資源）としての「学級の良さ」や「できていること」に注目することが大切

第12章 学級づくりの援助

である。「落ち着きのなさ」だけに捉われていると，問題点や不足な点ばかりが見えて，必ずしも解決に結びつく理解に繋がらない危険がある。しかし多面的にクラスやそこでの児童，教師－児童関係を見ることで，解決につながるリソースを見出すことができる。

　リソースを見出すことができれば，A先生にも希望となり，子どもたちにとっても，すでにできている肯定的な行動やその他のリソースを基に，適切な行動を増やす支援に繋がる。

③A学級への支援の実際

　本事例では，SCが学級観察をすると，多動傾向があって，状況把握の力が弱いB君がまず離席し，それに追従してしまう幼い男児が数名いることで，全体に落ち着かない雰囲気となってしまうことが分かった。しかし同時に，休み時間その他の観察からは，それらの男子グループも，目的がはっきりとして意欲的に参加できることであれば，自主的にルールを守って遊べていることが分かった。また，学級内には，落ち着かない雰囲気の中でも，しっかりと行動できる児童が少数ながらいることも確認できた。

　SCは，A先生の苦労に共感した上で，男子グループが意欲的に参加できる場面があることなど，上記のような，クラスですでに「できていること」をA先生に伝えながら，学級への理解を深め，可能な指導をA先生と探っていった。

　同時にSCは，A先生と相談して，保護者会に先駆けて，多動傾向のあるB君の保護者と面談をすることとした。A先生とB君の保護者は連絡帳を通じてやりとりを重ねており，B君の保護者も，いつまでも幼い様子のB君を心配していた。

　A先生は保護者に，SCの勤務日を知らせ，「カウンセラーはB君の学級や休み時間の様子も見てくれているので，今後の子育ての参考に，一度会って意見を聞いてみたらどうか」と誘ってくれた。すぐに保護者から連絡があり，SCと保護者の面談が実現して，B君の様子を保護者とSCで共有できた。保護者もB君の学習面を心配しており，学習への意識づけに，家庭で多少の予習で授業にB君が興味を持てるようにしたり，B君が授業の話をしたら，家庭でも興味をもって話を聞いてもらうことで，B君が授業への参加意識を高められるようにしたりする方策が話し合われた。SCの面談の最後には，A先生も加わって，家庭と学校との連携を確認することができた。

　学校でも，授業のユニバーサルデザインの考え方も参考にして，目的が明確で参加しやすく，多くの子どもたちが興味を持てる授業をA先生が工夫することや，

離席を叱責するのではなく，授業に参加したときにほめるなど，特別支援教育で必要な考え方を用いた指導を学年全体で行うことになった。

保護者会では，B君や追従する男児を批判する意見も出そうになったが，それまでの過程で，B君の家庭と学校の信頼関係もできており，学校での具体的な方策も定まっていたことから，A先生もB君ひとりの問題を取り上げるのではなく，今後の学級全体への指導の工夫を保護者に伝え，各家庭での理解と協力を求めることができた。特に，特別支援の考え方を取り入れた指導については，SCからも若干の説明を加えたことで，チームで取り組んでいることが保護者にも伝わり，今後の方針全体を好意的に受け止めてもらえたようであった。

こうして夏休み前の1カ月ほど，上記のような指導の工夫を重ねた結果，B君も他の男児も落ち着き，学級全体に，自分達の学級への肯定的な思いを児童各人が感じられる状態で夏休みを迎えることができた。

■ Ⅲ　心理学からの教育改革

1．特別支援教育からの教育改革

A学級の事例では，立ち歩きを片端からA先生が叱責しても，状況は改善せず，学級の雰囲気が悪化するばかりであった。ゼロ・トレランスが失敗に終わったように，A先生の叱責だけでは，B君たちは適切な行動を学ぶことができなかった。適切な行動が学べないどころか，叱責が強化となって，面白がって立ち歩きをしてしまう誤った学習が生じていた可能性さえある。

教育の現場では，適切でない行動は叱責しなければならない，という認識が強い場合があるが，適切な行動を学ぶ機会がなければ，叱責は不適切な行動を強化してしまったり，学級全体の雰囲気を悪くしたりしてしまう。安全・安心な風土づくりには至れない。むしろ，できていることを中心に，適切な行動を強化することで，子どもたちに適切な行動を学んでもらう方が効果的であろう。

こうした点を踏まえて，観察データなどに基づき，計画的に，学校全体として，好ましい行動を強化することで，安全・安心な風土をつくるポジティブな行動支援（PBIS: Positive Behavior Intervention and Support）（OSEP Technical Assistance Center on Positive Behavioral Interventions and Supports, 2017）も，米国では広く試みられている。日本でも，全校型の肯定的行動支援（SWPBIS: School Wide Positive Behavior Intervention and Support）の試行例が発表されている（庭山, 2020）。前述の学びのユニバーサルデザインも含めて，心理学・認知科学・脳科

第 12 章　学級づくりの援助

学等に基づく特別支援教育からの教育改革といえるかもしれない。

2．協働の基盤にある教育と心理学の違い

　教育とは何か，という根源的な哲学的議論に象徴されるように，教育は単なる方法論でなく，思想や価値観も含む営みである。それに対して，心理学は，価値観や思想に関係のない中立的・実証的データに基づく一般的な行動原理を基礎とする部分もあるため，単なるハウツー的で表層的な方法論である，という誤解も教育現場では生じやすい。教育と心理学のさまざまな違いも踏まえて，学校の方針や，教師の思い，子どもにとっての事象の意味などを，教師と SC がお互いに理解し合い，お互いの考えを尊重し合えることが大切になる。

　A 学級への対応で見たように，心理学の視点は，行詰まった状況を打開する新たな視点として役立つことも少なくない。学級づくりという，一見，心理職からは馴染みのない教師の中核的な仕事においても，心理学からの新たな視点の提案や，子どもたちの行動の分析，保護者との橋渡しなどは，従来とは違う切り口として活用できるはずである。

　これからの「チーム学校」では，さまざまな立場の強みを生かして，子どもたちの成長を支えていくことが求められている。心理学の知見を活かして，どう学級を読み解くか，また，心理学の知見を，学級経営にどう活かしてもらうか。そのためには，何をどう見立て，それをどう教師に伝えるのか，子どもたちにどう関わるのか。SC が一人で問題解決しようとするのではなく，学校の自然な文脈の中で心理学的な知見を活かし，それを教師の実践に橋渡しする工夫が，学級づくりの支援にも必要とされている。

ワーク

〈中学校 1 年生の 1 学期の終わりに，A 学級では，男子生徒が他の男子生徒を殴るトラブルがありました。殴った男子は大人しい生徒と言われています。〉
　上記のような暴力のあった学級を想定して，スクールカウンセラーとして対応するとしたら，どんなことができるだろうか。
　① まず，学級訪問するとしたら，どのようなこと（観察の対象，内容など）から，情報を得ることができるか考えてみよう。
　② 知り得た情報をもとに，どのような介入（スクールカウンセラーや担任による関わり）ができるか考えてみよう。
　③ そうした介入を念頭において，教師に学級観察で得た情報を伝えて，今後の指導を考えるコンサルテーションのロール・プレイをしてみよう。

第2部 実践編：子どもと学校を援助する

◆学習チェック表
- □ 日本の安全・安心な学校風土づくりについて説明できる．
- □ 安全・安心な学級づくりに心理職がどう貢献できるか説明できる．
- □ 学級崩壊の予防や解決にどう貢献できるか説明できる．
- □ 学びのユニバーサルデザインについて説明できる．

より深めるための推薦図書

梶谷真弘（2018）特別支援サポートBOOKS 学級経営＆授業のユニバーサルデザインと合理的配慮―通常の学級でできる支援・指導．明治図書．

益子洋人（2018）教師のための子どものもめごと解決テクニック．金子書房．

文部科学省（2022）生徒指導提要．

竹内常一・折出健二編著（2015）シリーズ教師のしごと1 生活指導とは何か．高文研．

ホール Hall, T. E・マイヤー Meyer, A., & ローズ Rose, D. H. 編，バーンズ亀山静子訳（2018）UDL 学びのユニバーサルデザイン―クラス全員の学びを変える授業アプローチ．東洋館出版社．

文献

American Psychological Association Zero Tolerance Task Force（2008）Are Zero Tolerance Policies Effective in the Schools?: An Evidentiary Review and Recommendations. *American Psychologist*, 63; 852-862.

ホール，メイヤー，ローズ Hall, T. E., Mayer, A., & Rose, D. H.（バーンズ亀山静子訳, 2018）UDL 学びのユニバーサルデザイン―クラス全員の学びを変える授業アプローチ．東洋館出版社．

伊藤亜矢子（2009）小学生用短縮版学級風土質問紙の作成と活用．コミュニティ心理学研究, 12; 155-169.

伊藤亜矢子・松井仁（2001）学級風土質問紙の作成．教育心理学研究, 49; 449-457.

伊藤亜矢子・宇佐美慧（2017）新版中学生用学級風土尺度（Classroom climate inventory; CCI）の作成．教育心理学研究, 65; 91-105.

河村茂雄・粕谷貴志・鹿嶋真弓・小野寺正己（2008）Q-U式学級づくり中学校編．図書文化社．

国立教育政策研究所生徒指導研究センター（2005）「学級運営等の在り方についての調査研究」報告書．https://www.nier.go.jp/shido/centerhp/unei.pdf

文部科学省（2022）生徒指導提要．

文部科学省（2023）令和4年度「児童生徒の問題行動等生徒指導上の諸問題に関する調査」結果について．https://www.mext.go.jp/content/20231004-mxt_jidou01-100002753_1.pdf

庭山和貴（2020）中学校における教師の言語賞賛の増加が生徒指導上の問題発生率に及ぼす効果―学年規模のポジティブ行動支援による問題行動予防―．教育心理学研究, 68; 79-93.

Sprague, J. R. & Walker, H. M.（2005）*Safe And Healthy Schools: Practical Prevention Strategies.* The Guilford Press.

Stone, C. & Dahir, C. A.（2023）*The transformed school counselor.* 4rd Edition. Cengage Learning.

照本祥敬（2017）学級集団づくりをどうすすめるか―「いじめ」，孤立と排除の状況を転換する．In：竹内常一・折出健二編著：シリーズ教師のしごと1 生活指導とは何か．高文研，pp.43-71.

利根川明子（2016）教室における児童の感情表出と学級適応感の関連．教育心理学研究，64; 569-582.

The United States Office of Special Education Program (OSEP) Technical Assistance Center on Positive Behavioral Interventions and Supports（2017）Positive Behavioral Interventions & Supports.　https://www.pbis.org/

第2部 実践編：子どもと学校を援助する

第13章

学校づくりの援助

家近早苗

> **Keywords** 人と環境との相互作用，チーム学校，3層の援助サービスのシステム，学校のアセスメント，チームによる連携，個別の援助チーム，コーディネーション委員会，マネジメント委員会，コーディネーター，生態学的アセスメント，4種類のヘルパー

I　学校づくりと公認心理師

　公認心理師法第2条第3項では，公認心理師の行う行為の一つに，「心理に関する支援を要する者の関係者に対し，その相談に応じ，助言，指導その他の援助を行うこと」を位置付けている。ここに示されている「関係者」には，学校組織も含まれると考えられる。

　ブロンフェンブレンナー Bronfenbrenner, U. は，人間の発達とは，人がその環境をどのように受け止め，その環境にどう対処するのかの継続的な変化であり，人と環境が相互作用を起こしているととらえている。そして学校は，直接子どもに影響を与える，あるいは直接的に子どもの行動との相互作用を起こす環境（マイクロシステム）にあたる（Bronfenbrenner, 1979/1996）ことから，学校や学級の雰囲気や援助サービスが必要に応じて適切に提供されるかどうかは子どもの成長に影響を与えると考えられる（図1）。

　そこで本章では，子どもが生活する場である学校の「学校づくり」への公認心理師の貢献について，学校組織を活用するという視点から述べたい。

1．学校づくり

　学校づくりとは，各学校がその教育目標を効果的に達成するために必要な組織をつくり，これを効率的に運営することを意味する。学校経営は，学校（教育）行政を通じて導入される公教育の実施に関する制度的枠組みを，個々の学校に即して再構成しながら行う学校管理と，各学校における教育実践を，人的，物的，

第13章　学校づくりの援助

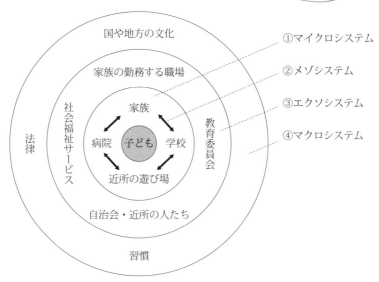

図1　子どもを取り巻く生態学的環境（Bronfenbrenner, 1979を参考に作成）

財政的条件の最適な組み合わせにより効率的・能率的に促進する働きである学校運営の2つによって支えられる（牧，1998）。学校には，学級や学年などの組織と，校長が学校教育の効果を上げるために校務を所属職員に分担する校務分掌があるが，このような組織を活用し，工夫することは，子どもへの心理教育的援助サービスに影響を与える。さらに学校づくりには学校経営の側面と，子ども，教職員，保護者から構成されるコミュニティの促進という側面がある。

現在，学校づくりについては「チーム学校」で進めることが示されており（文部科学省，2015），校内の組織づくりに加え，地域や保護者との連携をつくりだすことが学校には求められている。

2.「チーム学校」

2015年12月，中央教育審議会から「チームとしての学校の在り方と今後の改善方策について（答申）」が出され，学校や学校組織の在り方について改善し，児童生徒の学力やICTの活用などの多様な能力を効果的に高めていくことが提案された（石隈・家近，2021）。その中でも特に注目されるのが，スクールカウンセラー（以下，SC）やスクールソーシャルワーカー（以下，SSW）などの専門家を学校職員に位置付けていることである。また「チーム学校」の考え方は，『生徒指導提要』（2022）においても基本的な考え方として取り入れられ（図2），教職

第2部　実践編：子どもと学校を援助する

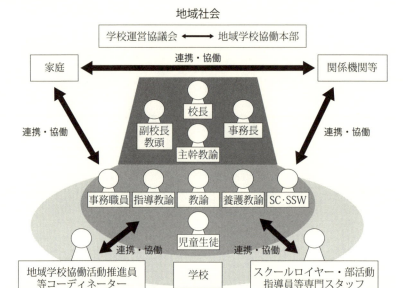

図2　チーム学校のイメージ（『生徒指導提要』[文部科学省，2022] を基に作成）

員同士の連携はもちろん，SC（公認心理師等）やSSWなども含めて，教職員と多職種の専門家や地域の人々が連携・協働した生徒指導が強調されている。生徒指導での「チーム学校」のイメージは，生徒指導のマネジメントを行う「マネジメントゾーン」（図2の台形の部分），教師と専門家との連携・協働を行う「教職員ゾーン」，スクールロイヤーや地域学校協働活動推進員等コーディネーターなどによる学校外との連携・協働を行う「地域との境界ゾーン」で整理され（石隈，2023），「チーム学校」に「児童生徒」が位置づけられていることが特徴である。

「チーム学校」実現のための視点として以下の3点があげられる。

①専門性に基づくチーム体制の構築

　教員が教育に関する専門性を共通の基盤としてもちつつ，それぞれ独自の得意分野を生かし，学校の中で，学習指導や生徒指導などさまざまな教育活動を「チームとして」担い，子どもへの援助を行う。個の援助に，SCやSSWなどの心理や福祉等の専門スタッフを学校の教育活動の中に位置付け，教員との間での連携・分担の在り方を整備するなど，専門スタッフが専門性や経験を発揮できる環境を充実する。

②学校のマネジメント機能の強化

　教職員や専門スタッフ等の多職種で組織される学校が，チームとして機能するような学校のマネジメントの在り方等について検討を行い，校長がリーダーシップを発揮できるような体制の整備と，学校内の分掌や委員会等の活動を調整して，学校の教育目標の下に学校全体を動かしていく機能を強化する。ここには，主幹教諭の配置と活用，事務職員の資質・能力の向上や事務体制の整備等が含まれる。

③教職員一人ひとりが力を発揮できる環境の整備

　「チーム学校」では，教育委員会や校長等は，教職員一人ひとりが力を発揮し，さらに伸ばしていけるよう，学校の組織文化も含めて見直し，人材育成や業務改善等の取り組みを進めることが示されている。また「チーム学校」は，学校だけでなく，地域や家庭と組織的に連携することでこれらすべてを含めて一つの学校として機能することをめざしている。

　このような新しい学校づくりにおいて公認心理師は，学校の専門スタッフとして「チーム学校」に貢献することが求められる。特に，学校を見直して学校の資源を見つけ，学校がチームとして機能できるような組織（システム）を意図した援助が必要となる。

3.「チーム学校」と公認心理師

　チーム学校における専門スタッフの代表として挙げられるのが，SC と SSW である。文部科学省（2017）は，SC に求められる能力として，学校に適した心理学的な技法を開発する能力，心理・健康的側面のアセスメント能力，カウンセリング面接やグループ面接等の種々の技法を用いた対処能力，教員への心理学的見地からの助言などの相談に関する能力と，学校組織への支援を行う組織心理学的援助能力，児童生徒への心の健康保持活動（ストレスマネジメントや対人関係訓練等）の企画立案能力などをあげている。また SSW は，問題行動（不登校，いじめや暴力行為等），子どもの貧困，被虐待児童生徒の就学支援，健全育成，ソーシャルワーク理論に基づいた児童生徒のニーズの把握と支援，保護者への支援，学校への働きかけ，自治体の体制整備への働きかけを行うことを示している。

　石隈（2016）は，公認心理師は SC や SSW などとして，チーム学校を支える担い手になると述べている。そして今後は，現在「外部の専門家」である SC や SSW が，「学校の専門スタッフ」として，教職員や保護者との連携や学校・福祉・医療との連携のキーパーソンになる可能性があることを示している。

さらに石隈（2016）は，専門性に基づくチーム体制の構築を3つのステップでとらえている。第1のステップは，教職員の指導体制の充実である。教員，指導教員，養護教諭，栄養教諭などがそれぞれの専門性を活かして，学習指導や生徒指導等の多様な教育活動をチームとして行う。第2のステップは，教員以外の専門スタッフの参画である。SCやSSW，授業等における専門スタッフ，学校司書などを校内に有機的に機能するように位置付け，教員との連携・分担体制にも留意する。第3のステップは，地域や保護者との連携体制の整備である。

このようなステップを通して，学校が家庭，地域と一つのチームとして機能することで，学校のリーダーシップ機能や学校の企画・調整機能，事務体制の強化と，学校のマネジメント機能が強化されるのではないかと考えられる。

II 学校のアセスメント

公認心理師は，心理学に関する専門的知識および技術をもつ（公認心理師法第2条，2017）ことから，教師とは違う視点から学校をアセスメントすることが求められる。そこで，公認心理師が自身の専門性を活かしながら行う学校のアセスメントについて述べる。

1．学校組織の特徴について知ること

淵上（2005）は，学校組織や教師集団の特徴として，教師同士に職務上の緊密な結びつきは少なく，教師の自主性や個業性が保障され，学級経営や教科指導に関しては，教師の専門的能力に基づいた独自性が尊重された「疎結合システム」（Weick, 1976）であることを示している。

このような組織は，管理職と下部の組織との距離が短い「フラット」な形状で組織が作られていることが特徴である。そして，管理職からの指示を下位にある組織を経由して効率的に伝播させることが難しいため，管理職の指示や命令がスムースに伝わるように校内組織を見直し編成することが必要とされる。また，下部の組織（例えば学年，学級，教科など）はそれぞれの専門性によって独立する傾向をもっていることから，いわゆる横のコミュニケーション，つまり連絡や調整を意図的に組織内につくり出すことが必要になる。一方で疎結合システムの組織には，下部の組織の一つが崩れても他に伝播しないことも特徴としてあげられる。

例えば学校では，学校行事や生徒を指導する場面で，学年での相談や決定が尊

第 13 章　学校づくりの援助

重されることや学年集団で指導体制をとることなどの，いわゆる「学年団」と呼ばれる集団の意見が尊重されることが少なくない。また，教師は自分の学級の児童生徒のことはよくわかっているが，他の学級や学年の子どもの情報については把握していないこともある。このようなことは，個業性や独立性が尊重されることと関連して起こる学校の課題でもある。また中学校や高等学校には，教科に基づく専門性のため，自分の専門でない教科の授業には意見を出しにくいことがある。これも教科の専門性が尊重されていることと関連している。そしてその結果，情報を共有することの難しさや連携の取りにくさが生じることがある（家近，2018）。数年来生徒が「荒れた」ある学校では，各学年を1フロアに配置することで各学年が責任をもって自分の担当する学年を管理する体制を取っており，他の学年に「荒れ」が広がらないための工夫をしていた。これは，下部の集団の一つが崩れても他の集団に伝播しにくいという疎結合システムの特徴を踏まえて学校現場でとられている対応の一つであると考えられる。

公認心理師として学校で働く際には，まずこのような学校組織の長所や短所を知り，さらに各学校の課題と組織の特徴とを関連付けることが必要となる。

2．生態学的アセスメント

学校心理学（石隈，1999）では，子どもの問題状況は，子ども個人だけに問題があるのではなく，学校，学級，家庭など環境の問題によって起こること，環境（家庭環境，教室環境など）と子どもとの相互作用によって問題が大きくなったり小さくなったりするものであるととらえる。このようなアセスメントが生態学的アセスメントである（図3；第4章参照）。例えば，教室の中で寝そべる，歩き回るなどの落ち着きのない行動をしていた子どもが，進級して新しいクラスになると落ち着いて生活できることがある。これは，学級全体の雰囲気が落ち着きのない子どもの行動に影響を与え，子どもが落ち着くことで学級全体にも影響を与えるという相互作用が起こることを示す一例である。特に音やさまざまな刺激に敏感な子どもは，環境からの影響を受けやすいため，子どもが所属する集団をどう作るかが，子どもが学校生活を送る上で大変重要なポイントとなる。

公認心理師は，子どもの個人的な心理的要因だけに注目するだけでなく，友人

図3　生態学的アセスメント

191

第2部　実践編：子どもと学校を援助する

関係の難しさ，学習に関する困難さなどの要因と，学校や学級の問題，家庭の問題などの環境的な要因とが重なることで起こることを前提として，子どもの問題状況をとらえる必要がある。そしてこのような視点からの多面的な情報収集は，SCや担任教師だけの情報では不十分であり，子どもの周りにいる援助者（例：担任教師，学年の教師，保護者，SCやSSW）がチームとしてそれぞれの立場や専門性を活かして，子どもの情報を集め，それを子どもへの援助に活かすことが重要である。教師にわかること，保護者にわかること，SCやSSWにわかることを活かすことが，より良い援助サービスを提供することにつながるのである。

III　学校の協力・連携の促進

公認心理師は，各学校の特徴を活かしながら学校の内外に協力や連携を意図して行う役割を担うことも必要である。そのために公認心理師が行える具体的な方法について述べる。

1．地域の資源と学校内の資源：キーパーソンを見つける

すでに述べたように，子どもの問題の解決には，多面的な情報収集とその活用が重要である。公認心理師は，このような子どもを取り巻く援助者（援助資源）を見つけ出し，それぞれの良さを活かしていくことが重要な役割である。援助者は，子どものヘルパーとして子どもが課題を乗り越えていくときには，支えとなってくれる（家近，2017）。

学校心理学（石隈，1999）では，このような援助者を「4種類のヘルパー」として位置付けている（①専門的ヘルパー／②複合的ヘルパー／③役割的ヘルパー／④ボランティア的ヘルパー：第5章参照）。

子どもの周りにいる援助者（ヘルパー）がより効果的に援助をするには，援助者同士の協力や連携を意図するコーディネーターの存在が求められる。「チーム学校」において，心理教育的援助サービスのコーディネーターの役割は，生徒指導主事や養護教諭，特別支援教育コーディネーターなどミドルリーダー的な位置にいる教師によって担われる。公認心理師（SCやSSWなど）は，専門スタッフとして学校内の教職員との連携や協働を促進する役割をもつ。そしてそのためには，コーディネーターとのパートナーシップを心がけ，その力を活かすことを意図することが必要である。

2. 学校組織の活用：3層の援助サービスのシステム

　子どもの援助者が集まって子どもの援助を行うことがチーム援助である。学校心理学（石隈, 1999;石隈・家近, 2021）では, チーム援助を「3層の援助サービスのシステム」としている。このシステムは, 特定の児童生徒に対して編成される個別の子どもへの援助チーム（田村・石隈, 2003）, 学校の校務分掌などに位置付けられ恒常的に機能するコーディネーション委員会（家近・石隈, 2003）, 学校全体の教育システムの運営に関するマネジメント委員会（山口・石隈, 2007）の3つに整理される（図4）。

　これら3つの援助チームがそれぞれの特徴を活かしてその役割を担い, 相補的に働くことにより, 学校全体の子どもに対する援助の目標と方針, 情報の共有が可能になると考えられる。個別の子どもへの援助チームの情報がコーディネーション委員会へと伝わり, さらにマネジメント委員会へと連携されることが, 学校内に縦と横の情報の共有をつくり出すことにつながる。

①個別の子どもへの援助チーム

　個別の子どもへの援助チームは, 子どもの問題状況に応じて作られ, 問題解決と共に解散される性質をもつ。つまり, 個別の子どもへのチーム援助は, 子ども

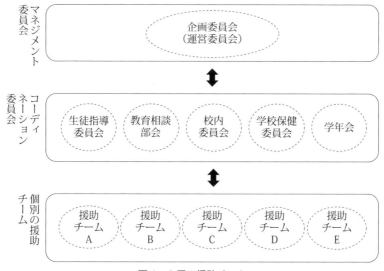

図4　3層の援助チーム

の問題状況に応じて援助の開始から終了までのある一定の期間行われる。そして，学校の中で起こる不登校やいじめの問題などに対応して臨機応変に作ることができることが特徴である。

田村・石隈（2003）は，SC として実践したチーム援助の事例について，SC・保護者・担任との連携に焦点を当てて検討し，担任，保護者，SC で編成されるコア援助チームでは，参加者がそれぞれの専門性を活かすことが重要であり，メンバー同士の援助過程を「相互コンサルテーション」であるとした。そして，援助チームによる相互コンサルテーションを行いながら，援助資源を活用することの有用性を示している（第 5 章参照）。

②コーディネーション委員会

コーディネーション委員会は校内組織に位置付けられており，定期的，恒常的に開催され，学校や学年での援助ニーズを把握しながらそのニーズに応じた活動が行う。コーディネーション委員会は，学校組織体制の中で例えば，生徒指導委員会，教育相談部会，特別支援教育における校内委員会，学年会などにあたる。

家近・石隈（2003，2007）は，中学校における実践事例から，コーディネーション委員会の機能に焦点を当て，その機能を明らかにした。その結果，コーディネーション委員会は，①異なる専門性をもつ SC や教師等が協力し合いながら問題解決を行うコンサルテーションおよび相互コンサルテーション機能，②学校全体としての取り組みとして，生徒に対する効果的な援助や情報の提供を行う学校・学年レベルの連絡・調整機能，③共有された援助方針をそれぞれの援助チームに伝えるチーム援助の促進機能，④管理職が参加することによって，校長の意思伝達や教職員との連携が図られることによるマネジメントの促進機能を見いだしている。

さらに，コーディネーション委員会の 4 つの機能は，参加する教師の態度に影響を与え，教師が提供する心理教育的援助サービスを促進することが明らかになっている（Iechika & Ishikuma, 2021）。コーディネーション委員会で検討される特定の子どもへの援助は，最終的にすべての子どもへの心理教育的援助サービスにつながることから，コーディネーション委員会の在り方が重要になる。

③マネジメント委員会

マネジメント委員会は，学校全体の教育目標を達成するための意思決定や危機管理を行う委員会（例：運営委員会や企画委員会）である。そして，心理教育的

援助サービスはマネジメント委員会で扱われる重要なテーマである。

山口・石隈（2007）は，マネジメント委員会の記録から，マネジメント委員会での意思決定のプロセスは，問題・情報の共有化，学校の課題に関する協議，決定，支持・伝達，終了の過程で循環的に行われることを示している。また，これらの研究を基に，マネジメント委員会機能尺度を開発し，マネジメント委員会の機能は，情報共有・問題解決，教育活動の評価と見直し，校長の意思の共有の3因子で構成させることを明らかにしている。そしてマネジメント委員会の機能がチーム援助体制とチーム援助行動に影響を与えることを明らかにしている（山口ら，2012）。

公認心理師はSCなどとして，個別の子どもへのチーム援助を行う機会が多いと考えられる。しかし，チーム援助をシステムとしてとらえた時，公認心理師はこのような3層の援助サービスのシステムの一員として教師と協力できる体制を作ること，援助チームをつなぐようにその役割をとることも求められている。

3．資源をつなぐ：公認心理師としての新しい役割

公認心理師は，学校において心理学に関する専門的知識と技術をもって，学校，教師，児童生徒，保護者などへの心理的援助サービスを提供する役割を担う。文部科学省（2017）は，SCおよびSSWを学校組織の中で有効に機能させるよう提案している。まず，SCによる支援（アセスメント，カウンセリング，コンサルテーション，心の健康教育）等とSSWによる支援の職務内容をより一層明確にすることである。また，教員，SCおよびSSWがそれぞれの役割について共通理解を図ることで，学校における教育相談が充実されるだけでなく，SCおよびSSWにとっても働きやすい環境となるという提案である。

このような提案は，学校がSCやSSWなどの専門スタッフをどう活用するかという視点からのものであるが，一方で公認心理師自身も，自分の専門性を活かしながら，これまでとは異なる役割を担うことも意識したい。その一つが，校内の資源をつなぐということである。増田（2017）は，公認心理師が多職種と連携するためには，心理学的専門性とともにコーディネーターとしての役割を担うことが必要であるとしている。

そのためには，まず公認心理師としての自分自身のアセスメントが必要となる。公認心理師である援助者が子どもの援助に対してどのような価値観をもっているか，援助サービスにおける経験や能力を知り，自分の専門性を活かすことと同時に自分の限界を知ることは適切な援助につながる（石隈，1999）。そして，自分

第2部　実践編：子どもと学校を援助する

の力でできること，自分だけではできないことを踏まえ，多職種連携・地域連携による支援の意義について理解し，チームにおける公認心理師の役割について説明できる（厚生労働省，2017）ことが求められている。

　学校における公認心理師は，定期的に行われる会議に参加するだけでなく，教職員との日常会話やコンサルテーションの機会を通して，公認心理師として何ができるかを教師に伝え，教師と理解し合えるようなコミュニケーションの能力を基盤として関係者と信頼関係を築くことが必要である。公認心理師がその専門性を発揮し，「チーム学校」づくりにおいて貢献することに期待したい。

ワーク

① 　4〜5人のグループを作り，自分の学校生活を思い出して「楽しかった学校あるいはつまらなかった学校について」話し合おう。
② 　自分が学校を作るとしたらどのような学校にしたいかを話し合おう。

◆学習チェック表

☐ 　学校組織のもつ特徴について理解した。
☐ 　生態学的アセスメントの意味について説明できる。
☐ 　3層の援助サービスのシステムについて理解した。
☐ 　チーム学校における公認心理師の役割について理解した。

より深めるための参考図書

　淵上克義（2005）学校組織の心理学．日本文化科学社．

　Bronfenbrenner, U. (1979) *The Ecology of Human Development: Experiments by Nature and Design.* the President and Fellows of Harvard College.（磯貝芳郎・福富護訳（1996）人間発達の生態学—発達心理学への挑戦．川島書店．）

　水野治久・家近早苗・石隈利紀編（2018）チーム学校での効果的な援助—学校心理学の最前線．ナカニシヤ出版．

　石隈利紀・家近早苗（2021）スクールカウンセリングのこれから．創元社．

文　献

Bronfenbrenner, U. (1979) *The Ecology of Human Development: Experiments by Nature and Design.* the President and Fellows of Harvard College.（磯貝芳郎・福富護訳（1996）人間発達の生態学—発達心理学への挑戦．川島書店．）

淵上克義（2005）学校組織の心理学．日本文化科学社．

家近早苗（2017）教育分野における心理社会的課題と事例検討．In：一般社団法人日本心理研修センター監修：公認心理師現任者講習会テキスト 2018 年版，pp.94-102.

家近早苗（2018）教師が変わるコーディネーション委員会．In：水野治久・家近早苗・石隈利

第13章　学校づくりの援助

紀編：チーム学校での効果的な援助―学校心理学の最前線. ナカニシヤ出版.

家近早苗・石隈利紀（2003）中学校における援助サービスのコーディネーション委員会に関する研究. 教育心理学研究, 51; 230-238.

家近早苗・石隈利紀（2007）中学校のコーディネーション委員会のコンサルテーションおよび相互コンサルテーション機能の研究―参加教師の体験から. 教育心理学研究, 55; 82-92.

Iechika, S. & Ishikuma, T.(2021)Influence of Functions of a Coordination Committee on Teachers' Psycho-educational Support in Japan. *Japanese Journal of School Psychology*, 20; 139-157.

石隈利紀（1999）学校心理学―教師・スクールカウンセラー・保護者のチームによる心理教育的援助サービス. 誠信書房.

石隈利紀（2016）「チーム学校」における連携―スクールカウンセラーの役割と課題. 臨床心理学（臨時増刊号：公認心理師）, 33-35.

石隈利紀（2023）チーム学校による生徒指導―児童生徒の主体性と意見を活かす. In：「月刊生徒指導」編集部編：生徒指導提要―全文と解説. 学事出版, pp.13-17.

石隈利紀・家近早苗（2021）スクールカウンセリングのこれから. 創元社.

厚生労働省（公認心理師カリキュラム等検討会）（2017）公認心理師カリキュラム等検討会報告書. https://www.mhlw.go.jp/file/05-Shingikai-12201000-Shakaiengokyokushougaihokenfu kushibu-Kikakuka/0000169346.pdf

公認心理師法（2017）https://www.mhlw.go.jp/file/06-Seisakujouhou-12200000-Shakaiengok yokushougaihokenfukushibu/0000121345.pdf

牧昌見（1998）学校経営の基礎・基本. 教育開発研究所.

増田健太郎（2017）実践心理学⑱教育・学校心理学. In：野島一彦編：公認心理師入門―知識と技術. pp.76-79.

文部科学省（2015）チームとしての学校の在り方と今後の改善方策について（答申）. 中央教育審議会.

文部科学省（2017）教育相談等に関する調査研究協力者会議「児童生徒の教育相談の充実について～学校の教育力を高める組織的な教育相談体制づくり」（報告）. http://www.mext.go.jp/ component/b_menu/shingi/toushin/__icsFiles/afieldfile/2017/07/27/1381051_2.pdf

文部科学省（2022）生徒指導提要.

田村節子・石隈利紀（2003）スクールカウンセラーによるコア援助チームの実践―学校心理学の枠組みから（教育心理学と実践活動）. 教育心理学年報, 42; 168-181.

山口豊一・石隈利紀（2007）中学校における学校マネジメント委員会にどのような機能があるか―企画委員会を題材とした質的研究. 筑波大学学校教育論集, 51-62.

山口豊一・樽木靖夫・家近早苗・石隈利紀（2012）中学校におけるマネジメント委員会の機能がチーム援助体制及びチーム援助行動に与える影響―主任層に焦点をあてて. 日本学校心理士会年報, 4; 103-112.

Weick, K. E.(1976)Educational Organizations as Loosely Coupled Systems. *Administrative Science Quarterly*, 21(1); 1-19.

第2部　実践編：子どもと学校を援助する

第14章

地域ネットワークづくりの援助

石川悦子

⊶ Keywords　コミュニティワーカー，スクールカウンセラー（SC），スクールソーシャルワーカー（SSW），アセスメント，コンサルテーション，チーム学校，児童家庭支援センター，児童相談所，教育支援センター

■ I　コミュニティワーカーとしての公認心理師の役目

1. 背景状況

　不登校児童生徒数は依然として高水準で推移しており，いじめの認知件数の増加やいじめが背景にあると考えられる自殺等が後を絶たない。社会や経済の変化に伴い子どもや家庭，地域社会も変容し，子どもたちの問題行動も複雑化・多様化しており，学校だけでは対応しきれない事案が多くみられる。これらの深刻な状況を背景に，2013（平成25）年度以降，子どもの尊厳を保持するための法律が複数成立し施行されている。「いじめ防止対策推進法」「子どもの貧困対策の推進に関する法律」「義務教育の段階における普通教育に相当する教育の機会の確保等に関する法律（教育機会確保法）」等である。また，2023（令和5）年4月には「こども基本法」が施行された。これらの法律の基本方針の中に，教職員および心理や福祉等の専門家間で情報共有等必要な措置を図ることの重要性が明記されている。さらに，学校教育法施行規則（第65条の3）に「スクールカウンセラーは，小学校における児童の心理に関する支援に従事する」と明記され，SCの職務内容が法令上明らかになった（2017［平成29］年4月施行，2021年［令和3］年8月23日一部改正）。加えて，「チームとしての学校の在り方と今後の改善方策について」（2015［平成27］年12月中央教育審議会答申）においては，"学校や教員が心理や福祉等の専門スタッフ等と連携・分担する「チーム学校」体制を整備し，学校の機能を強化していくことが重要である"ことが提言された。これと同時に，「新しい時代の教育や地方創生の実現に向けた学校と地域・協働の在り方と今後の推進方策について（答申）」（2015［平成27］年12月中央教育審

第 14 章　地域ネットワークづくりの援助

議会答申）において，地域とともにある学校への転換や子どもも大人も学び合い育ち合う教育体制の構築等，学校と地域の連携・協働を一層推進していくための仕組みや方策について提言がなされている。

　以上のような背景状況の中，公認心理師は学校および地域コミュニティにおいて，主体である子どもの声を丁寧に聴き取りながら，個を援助するためのリソース（資源）に目を向け，環境調整とともに支援の基盤づくりに関わることが重要である。コミュニティワーカーとは，多様なアセスメントを行うとともに戦略をもち，金田（2014）によれば，「人（個人または集団）」，「団体・組織」，「地域」と次元の違うものに総合的に関わっている実践である。

2．教育分野で働くコミュニティワーカーとしての役割

　教育分野で働く公認心理師は，例えばスクールカウンセラー（以下，SC）として，学校における教育相談体制の中で子どもたちに対するカウンセリングやアセスメント（見立て），保護者や教職員に対するコンサルテーション（助言を含めた関わり）等を行うことが求められる。ここでいうアセスメントとは，専門家として個々の子どもがなぜそのような状況に至ったのかをアセスメントすることに留まらず，家族や教職員および関係する人々の関係性を含め重層的に見立てることを指す。さらに，SC は学校全体を支援する立場から，コミュニケーションの取り方やストレスマネジメントに関する予防開発的な心理教育，および教職員や保護者対象の研修等にも積極的に関わる必要がある。特に，学校全体をアセスメントしながら教育相談体制の充実を推進していくことが重要である。したがって，SC として勤務を始める際には，配置された学校の教育目標，生徒（生活）指導や教育相談の方針を含む学校運営方針と教員の考え方をよく理解した上で，表1のような点を整理しながら進めると，全体を見渡すことができる（村瀬ら，2023）。

　公認心理師は，地域の教育センター（教育相談室）や大学の学生相談室，心理臨床センター等の相談員として働く場合も多い。このような相談機関では，個別の相談を受けて，本人および保護者へのカウンセリングや心理テスト等を含むアセスメントを行う場合が多いが，具体的な支援を展開する折には，本人が在籍する学校や学部との連携・協働は不可欠である。子どもやその家族を支援するスタッフが複数になればお互いに心強いが，スタッフ間の情報共有や支援目標の擦り合わせが重要となる。そのためには，全体の支援状況を把握するコーディネーター（リーダー）の存在を明らかにしながら，そこに情報を集中させ，PDCA サイクルによる支援が実現するように，心理職はつねに目配りをしながらコミュニテ

第 2 部　実践編：子どもと学校を援助する

表 1　SC 活動に当たっての点検事項（事例に対応する際の校内体制）
（村瀬ら，2023 より石川改変）

	SC が依頼を受けるシステム	校内の情報共有のためのシステム	関係機関と連携するためのシステム
不登校			
いじめ			
非行			
発達障害			
学校危機対応			
授業観察給食訪問等			

ィワークを展開する必要がある。このような支援の基盤づくりは，個別事案の問題解決だけでなく，さまざまな問題の未然防止や子どもの安全・安心な生活や生命を守るという地域ネットワークづくりにつながる。実効性のある多職種連携を実現するためには，日頃より各機関の機能や仕組みおよび関連法規について理解しておくことが必要である。本章では事例を通して多職種連携上の留意点を示し，続いて各関係機関の機能について記載する。コミュニティワークを実践する際の参考にしてほしい。

II　連携事例から学ぶ

【事例 1】学校が児童家庭支援センターおよび児童相談所等と連携した事例
　　―児童虐待を背景に抱え問題行動を繰り返す A 男―
　①経過：A 男の家族構成は本人（中学 1 年生），父，母，弟（小学生）の 4 人家族である。A 男は小学生の頃より教室外への飛び出し，乱暴等の問題行動があったが，背景として父親による身体的暴力や母親によるネグレクトがあることが見落とされていた。中学校入学後，校内での対生徒暴力や怠学，校外での喫煙や窃盗が表面化した。校内では教員が場面をとらえて指導するとともに，SC は A 男へのカウンセリングや保護者との面談を継続した。当初，保護者は学校との連携に抵抗を示したが，SC が両親それぞれに連絡を入れながら関係づくりを続ける中で面談が成立した。保護者は，学校に対して批判的な発言を繰り返したが，子育て上の不安や A 男の将来を心配する発言もみられた。学校は児童民生委員からもA 男の家族について情報を得た。A 男の問題行動は一時期落ち着いたが，対人ト

第14章 地域ネットワークづくりの援助

ラブルをきっかけに器物破損が顕著になった。校内では，管理職，生活指導主任，学年主任，担任教諭，養護教諭，SCによる協議に基づき，児童家庭支援センターとの連携を図り，その後，児童相談所（児童福祉司）につながった。その過程で，家庭状況や本人の適性および能力等が慎重に勘案された結果，児童相談所での一時保護を経て児童自立支援施設入所措置となった。施設内では，生活指導や運動・学習指導等が行われ，本人の態度や言動には成長が見られた。この間，教員とSCは施設指定の面談日や行事には必ず訪問し関係を継続した。両親は，この期間を通じて自らの子育てを振り返り少しずつ親子関係の再構築が進む様子がみられた。中学校卒業とともに当該施設を退所し高等学校へ進学した。

　②心理職としての役割：SCは，A男へのカウンセリングや保護者面接，教職員との情報共有の中でアセスメント（心理面・身体面・社会面）を行い，ジェノグラム（家族関係図）や成育歴等を整理した。非行傾向から青少年センターへの通所相談も検討したが，親子で相談に通うことは難しいと判断し，児童家庭支援センターから児童相談所につながる道を考え教員に提案した。関係者会議の場では，A男が抱える問題点や本人の思い，今後の成育に関する懸念等を整理して伝えた。児童相談所の対応が始まるまでには時間を要したため，管理職やSCが児童相談所を複数回訪問し，学校側が抱く心配について熱意をもって伝えたことは重要であったと思われる。このように，心理職は地域における外部機関の役割と利用方法を理解して，学校側に方略を提案する必要がある。また，学校が外部機関と連携を図った後もその機関に全てを委ねるのではなく，顔の見える連携を継続することが不可欠である。SCは原則週1日程度の非常勤の場合が多く，学校や子どもたちの日々の動きを全てとらえることは難しい。したがって，学校教職員と支援目標および対応計画を共有しチーム対応が実現するよう貢献することが鍵となる。その折に，例えば「児童生徒理解・教育支援シート（試案）」（文部科学省，2016）のようなシートを活用すると支援の全貌が整理できる。また，当然のことながら，子どもの問題に対応するときに学校が連携する相手としてもっとも重要なのは保護者である。その保護者が置かれている状況を丁寧に聴き取りながら子育て上の苦労を労い，"一緒に考えて行きましょう"という姿勢をもって信頼関係を構築しながら進めることが重要である。

【事例2】学校が教育相談室，教育支援センター（適応指導教室），SSWと連携した事例　―不登校から相談室登校を経て卒業したB子―
　①経過：B子の家族構成は，本人（中学2年生）・母親・兄との3人家族であ

る。5月連休明けから腹痛を理由に保健室利用や登校しぶりが続き，その後，不登校状態になった。その当座は，担任が電話連絡や訪問をしても本人は決して応じなかった。保健室では「イライラする」等と発言していたことがわかり，担任が周辺の生徒から話を聴くも具体的な理由はわからなかった。副校長，教育相談担当教諭，学年主任，学級担任，養護教諭，SCによる校内委員会を開催し情報共有と対策を協議した。その中で，B子の友人関係，学級の雰囲気，部活での様子等が共有された。当面の役割分担として，学年主任による全体指導，担任による情報収集や保護者への連絡，養護教諭による家庭訪問，SCは本人に手紙を書くなどしてアプローチするとともに，母親面談を実施してこれまでの様子を整理することになった。母親は，SCとの面談の中でこれまでの成育状況やB子の性格，また，昨年後半からB子は不機嫌なことが多く話をしたがらないのでどう関わっていいかわからないと語った。この自治体には相談員やスクールソーシャルワーカー（以下，SSW）が定期的に学校巡回をするシステムがあり，その折に，このSSWが家庭訪問が可能であることがわかった。校長はSSWにB子への接触を依頼した。B子は，SSWにも不登校の理由は話さなかったが，高校進学への焦りを感じていることがわかった。そこで，不登校生徒のための教育支援センターの利用が提案され，B子は見学の形で支援センターに数回行った。この間，支援センター職員と担任は連絡を取り合いB子の入室意思について確認していたが，支援センターに通うにはかなりの移動時間がかかり，B子は学校の方が近くていいと言い始めていることがわかった。その後しばらくして，B子はSSWに伴われて久しぶりに中学校に現れ，教員やSCが対応した。徐々に相談室登校が定着し，SCとの継続面接の中でB子はさまざまな思いを語り時には泣き出すこともあったが，学習支援等を経て高校進学へと進んだ。相談室登校が始まってからは，保護者と学校（主に養護教諭）は連絡ノートを使ってやりとりし，母親の"どう対応していいかわからない"という気持ちに寄り添った。学校側とSSWは支援の方向性の確認をし合いながら，月1回のペースでSSWはB子に声をかけ勇気づけた。

②心理職としての役割：この事案は，チーム学校体制を構築し各スタッフが連携・分担しながら対応したケースといえる。担任は，家庭訪問を続けるも本人に会えず現認ができないことに苦悩する時期もあった。その折に，校長主導で校内委員会が迅速に開かれて現状共有や問題点の整理，その後の役割分担について話し合えたことは有意義であった。SSWや教育支援センターとの連携・協力関係も生まれ支援のネットワークは広がった。このように支援者が複数になった場合に大事なことは，スタッフ間の支援目標を含む意思疎通と配慮，そしてチームリー

ダーの存在である。本事案の場合は，副校長がリーダーとして各スタッフの動きや情報を把握していた。SSW は，B 子を伴って来校する折，教員や SC が対応できる時間帯を事前にリサーチしながら当日はさりげなく B 子に付き添った。相談室登校や SC との面談がやや定着した後も B 子は気分が落ち込みひきこもる時期があり，教職員が家庭まで迎えに行くこともあった。その中で，SSW が B 子に定期的に声をかけ様子を伝えてくれたことは，対応のモニタリングにつながった。公認心理師は，SC としてはもちろんのこと，今後，SSW として働くことも大いに考えられる。学校の内外に関わるスタッフとして，本人の思いや教員の考えをよく理解しながら，チームの中での自分の役割は何か，不足している支援は何か，保護者との具体的連携上どのようなことができるかについて，周囲を見回しながらコミュニティワークを展開することが重要である。

Ⅲ　子どもたちの援助ニーズに応じる関係機関とその機能

1．連携をする上での留意点

　複雑化・困難化した事案の事態改善のために学校が関係機関と連携する例が増えている。『生徒指導提要』（文部科学省，2022）で強調されるチーム学校では，学校内の連携・協働と学校・家庭・地域の関係機関の連携・協働の両側面がある（第 13 章参照）。連携とは対応の全てを相手に委ねてしまうことではない。専門性や役割が異なる専門家が協働する相互作用の過程を指すコラボレーションが基本となる。特に複数の機関が関わる場合は，支援会議を重ねながら顔の見える行動連携を継続することが重要である。公認心理師は関係機関についてよく理解し，必要に応じてその利用について教職員に提案できるよう準備をしておきたい。また，最近は，「要保護児童対策地域協議会（子どもを守る地域ネットワーク）」[注1] の設置が各地で進んでおり，このことも理解しておく必要がある。

2．関係機関の特徴とその機能[注2]

①登校しぶり，不登校，いじめ問題，発達の偏り等の問題に対応する場合
　【教育委員会，教育センター（教育相談室），教育支援センター（旧適応指導教室）等】教育委員会は，教育に関する事務を管理執行するために地方公共団体（都

注1）「地域協議会」「要対協」等と略される。児童福祉法の改正（2004）により，虐待等要保護児童等への適切な支援を図ることを目的に地方公共団体が設置・運営する組織である。自治体設置は努力義務規程となっている。

第2部　実践編：子どもと学校を援助する

道府県，市町村，特別区等）に置かれる行政委員会である。教育委員会には事務局が設置されており，その事務局は都道府県では教育庁，一部の市では教育局と呼称される。本来の教育委員会は数人の教育委員からなる合議制の行政委員会をさす（狭義の教育委員会）が，合議制機関に事務局も併せた組織全体を教育委員会と呼ぶこともある（広義の教育委員会）。公立の教育センター（教育相談室）や教育支援センターは教育委員会が運営しており，児童生徒や保護者の来室相談，電話相談，メール相談を受けている。また，知能検査等の実施，適正就学のための就学相談も行う。地域に密着して学校教員からの相談も受け学校訪問相談等を行うほか，不登校対応として教育支援センターを運営している。教育支援センターは，不登校の小中学生を対象に学籍のある学校とは別に市町村の公的な施設に部屋を用意し，そこで学習の援助をしながら児童生徒の学校復帰を支援し，社会的自立に資するよう運営している教室である。児童生徒が教育支援センターに通い始めた後も，本籍校の担任等は時折様子を見に行くなど連携の継続が重要である。この他，各自治体の学校には障害に応じた通級指導教室（視覚障害，聴覚障害，言語障害，情緒障害，発達障害等）が用意されている場合が多く，これらの利用に当っては，自治体による判定会議を経る必要があるが，学校にとって日常的な連携先といえる。子どもは自校にある通級教室に通う場合もあるが，他校の教室に通う場合も多い。公立機関以外では，民間のフリースクールやサポート校，大学の心理臨床センター等もある。また昨今では，学びの多様化学校（いわゆる不登校特例校）の設置も広がっているほか，校内に教育支援センターを開設する動きも始まっている。

【スクールソーシャルワーカー（SSW）】子どもの家庭環境による問題に対応するため，児童相談所と連携したり教員を支援したりする福祉の専門家。原則，社会福祉士か精神保健福祉士等の資格が必要だが教員OBもいる。非常勤で教育委員会等に配置され要請に応じて学校等に派遣されるケースが多い。

②心身疾患等の問題に対応する場合

【医療機関】総合病院，専門病院，診療所，クリニックなどさまざまな種類があり，その目的に応じた利用が求められる。子どもの状態から，医学的診断や治療を必要とする場合には，保護者に適切な医療機関の情報提供を行うと同時に，教員と医療機関が連携する場合もある。自傷や自殺未遂等緊急受診を要するケース

注2）「市町村児童家庭相談援助指針」(2016)，「子ども・若者支援機関マップ横浜市」(2011)，「子どもの援助ニーズに応じる地域の支援マップ」（石川，2015）参照。

第14章　地域ネットワークづくりの援助

もある。また，病気や障害で入院加療が長引く場合には，院内学級を利用し子どもの学習ができるだけ継続できるよう配慮する必要がある。事案によっては，主治医宛に SC が協力して本人の学校での様子を記した情報提供書を校長名で用意すると，診断やその後の支援にも役立つ。日頃から，学校医や地域の医師会，医療機関の情報を整理しておく必要がある。

【保健機関（精神保健福祉センター，保健所・保健センター等）】精神保健福祉センターは，精神保健福祉法によって各都道府県に設置されている機関で，心の問題や病理で困っている本人や家族および関係者からの相談を受けている。デイケアや社会復帰のための指導と援助も行っており，地域の精神科医療情報を最も把握している機関である。保健所は，地域保健法により都道府県，指定都市，中核市，その他の政令で定める市または特別区に設置されており，医師，薬剤師，獣医師，保健師，診療放射線技師，臨床検査技師，衛生検査技師，管理栄養士，精神保健福祉相談員等の職員が配置されている。保健センターは，地域保健法により地域住民に身近な対人保健サービスを総合的に行う拠点として市町村に設置されている。保健所や保健センターは，「地域保健対策の推進に関する基本的な指針」を踏まえ，母子保健活動や医療機関との連携を通じて，養育支援が必要な家庭に対して積極的な支援を実施するなど虐待の発生防止に向けた取り組みを始め，虐待を受けた子どもとその保護者に対して家族全体を視野に入れた在宅支援を行っている。地域によっては，保健センターと福祉事務所が統合され，「保健福祉事務所」「健康福祉センター」という名称になっている場合もある。保健所・保健センターは，心の悩みや精神的病理に対しても医師，保健師，精神保健福祉相談員が相談に応じてさまざまなサポート業務を行っているので，専門病院を受診する前に相談することもできる。また，近隣の医療機関の情報を多くもっている。

③児童虐待，非行，ひきこもり，障害，子育て等の問題に対応する場合

【児童（子ども）家庭支援センター※ 2024 年度より「こども家庭センター」設置へ】児童福祉法の改正（1998［平成 10］年）に伴い地域に密着したよりきめ細かな相談支援を行う児童福祉施設として設置された。児童虐待や不登校，発達障害等に関するケアなど専門的な支援が必要な子どもをもつ家庭に対し，早期に支援を展開して児童相談所を補完する児童福祉の専門援助機関である。18 歳未満の子育て家庭のあらゆる相談に応じる他，地域の子育てに関する情報を多くもっている。業務としては，家庭訪問等による子どもやその家庭に係る状況把握や，児

童相談所，市町村，福祉事務所，児童福祉施設，児童委員，保健所，市町村保健センター，学校等関係機関との連絡調整，援助計画の作成，その他，子どもやその保護者に対する必要な援助などを行っている。学校にとって身近な連携先であり，学校訪問や関係者会議のコーディネートにも積極的に応じる場合が多い。なお，児童福祉の基盤となる「児童福祉法」は社会の実情に合わせて改正が繰り返されてきたが，さらなる児童虐待の防止対策や子育て世帯の支援の強化等が盛り込まれた改正法が2024（令和6）年4月に施行される。その主な改正点は次の7点である。1）子育て世帯に対する包括的な支援のための体制強化及び事業の拡充（こども家庭センター設置等），2）一時保護所及び児童相談所による児童への処遇や支援，困難を抱える妊産婦等への支援の質の向上，3）児童の意見聴取等の仕組みの整備，4）社会的養育経験者・障害児入所施設の入所児童等に対する自立支援の強化，5）一時保護開始時の判断に関する司法審査の導入，6）子ども家庭福祉の実務者の専門性の向上，7）児童をわいせつ行為から守る環境整備，である。

【児童相談所】「児相」と略称される。精神科医，児童福祉司，児童心理司等の職員が配置されており，児童福祉法に基づき0歳から17歳の児童生徒を対象に次のような業務を行っている。児童に関するさまざまな問題について家庭や学校などからの相談，児童およびその家庭について必要な調査並びに医学的，心理学的，教育学的，社会学的および精神保健上の判定，児童およびその保護者につき，調査や判定に基づいて必要な指導，児童の一時保護等を行う機能を有している。ただし現在，一時保護所は定員超過問題を抱え増設等が検討されている（藤田，2017）。相談の種別はおおむね5つに大別される。①養護相談（養育困難，被虐待児等）②保健相談（未熟児，小児喘息等）③心身障害相談（発達障害，重度の心身障害等）④非行相談（家出，性的逸脱，触法行為等）⑤育成相談（性格や行動，不登校，ひきこもり等）。また，子どもの置かれた状況に応じて児童福祉施設（乳児院，児童養護施設等）や指定医療機関に入所させる措置機能をもち，または里親に委託する機能をもつ。

【発達障害者支援センター，療育機関（例「子ども発達センター」）等】発達障害者支援センターは，発達障害者支援法に基づき都道府県・指定都市に設置されている発達障害者への支援を総合的に行うことを目的とした専門的機関であり，自治体が指定した社会福祉法人，特定非営利活動法人等が運営している。発達障害者とその家族が豊かな地域生活を送れるように，保健，医療，福祉，教育，労働などの関係機関と連携し，地域における総合的な支援ネットワークを構築しな

第14章 地域ネットワークづくりの援助

がら，さまざまな相談に応じ指導と助言を行っている。就労に関する支援や連携も行う機関である。地域の療育機関は，「子ども発達センター」等その呼称はさまざまであるが，保健所の乳幼児健康診断等で発達障害がわかり利用を勧められることが多い。子どもの発達に詳しい保育士，心理士，言語聴覚士，作業療法士，理学療法士などの専門スタッフが在籍し，子どもの発達を促す指導や支援，家族への支援を行っている。保育園や幼稚園と並行して通うクラスもあり，地域の教員へのアドバイスも行っている。

【福祉事務所（家庭児童相談室）】管轄する地域の住民の福祉を図る行政機関であり，福祉六法（生活保護法，母子及び寡婦福祉法，老人福祉法，身体障害者福祉法，知的障害者福祉法，児童福祉法）に基づく事務を行っている。福祉事務所は都道府県や市に設置され，町村は任意設置となっている。福祉事務所には，現業員（要援護者の家庭訪問，面接，資産等の調査，措置の必要の有無とその種類の判断，生活指導等を行う職員），身体障害者福祉司，知的障害者福祉司等の職員が配置されている。生活保護の手続きなど，子どもとその家族の生活基盤に係る機関である。

【民生委員・（主任）児童委員】民生委員は，厚生労働大臣から委嘱され，各地域において住民の立場に立って相談に応じ，必要な援助を行い，社会福祉の増進に努める民間奉仕者であり児童委員を兼ねている。児童委員は，地域の子どもたちが元気に安心して暮らせるように，子どもたちを見守り，子育ての不安や妊娠中の心配ごと等の相談・支援等を行う。また，一部の児童委員は児童に関することを専門的に担当する主任児童委員の指名を受けている。主任児童委員は，主として児童福祉に関する事項を専門的に担当し，児童福祉関係機関と区域を担当する児童委員との連絡・調整を行うとともに，区域を担当する児童委員に対する援助・協力等を行う児童委員である。学校は，地域の事情に精通する主任児童委員をはじめ民生委員・児童委員とは日頃より連携を図っている。

【非行少年等に対応する機関（警察，青少年センター，児童自立支援施設等）】警察は，少年非行や犯罪被害その他少年の健全育成に係る事項に関する相談活動，児童虐待について児童相談所への通告・支援活動，虐待者の検挙，家出少年の捜索・発見・保護，街頭補導および継続補導等の非行防止活動等を行っている。学校は，犯罪予防の観点からも警察と日頃から情報の共有や意見交換の機会をもち充分な連携を図る必要がある。なお，深刻な虐待が疑われ，緊急性が高いと警察が判断した場合は，市町村（虐待対応担当課）または児童相談所のいずれかに対して通告を行う。通告を受けた機関は，その子どもが置かれている環境が安全な

207

第2部 実践編：子どもと学校を援助する

生活を確保する上で明らかに問題があると判断した際には，当該児童生徒を児童相談所の一時保護所などで保護する。また，子ども本人の非行・不登校・ひきこもりの問題や，いじめや犯罪等の被害に遭って精神的ショックを受けている少年のために青少年センター（少年センター）を設置して心理専門の職員が相談に当たっている。非行少年の主な処遇先としては，児童自立支援施設，少年鑑別所，少年院がある。児童自立支援施設は，①犯罪などの不良行為をした子ども，②犯罪などの不良行為をするおそれのある子ども，③家庭環境等の事情により生活指導等を要する子どもを，入所または通所させて自立を支援する児童福祉施設である。以前は教護院という名称で，上記①及び②に該当する子どもが入所していたが，1998（平成10）年の児童福祉法改正に伴って児童自立支援施設に改名されるとともに，上記③の子どもも入所対象となった。また，少年鑑別所は，家庭裁判所の求めに応じて鑑別対象者の鑑別を行うことや保護観察を主な目的とした法務省所管の施設である。少年院は，家庭裁判所から保護処分として送致された少年に対し，その健全な育成を図ることを目的として矯正教育，社会復帰支援等を行う法務省所管の施設である。

以上，公認心理師は関係法規等をよく理解した上で，子どもを支援する地域ネットワークのなかでコミュニティワーカーとして貢献することが大いに求められている。

ワーク

① 児童生徒の支援のために，スクールカウンセラーが他機関と連携する場合，まずは学校の管理職（校長，副校長等）を通して行うことが重要である。その理由についてグループで話し合ってみよう。

② スクールカウンセラーとして，個へのアセスメントと集団や環境へのアセスメントの視点をもつことが求められる。このことについて，具体例をあげて考えてみよう。

◆学習チェック
☐ コミュニティワークの重要性について理解した。
☐ 子どもの援助ニーズに応えるための関係機関とその機能について理解した。
☐ チーム学校における公認心理師の役割と活動上の留意点について理解した。

より深めるための推薦図書

　　Twelvetrees, A. C.（1991）Community Work. 2nd Edition. Macmillan Education.（杉

第14章 地域ネットワークづくりの援助

　本敏夫訳（2006）コミュニティワーク．久美．）
　石隈利紀（1999）学校心理学―教師・スクールカウンセラー・保護者のチームによる心理教育的援助サービス．誠信書房．
　近藤直司（2014）医療・保健・福祉・心理専門職のためのアセスメント技術を深めるハンドブック―精神力動的な視点を実践に活かすために．明石書店．
　窪田由紀（2009）臨床実践としてのコミュニティ・アプローチ．金剛出版．
　増田健太郎・石川悦子編（2013）スクールカウンセリングを知る．臨床心理学, 13(5)．

文　献

藤田恭介（2017）東京都における児童相談所――一時保護所の歴史．社会評論社．
石川悦子（2015）子どもの援助ニーズに応じる地域の支援マップ．In：学校・教育領域で働く心理職のスタンダード．臨床心理学, 15(2); 167-171．
金田喜弘（2014）小地域福祉活動におけるコミュニティワーカーの役割と機能．福祉教育開発センター紀要, 11; 69-84．
厚生労働省（2016）市町村児童家庭相談援助指針（雇児発1031第2号平成28年10月31日）．
文部科学省（2010）第5章教育相談．生徒指導提要, p.126．
文部科学省（2016）児童生徒理解・教育支援シート（試案）不登校児童生徒への支援に関する最終報告．一人一人の多様な課題に対応した切れ目のない組織的な支援の推進（平成28年7月）．不登校に関する調査研究協力者会議．
文部科学省（2022）生徒指導提要．
村瀬嘉代子監修，東京学校臨床心理研究会編（2023）学校が求めるスクールカウンセラー［改訂版］―アセスメントとコンサルテーションを中心に．遠見書房, p.72．
横浜市こども青少年局青少年相談センター・青少年育成課（2011）子ども・若者支援機関マップ横浜市．平成23年3月．横浜市子ども・若者支援協議会．

第2部 実践編：子どもと学校を援助する

第15章

教育・学校心理学と公認心理師の実践

石隈利紀

Keywords 教育・学校心理学，公認心理師，ヘルパーによる3段階の心理教育的援助サービス，教育心理学と学校心理学の統合・融合，学校教育と心理学の統合・融合，実践と研究の往還

　教育・学校心理学は，すべての公認心理師の基礎知識として，子どもや若者の援助との関わりで活かされる。さらに教育分野で働く公認心理師にとっては，教育・学校心理学を実践に活かしながら教育分野で求められる知識・技術の体系を学び続けることが必要である。本章では，本書の学習について振り返りながら，基礎と実践をつなぐ枠組みについて提案する。そしてこれからの教育・学校心理学の課題について述べる。

I 教育・学校心理学の理論と公認心理師の実践：学びの構造

　読者のみなさんは，第1章では子どもと学校教育の今について知り，学校教育に関連する領域について整理し，教育心理学と学校心理学の異同，「教育・学校心理学」の意義や心理教育的援助サービスについて学んだ。そして第2章から第14章まで，教育・学校心理学に関連する理論と実践について学習した。

　本書の学びを構造化すると図1のようになる。各章の学びを，各執筆者が用い

Ⅱ 実践編	ステップ2：発達障害，不登校，いじめ，非行，学校の危機
	ステップ1：学級づくり，学校づくり，コミュニティづくり
Ⅰ 基礎編	ステップ3：スクールカウンセリングの枠組み，4種類のヘルパー，3段階の心理教育的援助サービス
	ステップ2：子どもの発達課題，教育上の課題
	ステップ1：教育・学校心理学の意義

図1　教育・学校心理学の基礎と実践

第15章 教育・学校心理学と公認心理師の実践

た表現をなるべく再現しながら振り返りたい。

1．基礎編

　前半は教育・学校心理学の基礎（Ⅰ）である。教育分野をはじめ広い分野で子どもの心理社会的問題への取り組みを支援し，学校生活の質を維持向上させるために，教育・学校心理学の Why, Whom, What, Who, Where, How について学んだ。まず第1章では，教育・学校心理学の基礎のステップ1として，教育・学校心理学の意義（Why）について学んだ。教育心理学は，「教育という事象を理論的・実証的に明らかにし，教育の改善に資するための学問」であり（日本教育心理学会，2003），学校心理学は「学校教育の一環として子どもの学校生活を援助する心理教育的援助サービスの理論と実践を支える学問体系」（石隈，1999）であることを学んだ。教育・学校心理学は，学校心理学の枠組みを参照して「心理学的基盤」「学校教育の基盤」「教育実践の理論と方法」から構成される。公認心理師の教育分野での実践に関しては，臨床心理学，カウンセリング心理学，学校心理学，それぞれが提唱する，学校臨床・教育臨床，スクールカウンセリング，心理教育的援助サービスの共通するところに着目した。本書では主として学校心理学の理論モデルを用いて，公認心理師の活動を概説した。そして公認心理師の活動を支える「教育・学校心理学」は「子どもの心理社会的課題への取り組みや学校生活における問題解決を支援する心理教育的援助サービスの理論と実践の体系」と定義できる（石隈，2019）。

　学校心理学では，子どもを一人の個人として援助すると同時に一人の児童生徒として援助する視点をもつ（石隈，1999）。2章では子どもの個人としての発達を理解し，第3章では児童生徒としての子どもに対する教育上の課題について理解した。これが教育・学校心理学の基礎のステップ2となる。第2章では，子どもの発達課題への取り組みについて理解した。子どもの「発達」は「子どもが自らの経験を基にして，周囲の環境に働きかけ，環境との相互作用を通じ，豊かな心情，意欲，態度を身につけ，新たな能力を獲得する過程」という定義がある。この定義から，発達をめぐる特徴として，①発達の個人間差と個人内差，②環境の要因，③発達の諸側面（身体的発達，情緒的発達，知的発達，社会性の発達など），④新たな能力を獲得する過程，があることが分かる。発達を支える理論としては，ピアジェの認知発達理論，フロイトの人格発達理論，エリクソンの心理・社会的発達理論，マーラーの分離－個体化理論，コールバーグの道徳性の発達，心の理論，セルマンの視点取得の発達理論などがある。乳幼児期では人生の早期

211

に信頼できる他者（養育者）と安定した関係（愛着）を形成することが大切であり，児童期では家庭環境や学校環境が大切である。児童期では地域の専門家と連携しつつ家庭環境を支え，学校では担任やスクールカウンセラー（以下，SC）との信頼関係を築き安心できる学校環境を整える援助が大切である。そして青年期では，引き続き家庭環境や学校環境の整備が求められるが，発達障害圏の子どもが学校場面での失敗や挫折による二次的な問題に陥ることのないような予防的な関わりが重要となる。そしてコロナ禍が子どもの発達に与える影響については，子どもが経験することや環境との相互作用が制限され，養育者の不安やストレスが大きかった。一方家族団らんが増えたり，父親との交流機会が増えたりするなど，発達上プラスの側面となる変化もあった。

第3章では子どもの教育上の課題について学んだ。日本の教育は教育基本法・学校教育法・学習指導要領・生徒指導提要等によって全国的に標準的な教育が行われる制度になっている。また教員は授業や生徒指導などに関して研修を受ける。しかしながら，教師の不祥事が発生しており，教師のメンタルヘルスの問題もある。児童生徒に関しては，子どもの貧困と虐待，学力の問題などが主な問題である。学力向上の課題では教師の授業力とそれを支える教授・学習心理学や発達心理学が役立つ。コロナ禍の 2021 年の調査では，「学校に行くのが楽しい」と答えた小学校6年生が5割を切ったが，運動会等の学校行事の中止など児童生徒間のコミュニケーションの場と時間が少なくなったことが要因として考えられる。また学級崩壊，他の児童生徒の教育の妨げになる行為，教師と相性の合わない児童生徒への対応など学級経営の課題では，SC やスクールソーシャルワーカー（以下，SSW）との連携が必要である。教師のバーンアウト（過度で持続的なストレスに対処できず，極度の身体疲労と感情の枯渇を伴う症状）の予防には，小さなことでも話し合える教職員集団をつくることが重要である。教師の不祥事には，体罰，わいせつ行為，個人情報流出・紛失などがあり，それらの結果懲戒処分や刑罰が与えられる。教師の不祥事の予防にも，一次予防（未然防止），二次予防（変化の兆候への気づきと早期対応），三次予防（再発防止）がある。

そしてスクールカウンセリングの枠組みで子どもの何を（What）援助するか，誰を（Whom）援助するかを理解し（第4章），子どもの多様な援助者（Who）とチーム学校（Where）（第5章），そして3段階の心理教育的援助サービス（How）（第6章）について学んだ。この心理教育的援助サービスの実践理論が，教育・学校心理学の基礎のステップ3となる。

第4章では援助の対象（Whom）は子どもだけでなく，教師・保護者ら援助者

第15章 教育・学校心理学と公認心理師の実践

や学校(環境)であることを学んだ。そして子どもの「個人が抱える問題」だけでなく、「問題をめぐる環境要因との相互作用」を含めた生態学的(エコシステミックな)視点からの事例の見立て(ケースフォーミュレーション)が重要である。したがって何を援助するか(What)の見立てで一つの焦点となるのは、「成長発達システム」と呼ばれる、子どもの体験と環境との相互作用(生い立ち)である。もう一つの焦点が、保護者や教師などによる関わりが問題を増幅する「問題増幅システム」である。SCは教師や保護者に対してコンサルテーションを行い、教師や保護者の思いを受容する。そしてその思いへの共感を基盤として、子どもの問題増幅システムを把握し、問題が増幅しない関わりができるよう援助する。そして子どもの成長発達システムにおける問題への心理治療は、学校外の専門機関で行われる場合が多い。SCは問題解決システムの改善と援助チームの支援が主な役割となる。外部での心理治療が望めない場合は、SCが主カウンセラーとして保護者と子どもを支えることが求められる。

第5章では多様な援助者(Who)によるチーム援助がチーム学校(Where)で行われることを学んだ。子どもの4種類のヘルパーには、専門的に心理教育的援助サービスを行う「専門的ヘルパー」(SCら)、業務の一部として援助サービスを行う「複合的ヘルパー」(教師ら)、子どもへの援助を役割として行う「役割的ヘルパー」(主として保護者)、子どもへの援助を職務・役割ではなく自発的に行う「ボランティア的ヘルパー」(友人、地域の隣人)がいる。これらの多様な援助者からなるチーム援助で、一人ひとりの子どもの「学習面、心理・社会面、進路面、健康面」の問題状況の解決をめざす。子どもへの援助は、学校・家庭・地域による「チーム学校」で行われる。チーム援助の進行では、援助チームシート・援助資源チェックシートの使用と「相互コンサルテーション」(チームメンバーが相互に助言者と助言を受ける者になる)が鍵になる。こども基本法で子どもの意見を表明する権利の尊重が明記され、当事者である子どもが参加する「子ども参加型チーム援助」が次の課題である。学校の三者面談などで試みるとよい。

第6章は子どもの援助ニーズに応じて心理教育的援助サービスをどう行うか(How)について学んだ。3段階の心理教育的援助サービスモデルは、『生徒指導提要』で示された重層的支援構造と呼応しており、すべての子どもの共通する援助ニーズに応じる「1次的援助サービス」、苦戦している子どもあるいは苦戦するリスクのある転校生などのニーズに応じる「2次的援助サービス」、不登校や障害による困難などのある子どもの特別な援助ニーズに応じる「3次的援助サービス」からなる。3段階の心理教育的援助サービスは、1次、2次、3次と積み上

げていく援助サービスである。1次的援助サービスには，ソーシャルスキルや学校生活スキルのトレーニング，社会性と情動の学習（SEL）などがある。2次的援助サービスでは，教師の日常的な観察やアンケートにより，積極的に援助ニーズのある子どもを主体的に発見することが必要である。そして3次的援助サービスでは，学校内外の援助者の連携が大事であり，合理的配慮の実施が鍵となる。そしてSCが1次的援助サービスの企画や実施に関わるときは，学校の組織の課題，学校が力を入れていること，児童生徒の学力や不登校など問題の状況について把握する必要がある。2次的援助サービスでは，教師やSCが連携して援助ニーズの高い子どもを発見し援助につなげる視点をもつことが鍵となる。3次的援助サービスでは，子どもの問題状況の背景にある児童虐待などの家庭状況なども理解することが求められる。

2．実践編

後半は子どもと学校への援助実践（Ⅱ）である。子どもと学校の具体的な問題の理解と援助として（ステップ2），発達障害の子どもの困難さと援助（第7章），不登校の子どもの理解と援助（第8章），いじめに関する理解と援助（第9章），非行に関する理解と援助（第10章），さらに学校全体の緊急支援・危機支援（第11章）について学んだ。そして子ども・学校の具体的な問題の援助の基盤となる，学級づくり（第12章），学校づくり（第13章），コミュニティづくり（第14章）というシステムレベルの援助（ステップ1）について学んだ。学級・学校・コミュニティレベルでも，そして具体的な発達障害，不登校，いじめ，非行，学校危機に関しても，1次的援助サービス，2次的援助サービス，3次的援助サービスを包括的に行う必要がある。

まず具体的な問題に関するステップ2として，第7章から第11章を振り返る。第7章では主な発達障害の診断基準と特性およびその支援に関して学んだ。DSM-5によれば，「ADHDは不注意症状，多動性／衝動性の症状のいずれかまたは両方が6カ月以上持続しており，こうした症状が12歳以前から現れ継続する障害」（日本精神神経学会，2014）である。ADHDと鑑別が必要となる疾患として，反応性アタッチメント障害および脱抑制型対人交流障害がある。ADHDは音，日差し，温度などに注意を妨げられる，短期記憶が弱いなどの特性がある。またDSM-5ではASDは「社会的コミュニケーションおよび相互関係における持続的障害であり，限定された反復する様式の行動，興味，活動を特徴とする」（日本精神神経学会，2014）。感覚入力に対する敏感性あるいは鈍感性も特徴である。自

第 15 章　教育・学校心理学と公認心理師の実践

分なりの独特な日課や手順があり変更や変化を嫌がるなどの行動特性がある。そして学習障害は，聞く，話す，書く，計算する，推論するなどの能力の習得に著しい困難を示す状態を指すものであり，背景に中枢神経系における何らかの機能障害があることが推定されている。DSM-5 では，SLD では読字，書字表出，数字の概念の習得などの困難さがあげられている（日本精神神経学会，2014）。

　発達障害のある子どもの支援は，コーディネーション委員会（校内支援委員会）を軸とする校内体制で，「個別の教育支援計画」（長期的な視点で一貫して行う的確な教育支援の計画）と「個別の指導計画」（指導目標や内容，方法を示したもの）の作成と実施を通して行う。公認心理師（SC，巡回相談員など）は，発達や学校生活の問題で支援を必要としている子どもとその環境に関する生態学的視点から包括的アセスメント，子ども本人へのカウンセリング（学習に関する困りへの助言も含む），教師や保護者へのコンサルテーションなどを行う。SC などは WISC-V，KABC-Ⅱ，田中ビネーⅤ等を実施して，子ども得意な学習スタイルを発見して，指導案作成に寄与することも期待されている。とくに発達障害のある子どもは，学習や対人関係で苦戦することが多く，また叱責されることも多くなりがちである。子どもの強いところを活かした支援を実施することや成功体験を蓄積することで，自己効力感を高め，二次的な問題にならないよう援助する。

　第 8 章では文部科学省による不登校の定義が「なんらかの心理的，情緒的，身体的あるいは社会的要因・背景により，登校しないあるいはしたくともできない状況にあるために，年間 30 日以上欠席した者のうち，病気や経済的な理由による者を除いた者」であることを確認した。過去には，不登校は「学校恐怖症」「登校拒否」と呼ばれた。今日では，学校に行っていないという状態を示す用語として「不登校」が使われている。不登校は 2022 年度は児童生徒数の 3.17% であり，過去最大になっている。国は 2016 年の「不登校に関する調査研究協力者会議」で「児童生徒理解・教育支援シート」の作成など一人ひとりの子どもに合った組織的な支援の必要性を提言している。また 2016 年には教育機会確保法ができた。不登校児童生徒を含めたすべての子どもが普通教育に相当する教育を受ける機会を確保することであり，「学校復帰を前提とした対策」が「社会的自立を重視する方向」へ転換されたことを意味する。そこでは教育支援センター（適応指導教室）の整備の推進が示されている。不登校事例では，担任，養護教諭，SC，保護者の連携やチーム学校の視点による教育相談部会（コーディネーション委員会）の活用などが鍵を握る。

　第 9 章ではいじめに関して「危害を与えようという意図をもって行われる攻撃

第 2 部　実践編：子どもと学校を援助する

的な行為で，力の不均衡によって引き起こされ，繰り返し，持続的に行われる」(Olweus, 1999) というオルヴェウスの定義を学んだ。またいじめ防止対策推進法では「当該児童等と一定の人間関係にある他の児童等が行う心理的又は物理的な影響を与える行為（インターネットを通じて行われるものを含む。）であって，当該行為の対象となった児童等が心身の苦痛を感じているもの」と，世界的な標準よりは幅広く定義されている。いじめ集団の四層構造論（森田・清永，1994）では，学校のいじめは加害者と被害者の他に，観衆，傍観者といった役割によって展開される集団病理であると指摘されている。そしていじめ役割の要因として，社会的コンピテンスの低さ，不遇な家族・家庭環境，学校風土の悪さ，仲間内の地位の低さなどがあげられている。いじめ被害の影響としては，睡眠障害や集中力の低下，心理的ストレス反応の増加，自尊感情の低下等の否定的な心理的影響が報告されている。いじめ防止対策推進法では，いじめ被害を受けた生徒の教育を受ける権利を著しく侵害し，心身の健全な成長と人格の形成に重大な影響を与え，生命・身体に重大な危険を生じさせるものと位置付け，いじめをなくすことを理念としている。「オルヴェウスいじめ予防プログラム」には，学校レベル（いじめ対策の校則など），学級レベル（ロール・プレイなど），個人レベル（教師といじめ当事者の話し合いなど），さらに地域レベル（地域住民による支援的関係）などが含まれている。いじめへの事後的対応としては，いじめの停止と再発防止のために，心理・福祉の専門家の協力を得ながら，いじめ被害者とその保護者への支援，いじめ加害者への指導やその保護者への助言をすることが，いじめ防止対策推進法で明記されている。

　第 10 章では非行について理解し，非行をする子どもへの 3 段階の援助について学んだ。少年法上の非行少年は，14 歳以上で窃盗，恐喝等の罪を犯した「犯罪少年」，14 歳未満で刑罰法令に触れる行為をした「触法少年」，家出の繰り返し，犯罪性のある者との関わりなど将来犯罪をするおそれの高い「ぐ犯少年」の 3 種類に分けられる。なお 2022 年 4 月施行の改正少年法では，民法上の成年となる 18 歳・19 歳の者について，成長途上にあり可塑性を有する存在として少年法の適用範囲としつつ，「特定少年」として特例規定を設けている。また「不良行為」とは，少年警察活動規則に定められており，喫煙，飲酒，深夜はいかい等の行為を指す。非行への対応には，学校心理学に基づき，すべての生徒への第 1 段階の対応（非行予防教育），非行の兆し・不良行為のある子どもへの第 2 段階の対応（早期の発見，早期の指導・援助），そして非行の進んだ子どもへの第 3 段階の対応（関連機関との連携による指導・援助）が提案される（国分・押切，2001）。

第 15 章 教育・学校心理学と公認心理師の実践

　また非行の心理教育的アセスメントとしては，子どものアセスメント，子どもと環境の関係についてのアセスメントがあり，子どもの援助ニーズと自助資源・援助資源の把握が鍵となる。非行をする子どもの心理面のアセスメントは，自分の非行について反省することができず正当化したり，責任転嫁したりするビリーフが一つの焦点になる。子どもの環境については，不遇な家庭環境，不良グループなど友だち集団，学校の荒れなどがポイントとなる。さらに非行をする子どもの対応と立ち直りの援助では，警察署・少年サポートセンター，児童相談所，児童自立支援施設，家庭裁判所，少年鑑別所，保護観察所，少年院などとの連携が重要である。

　第 11 章では，「個人の危機」とは人生の脅威となるような有害な出来事に遭遇し，それまでの対処方法では対処できず心理的に不均衡な状態に陥ることで，「学校コミュニティの危機」とは「構成員の多くを巻きこむ突発的で衝撃的な出来事に遭遇することによって，学校コミュニティが混乱し本来の機能を発揮できない状態に陥ること」(窪田，2005) であることを学んだ。学校危機をもたらす出来事には，児童生徒の自殺，学校管理下の事件・事故，自然災害，教師の不祥事，そして感染症などがある。学校危機へは，個人は認知面（例：集中困難），感情面（例：不安），身体面（例：不眠），行動面（例：落ち着きのなさ）でさまざまな反応を示す。これらは「異常な事態」に対する「正常な反応」であり，大半は時間とともに軽減される。また学校危機では，集団・組織レベルで，人間関係の対立，情報の混乱，問題解決システムの機能不全などが起きる。学校コミュニティが機能不全に陥ると，子どもや教職員同士に不十分な対応がなされ，結果として個人や集団・組織の反応を助長するという悪循環に陥る。したがって，悪循環を断ち切るには外部からの支援が必要となる。学校における危機対応のポイントとして緊急支援プログラムには，出来事についてのできるだけ正確な情報の提供，子どもや保護者・教師などへの心理教育，出来事に関する各自の体験を表現する機会の保証などが含まれる。これからの学校危機対応は，チーム学校として，平常時からの予防・準備と危機発生後の対応・回復の体制の整備が重要となる。我が国では新型コロナウイルス感染症拡大危機が，学校コミュニティ，児童生徒に多大なる影響を及ぼしている。とくに 2020 年 3 月初旬からの一斉休業措置により学年の締めくくりの時期と新しい学校・学年のスタートの時期を奪われた。また児童生徒の家庭環境の格差，登校再開における課題，教職員・児童生徒の感染などは，児童生徒の不適応に影響している。コロナウイルス感染拡大危機において児童生徒への心理社会的支援，学校緊急支援が行われた（福岡県臨床心理士会・窪

田，2020）。

　次に子ども・学校の具体的な援助の基盤となる，学級づくり，学校づくり，地域ネットワークづくりの援助である。第12章では，安全・安心の風土が教育現場できわめて重要であることを理解した。その背景にある学校の暴力行為（対教師暴力，生徒間暴力，対人暴力，器物損壊）は2020年度では1,000人に7.5件であり，多くの学校で暴力行為を経験する可能性がある。安全・安心な風土づくりのために，SCと教師が協働で，暴力的でない葛藤解決や友人関係づくりの促進，子ども達による適切なルールづくりの援助，生徒指導の工夫，学校・家庭・地域の連携の促進などを行う。また学級崩壊は，児童生徒の行動（私語や離席）によって授業が不成立になる状態をさす。学級崩壊の予防や解決に，心理職は児童生徒理解に関する教師へのコンサルテーション，アンガーマネジメント等心理教育を通した人間関係の支援，チーム学校のSCとして生徒指導体制の充実に貢献，保護者面接を通した学校と保護者の連携促進などができる。学級風土アセスメントやQ-Uテストを活用したアセスメントが，学級集団づくりの援助の基盤となる。そして児童生徒が安心して授業に参加できるように，個々に違いをもったすべての子どもたちが，同じ学習内容に対して平等に公平に学習へのアクセスと機会を（多様な選択肢から）それぞれに最適な方法で得るための「学びのユニバーサルデザイン」が注目されている。また新型コロナウイルス感染症拡大により，密を避けた活動など新たな学校生活での学級づくりが課題となった。児童生徒がお互いを理解し適切に交流しながら，学級集団への帰属意識と愛着をもてるよう，校内の教職員の工夫と協力が求められる。SCは子どもの思いを汲み取ることや教師同士の助け合いに関して，コンサルテーションを通して貢献できる。さらに思想や価値観も含む営みである「教育」において，行き詰まった状況を打開する新たな視点として心理学（実証的データに基づく行動原理を基礎とする）の活用が望まれる。

　第13章では，学校組織の特徴とその援助を通して学校づくりに貢献する方法について理解した。人間は環境との相互作用で発達するという，ブロンフェンブレナーの理論について学んだ。学校組織は，学級経営や教科指導に関して教師の専門的能力に基づいた独自性が尊重された「疎結合システム」である。したがって，管理職の指示が伝わりやすいようにする工夫，そして意図的に教師や専門スタッフの横のコミュニケーション（連絡・調整）を作り出す工夫が必要である。文部科学省の方針であり，『生徒指導提要』（文部科学省，2022）でも強調された「チーム学校」は，学校における教職員のチームの強化と学校・家庭・地域の連携強化をめざす（文部科学省，2015）。チーム学校の視点は，①専門性に基づ

第 15 章 教育・学校心理学と公認心理師の実践

くチーム体制の構築，②学校のマネジメントの強化，③教職員一人ひとりが力を発揮できる環境整備にあり，まさに学校組織の疎結合システムの弱点を補うものである。チーム学校における子どもの援助においては，子どもと環境の相互作用に焦点をあてた生態学的アセスメントが重要となる（第 4 章参照）。SC は，子どもの問題は，学習に関する困難さ，友人関係の難しさと，学校や学級の問題，家庭や地域などの環境の問題が重なって起こることを押さえておきたい。チーム学校を実現する軸となるのが，3 層の援助サービスのシステムである。それは不登校などに関して特定の子どもを援助する「個別の援助チーム」，学校全体の援助サービスを調整する「コーディネーション委員会」，そして援助サービスの運営を行う「マネジメント委員会」である。とくにコーディネーション委員会は，マネジメントを促進する縦のコーディネーションと，援助者の援助をまとめる横のコーディネーションの機能をもつ。SC は積極的にコーディネーション委員会に出席して，子どもや学校の援助を行うことが求められる。

　第 14 章では，学校・家庭の土台となる地域コミュニティのネットワークの意義と子どもの援助ニーズを支える関係機関について理解した。子どもの問題は複雑化・多様化しており，学校で対応できない事案が多くなっている。コミュニティワークとは，多様なアセスメントを行うとともに戦略をもち，「人（個人・集団）」「団体・組織」・「地域」と次元の違うものに総合的に関わる実践である。そして教育分野で働く公認心理師，例えば SC は学校コミュニティ全体に関わり，また教育センターの相談員は学校との連携や関係機関との連携も含めて地域コミュニティ全体でコミュニティワークを行うことが期待される。そして関係機関には，不登校，いじめ，発達の偏り等での子どもの「教育ニーズ」に応じるのが，教育委員会・教育センター（教育相談所），教育支援センター（適応指導教室）などである。また子どもの「保健医療ニーズ」に応じるのが，総合病院，専門病院，クリニックなどの医療機関，精神保健センター，保健所・保健センターなどの保健機関である。そして児童虐待・ひきこもり・障害・子育て等の困難など「家族の福祉ニーズ」に応じるのが，児童家庭支援センター，児童相談所，発達障害者支援センター，民生委員・児童委員などである。さらに非行などに関して「子どもの複合的な援助ニーズ」に応じるのが，警察，青少年センター，児童自立支援施設などである。これらの機関の専門性を知り，担当者とつながることが重要である。

　本書では，2020 年からのコロナ禍が子どもの発達や学校生活について与えた影響，そして子どもの「学校生活」を継続するためのあらたな心理教育的援助サービスの実践について述べた。「学校心理学研究」（特集号）でも，コロナ対応特集

に寄せられた 11 の論文から，今回の危機対応から学んだこと（Lessons Learned）を整理して，コロナ禍以降の「持続可能な学校教育システム」について示唆を得た（石隈・家近，2020）。それは管理職・教師・養護教諭・スクールカウンセラーらのチーム体制および学校・家庭（保護者）・地域の連携による「チーム学校」のさらなる発展，そして一人ひとりの子どもに応じた 3 段階の「心理教育的援助サービス」のさらなる充実である。さらに本書では『生徒指導提要』（文部科学省，2022）について解説した。チーム学校，重層的支援構造，アセスメント，チーム援助など，『生徒指導提要』は学校心理学の枠組みを参照しており（石隈・八並，2024；八並・石隈，2023；八並・石隈・家近・田村，2023），生徒の発達支援をめざすこれからの生徒指導において SC の役割が期待されている。

II　理論と実践の組み合わせ

　以上，教育・学校心理学の基盤となる理論を学んできた。次の課題は，教育・学校心理学の基礎と実践の組み合わせを考えることである。その一つの例として，不登校，いじめなど，子どもの問題状況に関する 4 種類のヘルパーによる 3 段階の心理教育的援助サービスを考える。

　まずは専門的ヘルパー，複合的ヘルパー，役割的ヘルパー，各ヘルパーによる 3 段階の心理教育的援助サービスである（ここではボランティアヘルパーについては割愛する）（石隈，1999）。表 1 を見ていただきたい（章末）。3 段階の援助サービスについて，援助の基本，専門的ヘルパーの活動，複合的ヘルパーの活動，役割的ヘルパーの活動を整理している。具体的な活動は，子どもの課題によって，また学校や地域によっても異なる。状況やニーズに応じて柔軟な姿勢が求められる。

　例として，不登校やいじめのケースに，具体的にどのような心理教育的援助サービスができるかの例を表にまとめた（章末，表 2，3）。ここにあげた内容以外にもさまざまな援助ができるだろう。試しに第 10 章を参照しながら，非行のケースでできることを考えて表を作ってみてほしい。

III　これからの教育・学校心理学

　「教育・学校心理学」は生まれたばかりであり，みなさんの学習や実践とともに発展していく。教育・学校心理学について学び，教育分野等で子ども・若者の心理支援を行いながら，ともに学問を育てていきたい。そのポイントを 3 つあげる。

第 15 章　教育・学校心理学と公認心理師の実践

1．教育心理学と学校心理学の統合・融合

　教育・学校心理学は，教育心理学の強み（授業を支える教授・学習心理学や認知心理学，心理学の研究法など）と学校心理学の強み（心理教育的援助サービスの枠組み，学校教育の基盤など）の統合で発展していく。教育・学校心理学のユーザーとなる公認心理師が，子どもや若者の心理支援の向上に役立つ知識や技能を整理するなかで，教育心理学と学校心理学の知識や技能が統合され，融合されていく。と同時に，公認心理師を支える多様な心理学の統合や融合もまた起こっているはずである。ある特定の心理学だけで複雑な人の心理社会的問題の援助を支えられるとは考えられない。「特定の心理学の専門家」というアイデンティティは実践家ではなく，研究者に属すると思われる。公認心理師には，心理支援の専門家というアイデンティティをもって，広く心理学と心理支援を学びながら，多様な心理学を統合し融合する役割を担っていくことを期待したい。アメリカのクリニカルサイコロジストを博士課程で養成する「科学者－実践家（scientist-practitioner）」モデル（研究と実践を行う）やコンピテンシーモデル（研究成果や多様性の尊重などのコンピテンシーを基に実践する）が参考になる（Rodolfa & Schaffer, 2019）。

2．学校教育と心理学の統合・融合

　教育・学校心理学は，学校教育と心理学の統合・融合をめざす。現在は教育・学校心理学の内容は，心理学の知識と技法に偏っている。SC や教師らのチームによる心理支援を計画し，実践して，振り返り評価を行うなかで，教育実践に用いられる知識や技法に関わる用語のすりあわせが必要となってくるだろう。「チーム学校」は教育や心理等の協働が求められるため，それぞれが使う言葉の意味が異なっていては，スムースな援助の妨げとなるからである。例えば，教育評価はアセスメントに近い意味をもち，保護者面談はコンサルテーションと言い換えられるかもしれない。SC や教師らのチームで学校教育にも心理学にも通じる共通の用語を積み重ねていくことが，教育・学校心理学の発展につながるだろう。筆者は「学校心理学」の領域でも，同時に「生徒指導・教育相談」や「特別支援教育」でも，心理教育的援助サービスに関連する用語を用いて執筆している。SC や教師らのチームによる心理教育的援助サービスの充実を通した子どもの学校生活の質（QOSL）の維持向上に役立たせるためであり，学校教育と心理学の統合・融合を一歩でも進め，さらには「チーム学校」に関わる多領域の学問の統合へ向かいた

いと願っている。

3．実践（心理支援）と研究の往還

研究活動への関わり方には，新しい知識の生産者，伝達者，利用者（ユーザー）の3つのタイプがある。心理支援を日常の活動とする現場の公認心理師は，新しい知識の利用者である。同時に，心理教育的援助サービスの仲間である教師にコンサルテーションを行うときは，知識の運搬者にもなる。そして大学・大学院で学習した研究法を活用して，生産者にもなってほしい。

SCなど公認心理師は，心理教育的援助サービスに関して調査研究をすることができる。それだけではない。心理支援の実践では，心理支援を要する者（子ども）や関係者（保護者，教師など）について情報を集め，当事者のリソースや援助ニーズについて援助仮説を立て，援助案を考え，援助の結果から援助仮説や援助案の妥当性を検証することになる。したがって心理支援の実践から新しい知識や技法が生まれることがある。これがPractice-Based Evidence（実践に基づくエビデンス；Swisher, 2010）である。

公認心理師にとって研究活動をどう位置付けるかは働き方（現場のSC，大学の教員，行政の担当者）によっても異なるだろうが，生産者，伝達者，利用者の3つのタイプを実現する科学者－実践家であってほしいと願っている。

教育分野等で，子ども・学校・家庭を援助する公認心理師が，科学者－実践家として，また心理支援の高度のコンピテンシーをもつ者として，子どもの育ちについて新しい知見（例：子どもの学習や友人関係の心理）を学びながら教師のもとに運び，一緒に活用する。そして現場で研究テーマを見つけ，大学の研究者等と協働で研究をすることをすすめたい。

読者のみなさんと共に，教育分野をはじめとする広い分野で子どもや若者への支援を通して，教育・学校心理学の未来を切り拓いていきたい。

◆学習チェック表
☐ 本書各章の概要について理解した。
☐ 教育・学校心理学の基礎と実践の構造について説明できる。
☐ 各ヘルパーの3段階の心理教育的援助サービスについて理解した。
☐ これからの教育・学校心理学の課題について理解した。

文　　献
福岡県臨床心理士会編・窪田由紀編著（2020）学校コミュニティへの緊急支援の手引き［第3版］．金剛出版．

第 15 章　教育・学校心理学と公認心理師の実践

石隈利紀（1999）学校心理学―教師・スクールカウンセラー・保護者のチームによる心理教育的援助サービス．誠信書房．

石隈利紀（2019）教育・学校心理学，公認心理師の業務［第 2 版］．In: 子安増夫・丹野義彦編：公認心理師エッセンシャルズ［第 2 版］．有斐閣，pp.36-37, 74-75.

石隈利紀・家近早苗（2020）コロナ禍での心理教育的援助サービスから学ぶこと―学校教育の未来へ．学校心理学研究，20; 81-84.

石隈利紀・八並光俊監修，山口豊一・家近早苗・田村節子・中井大介・水野治久編（2024）学校心理学が提案！これからの生徒指導―『生徒指導提要』を学校心理学の視点から読み解く．ほんの森出版．

國分康孝監修・押切久遠著（2001）クラスでできる非行予防エクササイズ．図書文化社．

文部科学省（2015）チームとしての学校の在り方と今後の改善方策について（答申）．中央教育審議会．

日本教育心理学会編（2003）教育心理学ハンドブック．有斐閣．

日本精神神経学会監修（2014）DSM-5 精神疾患の診断・統計マニュアル．医学書院．

Olweus, D.（1999）Sweden. In: Smith, P. K., Morita, Y., Junger-Tas, J., Olweus, D., Catalano, R., & Slee, P.(eds), *The Nature of School Bullying: A Cross-national Perspective.* Routledge, pp.7-27.（森田洋司総監修・監訳（1998）世界のいじめ―各国の現状と取り組み．金子書房，pp.90-117.）

Rodolfa, E. & Schaffer, J.（2019）Challenges to psychology education and training in the culture of competence. *American Psychologists,* 74; 1118-1128.

Swisher, A. K.（2010）Practiced-based Evidence. *Cardiopulmonary Physical Therapy Journal,* 21(2); 4.

八並光俊・石隈利紀・田村節子・家近早苗編（2023）やさしくわかる生徒指導提要ガイドブック．明治図書．

八並光俊・石隈利紀編（2023）Q&A 新生徒指導提要を読み解く．ぎょうせい．

表 1　各ヘルパーによる 3 段階の心理教育的援助サービス（続く）

	援助の基本	専門的ヘルパー（例：SC, 教育相談コーディネーター）	複合的ヘルパー（教師）	役割的ヘルパー（保護者）
1 次的援助サービス（すべての子どもの共通の援助ニーズ）	安全・安心の学級づくり・学校づくり，授業や行事など日々の関わりを通した援助，レジリエンス・キャリア発達の促進，多様性の理解・共生に関する教育	マネジメント委員会・コーディネーション委員会等での学校組織や教師に対するコンサルテーション，心の健康教育・共生教育の企画・実施	安全・安心の学級づくり，学習意欲を促進する授業（例：授業のユニバーサルデザイン），児童生徒の自己理解・人間関係スキルの促進	リラックスする場の提供，学習や生活における健全な習慣の促進，援助資源の確保
2 次的援助サービス（一部の子どものプラスαの援助ニーズ）	一部の子どもたちの援助ニーズの早期発見と適時の予防的関わり，教育的配慮	コーディネーション委員会・援助チーム等での教師・保護者に対するコンサルテーション	配慮を要する子どもの発見・観察，指導・援助の工夫，保護者や SC らとのチーム援助	子どもの困りごと・悩みの発見・観察，関わりの工夫，教師・SC への相談

223

第2部　実践編：子どもと学校を援助する

表1　各ヘルパーによる3段階の心理教育的援助サービス（続き）

3次的援助サービス（特定の子どもの特別な援助ニーズ）	チームによる援助，「個別の指導計画」「個別の教育支援計画」の作成と実施，合理的配慮	専門的アセスメント，援助チームのアセスメントのまとめ，カウンセリング，コンサルテーション	教室などでの観察と特別の指導・援助，コーディネーションの促進	家庭での観察と援助，子どもの代弁者としての発言，SC，医療や福祉など関係機関への相談

表2　不登校に関する各ヘルパーによる3段階の心理教育的援助サービス

	援助の基本	専門的ヘルパー（例：SC，教育相談コーディネーター）	複合的ヘルパー（教師）	役割的ヘルパー（保護者）
1次的援助サービス（すべての子どもの共通の援助ニーズ）	安全・安心の学級づくり，学校の活動の充実，レジリエンス・キャリアの教育	学校組織，教師・保護者に対するコンサルテーション，心の健康教育の企画・実施	安全・安心の学級づくり，学習意欲を促進する授業，児童生徒の自己理解・人間関係スキル・キャリアに関する授業	リラックスする場の提供，学習や生活における健全な習慣の促進，失敗からの回復の援助，援助資源の確保
2次的援助サービス（一部の子どものプラスαの援助ニーズ）	登校を促進する環境調整，学校での居場所づくり，学習面・友人関係の援助	コーディネーション委員会・援助チーム等での教師に対するコンサルテーション，保護者の相談，学級・学校のアセスメント	登校をしぶる子どもへの声かけ・家庭訪問，学習面・友人関係でのつまずきの理解と対応，学級でのトラブルの解決	子どもの困りごと・悩みの理解，観察，子どもへの声かけ，関わりの工夫，教師・SCへの相談
3次的援助サービス（特定の子どもの特別な援助ニーズ）	チームによる援助，「個別指導（支援）計画」の作成と実施，合理的配慮，教育機会の確保，元気と希望を取り戻す援助	子どもの問題に関する生態学的アセスメント，教師・保護者へのコンサルテーション，子どものカウンセリング，援助チームの促進	家庭訪問，本人・保護者を含む援助チームの促進，教育支援センター・フリースクールなどとの連携，医療・福祉機関との連携	観察と関わりの工夫，家庭が居場所となる工夫，子どもの楽しい時間の確保，教育支援センター・フリースクールなど学校以外の活用の検討，SC，医療や福祉など関係機関への相談

第15章　教育・学校心理学と公認心理師の実践

表3　いじめに関する各ヘルパーによる3段階の心理教育的援助サービス

	援助の基本	専門的ヘルパー（例：SC, 教育相談コーディネーター）	複合的ヘルパー（教師）	役割的ヘルパー（保護者）
1次的援助サービス（すべての子どもの共通の援助ニーズ）	安全・安心の学校づくり（いじめ予防のルールづくり、いじめに関する調査）、学級づくり（ルールづくりと人間関係づくり）、いじめの予防教育	いじめの予防に関する学校組織、教師・保護者に対するコンサルテーション、いじめの予防教育の企画・実施	安全・安心の学級づくり、公平な学級経営、学級づくりへの児童生徒の参加の促進、いじめに関する授業、予防開発的心理教育（自己主張・SOS発信、対人関係スキル、ピアヘルピングなど）	リラックスする場の提供、公平な家族関係づくり、SOSが出せる家族の関係づくり、子どもの自己主張能力・助けられ能力の育成、援助資源の確保
2次的援助サービス（一部の子どものプラスαの援助ニーズ）	いじめ対策委員会等を通したいじめの早期発見と早期介入、「被害者」のSOSへの対応、児童生徒の見守り（監督）	コーディネーション委員会（いじめ対策委員会、教育相談委員会、学年会）等での教師に対するコンサルテーション、保護者の相談、学校の風土・人間関係のアセスメント	学級風土・人間関係のアセスメント、けんか・いじりへの対応、力関係の弱者（被害者リスクのある者）への配慮、加害者リスクへの対応、ピアサポーター・仲裁者の支援	子どもの困りごと・悩みの理解と対応、子どもの代弁者としての学校への訴え、教師・SCへの相談
3次的援助サービス（特定の子どもの特別な援助ニーズ）	危機対応チームを通した学校の危機対応、いじめの被害者とその保護者への支援（心理的回復、安全な学習環境の確保含む）、情報管理、外部との連携、いじめの再発防止案の作成	いじめ被害者とその保護者への支援に関する学校や教師へのコンサルテーション、いじめ被害者へのカウンセリング、いじめ被害者の保護者の相談、いじめ加害者とその保護者への支援	いじめ被害者とその保護者への支援、いじめ被害者の安全な学習環境の確保、いじめ被害者の学校生活を支える学級経営（学級のつくり直し含む）、保護者会の実施と保護者との関係維持	子どもの聞き手、家庭が居場所となる工夫、子どもの楽しい時間の確保、SC、医療や福祉など関係機関への相談（子どもと自分の辛さに関して）

225

索　引

数字・アルファベット

1次的援助サービス　85-88, 91-93, 121, 133, 169, 175, 213, 214
2次的援助サービス　85, 86, 89-93, 121, 133, 213, 214
3次的援助サービス　85, 86, 90-93, 121, 135, 213, 214
3層の援助サービスのシステム　141, 146, 193, 196, 219
3段階の心理教育的援助サービス　4, 19, 21, 85, 86, 141, 210, 212, 213, 220, 222-225
4種類のヘルパー　4, 70, 75, 82, 192, 210, 213, 220
ADHD　98, 99, 147, 179, 214→注意欠如多動症
ASD　98-101, 104, 107, 109, 214→自閉スペクトラム症
DSM-5　97-100, 214, 215
LD　67, 107　→限局性学習症も参照
Q-Uテスト　176, 218
RTIモデル　85
SC　→スクールカウンセラー
SLD　→限局性学習症
SSW　→スクールソーシャルワーカー

あ行

アセスメント　16-19, 21, 22, 28, 37, 38, 56, 59, 61, 69, 71, 74, 77-81, 90, 100, 102-106, 108-110, 118, 139, 141-145, 152, 164, 176, 180, 189-191, 195, 196, 199, 201, 208, 209, 215, 217-219, 221, 223-225
　学校の——　190, 224
　心理教育的——　16-18, 22, 79, 80, 100, 102-105, 139, 141, 142, 145, 152, 217
　生態学的——　22, 191, 196, 219, 224
安全・安心の学級　173, 223-225
いじめ　4, 11, 19, 23, 44, 47, 48, 56, 63-65, 81, 84, 85, 87, 90, 114, 118, 119, 121, 123-137, 150, 151, 156, 160, 162, 169, 170, 173, 174, 189, 194, 198, 200, 203, 208, 210, 214-216, 219, 220, 225
　——認知件数　84, 126, 127, 160, 198
　——の予防教育　133, 137, 225
　ネット——　123-125, 127, 137
いじめ防止　64, 123, 132, 133, 160
　——対策推進法　44, 123, 124, 126, 132, 135, 137, 198, 216
一次予防　53, 55, 85, 212
居場所　38, 116, 146, 159, 224, 225
エクソシステム　87
エリクソンの心理・社会的発達理論　31, 211
援助資源チェックシート　74, 75, 147, 213
援助チームシート　70, 74-77, 147, 213
援助ニーズ　22, 71, 74, 77, 78, 80, 81, 84, 85-87, 89-92, 121, 194, 203, 204, 209, 213, 214, 217, 219, 222-225
援助要請　85, 90

か行

カウンセリング　4, 5, 13, 16-25, 56, 59, 69, 71, 80, 100, 102, 103, 134, 136, 146, 161, 164, 165, 168, 170, 189, 195, 196, 199-201, 209, 210-212, 215, 223-225

索 引

——心理学 20, 21, 24, 211
学校—— 17
キャリア—— 16
スクール—— 13, 19-21, 55, 58, 70, 208-210
学習指導要領 19, 43, 45, 50, 52, 100, 177, 212
学習障害 →限局性学習障害
学習方略 52
学力 4, 19, 44-47, 50, 52, 57, 87, 104, 107, 187, 212, 214
学級観察 67, 68, 176, 180, 181, 183
学級経営 16, 46-48, 51, 57, 68, 173, 183, 184, 190, 212, 218, 225
学級集団づくり 175, 176, 218
学級の荒れ 178, 179
学級風土 16, 173, 175, 176, 218, 225
——アセスメント 176, 218
学級崩壊 44, 47, 178, 184, 212, 218
学校外の非行関係機関との連携 146
学校教育 5, 11-25, 28, 43, 46-49, 54, 102, 104, 105, 108, 112, 116, 126, 147, 169, 187, 198, 210-212, 220, 221
——と心理学の統合・融合 15, 18, 21, 221
——法 43, 48, 49, 54, 169, 198, 212
学校緊急支援 161, 163-165, 170, 217
学校コミュニティ 56, 155-159, 163-165, 169-171, 217, 219
学校心理学 4, 5, 9, 11, 13-21, 24, 25, 70, 82, 85, 89, 92, 93, 135, 141, 142, 144, 145, 147-149, 152, 191-193, 196, 209-212, 216, 219-222
学校組織の特徴 190, 218
学校内における3層の援助サービスのシステム 141
学校の危機 154, 163, 171, 210, 225
環境調整 38, 199, 224
環境との相互作用 27, 28, 40, 59, 60,

103, 191, 211-213, 218 →相互作用も参照
関係性攻撃 85, 127
危機対応 16, 154, 162, 163, 166, 167, 169, 170, 200, 217, 220, 225
虐待被害 90
教育課題 22, 43, 45, 56, 112, 114
教育・学校心理学 4, 5, 9, 11, 13, 17-21, 25, 210-212, 220-222
教育機会確保法 115, 116, 198, 215
教育支援センター（適応指導教室） 75, 90, 115-117, 121, 201-204, 215, 219, 224
教育心理学 4, 11, 13-18, 25, 210, 211, 221
——と学校心理学の統合・融合 220
教育と心理学 15, 18, 21, 183, 210, 221
教員研修 43, 135, 164
緊急支援チーム 154
緊急支援プログラム 161, 163, 164, 217
偶発的・状況的危機 154
ケースフォーミュレーション 59, 213
限局性学習症 98, 100, 107
攻撃行動 127, 129, 135
校内危機対応チーム 166, 167
公認心理師 4, 5, 11, 13, 17-25, 56, 60, 70, 71, 80-82, 84, 90-92, 102, 112, 142, 147, 149, 151, 186, 188-192, 195, 196, 198, 199, 203, 208-211, 215, 219, 221, 222
コーディネーション委員会 16, 73, 92, 101, 102, 146, 149, 151, 193, 194, 215, 219, 223-225
コーディネーター 16, 19, 56, 67, 71-74, 78-80, 86, 91, 102, 148, 165-168, 188, 192, 195, 199, 223-225
特別支援教育—— 71, 73, 86, 91, 102, 192
コールバーグの道徳性の発達 27, 211

索引

心の健康教育 19, 24, 71, 102, 169, 175, 195, 223, 224
心の理論 34, 211
こども基本法 79, 198, 213
子どもの貧困 45, 189, 198, 212
個別の援助チーム 16, 73, 78, 146, 186, 219
個別の指導計画 19, 51, 100, 102, 109, 215, 224
コミュニティワーカー 198, 199, 208
コンサルテーション 16-19, 21, 23, 24, 47, 61, 64, 70, 71, 73, 77, 78, 80, 82, 102, 103, 146, 149, 151, 161, 178-180, 183, 194-196, 199, 213, 215, 218, 221-225
　相互―― 24, 76, 192, 211
コンプライアンス 54, 55

さ行

三次予防 53, 55, 85, 212
自己肯定感 39, 46
自傷行為 62
実践と研究の往還 222
児童家庭支援センター 200, 201, 219
児童相談所 38, 45, 49, 56, 81, 118, 139, 142, 146, 147, 150, 151, 200, 201, 204-208, 217, 219
自閉スペクトラム症 97-99, 107
社会的自立 115-117, 204, 215
巡回相談員 13, 71, 102, 215
心理教育 20, 24, 92, 103, 107, 109, 161, 163-165, 169, 178, 179, 199, 217, 218
心理教育的援助サービス 14-22, 69-71, 83-85, 102, 103, 119, 139, 147, 185, 190, 192, 208-211, 218-223
心理検査 5, 11, 16, 22, 103, 104, 109, 147
スクールカウンセラー（SC） 4, 11-16, 18, 20-23, 38, 39, 43, 44, 46-48, 50, 51, 54-57, 60-65, 67, 68, 70, 71, 73, 80, 81, 84, 86, 87, 89-92, 97, 102, 105, 106, 108-110, 112, 115-122, 135, 142, 146, 149-152, 154, 161, 162, 165, 168-170, 174, 175, 178-183, 187-190, 192, 194, 195, 198-203, 205, 212-215, 218, 219, 221-225
スクールカウンセリング 4, 5, 13, 19-21, 25, 56, 59, 69, 71, 196, 209-212
スクールソーシャルワーカー（SSW） 12, 13, 23, 46, 48, 56, 70, 71, 81, 115-117, 169, 170, 187-190, 192, 195, 201-204, 212
生徒指導 16-19, 21, 24, 28, 43, 47, 51, 64, 70, 71, 73, 85, 86, 88, 92, 105, 117-119, 121, 147, 150, 151, 160, 166, 168, 170, 174, 178, 179, 184, 187, 188, 190, 192, 194, 203, 212, 218, 221
　――提要 13, 28, 43, 47, 59, 70, 85, 88, 105, 117, 133, 141, 170, 178, 187, 203, 212, 213, 218, 220
生物・心理・社会モデル 45, 59
セルマンの視点取得の発達理論 35, 211
ゼロ・トレランス 173, 174, 182
相互コンサルテーション 24, 77, 78, 82, 194, 213
相互作用 19, 22, 27, 28, 31, 36, 40, 59-62, 68, 103, 130, 186, 191, 203, 211-213, 218, 219
ソーシャルスキル・トレーニング 16, 88, 92, 99
促進的なアプローチ 87

た行

体罰 44, 48, 49, 54, 55, 57, 66, 67, 156, 174, 212
チーム援助 16, 19, 21, 24, 66, 72-74, 78-80, 82, 147, 193-195, 213, 223

索　引

子ども参加型―― 79, 80, 82

チーム学校　4, 12, 15, 18, 19, 21, 25, 44, 56, 57, 71, 72, 80, 93, 117, 121, 139, 146, 149, 152, 169, 170, 179, 183, 187-189, 192, 196, 198, 202, 209, 212, 213, 215, 217-221

　――による非行をする子どもへの対応　149

チームとしての学校　146, 169, 187, 198

チームによる連携　187-196

知能検査　16, 22, 37, 67, 100, 104, 106-108, 204

注意欠如多動症　98

中学校夜間学級　112, 116

適性処遇交互作用　19, 52

な行

二次障害　61, 68　→二次的な問題

二次的な問題　39, 52, 61, 100, 101, 143, 212, 215

二次予防　53, 55, 85, 212

日本版 KABC-Ⅱ　107, 108, 110

日本版 WISC-Ⅴ　106, 108-110

は行

発達検査　37, 104-106, 109

発達障害　4, 11, 13, 19, 22, 23, 27, 37, 39, 50, 51, 61, 66, 68, 90, 97, 98, 101-104, 107-110, 143, 149, 150, 200, 204-207, 210, 212, 214, 215, 219

　――者支援センター　13, 206, 219

　――者支援法　97, 206

発達的危機　154

ピアジェの認知発達理論　29, 211

非行に関する心理教育的アセスメント　141, 142, 145

非行への3段階の対応モデル　141

人と環境との相互作用　191　→相互作用

も参照

不登校　4, 11, 19, 23, 39, 44, 47, 51, 56, 62-65, 81, 84, 87, 90-92, 100, 112-122, 160, 162, 167, 174, 180, 189, 194, 198, 200-206, 208, 210, 213-215, 219, 220, 224

　――特例校　→学びの多様化学校

フロイトの人格発達理論　31, 211

ヘルパーによる3段階の心理教育的援助サービス　220, 223-225

ま行

マーラーの分離－個体化理論　33, 211

マイクロシステム　87, 186

マクロシステム　87

学びの多様化学校　116, 204

学びのユニバーサルデザイン　177, 182, 184, 218

マネジメント委員会　16, 73, 146, 150, 151, 193-195, 219, 223

民間施設（フリースクール）　115, 204, 224

メゾシステム　87

メンタルヘルス　53, 85, 161, 212

や・ら・わ行

夜間中学　112, 116

予防　19, 20, 21, 24, 39, 49, 53, 54, 55, 85, 87, 92, 98, 103, 117, 123, 133, 135, 137, 141, 142, 152, 154, 159, 162, 163, 169, 170, 173-175, 178, 179, 184, 199, 207, 212, 216-218, 223, 225

　――・準備・対応・回復モデル　169

　――的なアプローチ　87

連携義務　70

229

執筆者一覧

石隈利紀＝編者

松本真理子（まつもとまりこ：名古屋大学名誉教授）
増田健太郎（ますだけんたろう：九州大学名誉教授）
大河原美以（おおかわらみい：東京学芸大学名誉教授／大河原美以心理療法研究室）
田村節子（たむらせつこ：一般社団法人スクールセーフティネット・リサーチセンター）
水野治久（みずのはるひさ：大阪教育大学総合教育系）
小野純平（おのじゅんぺい：法政大学現代福祉学部臨床心理学科）
本間友巳（ほんまともみ：京都教育大学名誉教授）
濱口佳和（はまぐちよしかず：筑波大学人間系）
押切久遠（おしきりひさとお：法務省保護局）
窪田由紀（くぼたゆき：九州産業大学）
伊藤亜矢子（いとうあやこ：学習院大学文学部教育学科）
家近早苗（いえちかさなえ：東京福祉大学心理学部心理学科）
石川悦子（いしかわえつこ：こども教育宝仙大学こども教育学部）

監修　野島一彦（のじまかずひこ：九州大学名誉教授・跡見学園女子大学名誉教授）
　　　繁桝算男（しげますかずお：東京大学名誉教授）

編者略歴
石隈利紀（いしくまとしのり）
　1950年生まれ。1990年，University of Alabama 大学院修士課程・博士課程でスクールサイコロジスト養成のコースを修了。Alan S. Kaufman 博士の下，学校心理学で Ph. D.（博士号）を取得。カリフォルニア州で小学校のスクールサイコロジスト・インターン，San Diego State University で講師を経験し，多文化間アプローチを学ぶ。筑波大学で学生相談室カウンセラー，附属学校教育局指導教員（教育相談担当），副学長理事・附属学校教育局教育長を経て，現在，東京成徳大学大学院心理学研究科特任教授，筑波大学名誉教授，公認心理師，学校心理士スーパーバイザー，ガイダンスカウンセラー。日本学校心理学会理事長，日本公認心理師協会副会長，日本スクールカウンセリング推進協議会理事など。

　主な著書：『学校心理学―教師・スクールカウンセラー・保護者のチームによる心理教育的援助サービス』（誠信書房，1999年），『（新版）石隈・田村式援助チームシートによるチーム援助入門―学校心理学・実践編』（共著，図書文化社，2018年），『スクールカウンセリングのこれから』（共著，創元社，2021年），『やさしくわかる生徒指導提要ガイドブック』（共編，明治図書，2023年）ほか多数。また日本版 WISC-Ⅴや KABC-Ⅱの刊行委員。

公認心理師の基礎と実践⑱［第18巻］
教育・学校心理学　第3版

2019年 3月29日　第1版　第1刷
2024年 9月10日　第3版　第1刷

監修者　野島一彦・繁桝算男
編　者　石隈利紀
発行人　山内俊介
発行所　遠見書房
制作協力　ちとせプレス（http://chitosepress.com）

〒181-0001 東京都三鷹市井の頭2-28-16
株式会社　遠見書房
TEL 0422-26-6711　FAX 050-3488-3894
tomi@tomishobo.com　https://tomishobo.com
遠見書房の書店　https://tomishobo.stores.jp/

印刷　太平印刷社・製本　井上製本所

ISBN978-4-86616-203-4　C3011
©Nojima, K., Shigemasu, K., & Tomishobo, Inc. 2024
Printed in Japan

※心と社会の学術出版　遠見書房の本※

遠見書房

チーム学校で子どもとコミュニティを支える
教師とSCのための学校臨床のリアルと対応
（九州大学名誉教授）増田健太郎著
不登校・いじめ・学級崩壊・保護者のクレームなど，学校が抱える問題に教師やSCらがチーム学校で対応するための学校臨床の手引き。援助が楽になる関係者必読の一冊。3,080円，A5並

学校が求めるスクールカウンセラー 改訂版
アセスメントとコンサルテーションを中心に
村瀬嘉代子監修・東京学校臨床心理研究会編
ベテランたちによって書かれたスクールカウンセリングの実用書を大改訂！「アセスメント」と「コンサルテーション」をキーワードに，"学校が求めるSCの動き"を具体的に示す。3,520円，A5並

学校におけるトラウマ・インフォームド・ケア
SC・教職員のためのTIC導入に向けたガイド
卜部　明著
ブックレット：子どもの心と学校臨床（9）ベテランSCによる学校のための「トラウマの理解に基づいた支援」導入のための手引。トラウマの理解によって学校臨床が豊かになる。1,870円，A5並

外国にルーツをもつ子どもたちの学校生活とウェルビーイング
児童生徒・教職員・家族を支える心理学
松本真理子・野村あすか編著
ブックレット：子どもの心と学校臨床（8）日本に暮らす外国にルーツを持つ子どもたちへの支援を考える。幸福な未来のための1冊。2,200円，A5並

公認心理師の基礎と実践　全23巻
野島一彦・繁桝算男 監修
公認心理師養成カリキュラム23単位のコンセプトを醸成したテキスト・シリーズ。本邦心理学界の最高の研究者・実践家が執筆。①公認心理師の職責〜㉓関係行政論 まで心理職に必須の知識が身に着く。各2,200円〜3,080円，A5並

学校における自殺予防教育のすすめ方［改訂版］
だれにでもこころが苦しいときがあるから
窪田由紀・シャルマ直美編
痛ましく悲しい子どもの自殺。食い止めるには，予防のための啓発活動をやることが必須。本書は，学校の授業でできる自殺予防教育の手引き。資料を入れ替え，大改訂をしました。2,860円，A5並

よくわかる 学校で役立つ子どもの認知行動療法
理論と実践をむすぶ
（スクールカウンセラー）松丸未来著
ブックレット：子どもの心と学校臨床（7）子どもの認知行動療法を動機づけ，ケース・フォーミュレーション，心理教育，介入方法などに分け，実践的にわかりやすく伝えます。1,870円，A5並

ポリヴェーガル理論で実践する子ども支援
今日から保護者・教師・養護教諭・SCがとりくむこと
（いとう発達・心理相談室）伊藤二三郎著
ブックレット：子どもの心と学校臨床（6）ポリヴェーガル理論で家庭や学校で健やかにすごそう！　教室やスクールカウンセリングで，ノウハウ満載の役立つ1冊です。1,980円，A5並

学校で使えるアセスメント入門
スクールカウンセリング・特別支援に活かす臨床・支援のヒント
（聖学院大学教授）伊藤亜矢子編
ブックレット：子どもの心と学校臨床（5）児童生徒本人から学級，学校，家族，地域までさまざまな次元と方法で理解ができるアセスメントの知見と技術が満載の1冊。1,760円，A5並

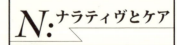

ナラティヴがキーワードの臨床・支援者向け雑誌。第15号：オープンダイアローグの可能性をひらく（森川すいめい編）
年1刊行　1,980円

価格は税込です